香港基本法解釈権の研究

廣江倫子

香港基本法解釈権の研究

学術選書
184
中国法

信山社

目　次

序　章 …………………………………………………………………………… 1

 第 1 節　香港基本法解釈権が含有する問題状況（1）

 第 2 節　香港における人権保障の国際化が及ぼす影響（6）

 第 3 節　本書の目的と構成（10）

第 1 部　香港における人権保障の国際化

第 1 章　香港終審法院の外国籍裁判官 …………………………………… 25
  ── 国際人権法受容の観点から ──

 は じ め に（25）

 第 1 節　香港の法院制度、裁判官選任制度および法曹教育（27）
    ── イギリス法の遺産 ──

 第 2 節　香港終審法院の設立（47）
    ── イギリス枢密院司法委員会との連続および断絶 ──

 第 3 節　香港における外国籍裁判官（53）
    ── コモン・ロー適用地区の一地域としての香港 ──

 お わ り に（74）

第 2 章　香港における国際人権法の実施 ………………………………… 85
  ── 香港人権条例の成立と運用 ──

 は じ め に（85）

 第 1 節　香港人権条例の制定（86）

 第 2 節　香港人権条例成立の波紋（90）

 第 3 節　香港人権条例の運用（96）

 お わ り に（102）

i

第 3 章　返還後における香港人権条例の発展過程についての
　　　　一考察……………………………………………………………… 113

　　はじめに（113）
　　第 1 節　香港人権条例の発展過程（116）
　　第 2 節　香港返還以降の香港人権条例の発展（120）
　　おわりに（124）

第 4 章　香港基本法の解釈基準としての国際人権法 ……………… 128
　　　　── ヨーロッパ人権裁判所における法概念を中心に ──

　　はじめに（128）
　　第 1 節　法概念の援用（1）（129）
　　　　　　── 「評価の余地」理論 ──
　　第 2 節　法概念の援用（2）（134）
　　　　　　── 比例テスト ──
　　おわりに（141）

第 2 部　香港基本法解釈権の展開

第 5 章　香港基本法解釈権の発展………………………………………… 149
　　　　── 終審法院判決の累積 ──

　　はじめに（149）
　　第 1 節　香港基本法解釈権の実践（150）
　　第 2 節　香港基本法解釈権の発展（156）
　　　　　　── 返還後 20 年間の終審法院判決を通して ──
　　おわりに（169）

第 6 章　居留権事件をめぐる全人代常務委の解釈………………… 175

　　はじめに（175）
　　第 1 節　居留権事件の概要（176）
　　第 2 節　終審法院および全人代常務委の香港基本法解釈（180）
　　第 3 節　居留権事件における香港基本法解釈の特色と課題（192）
　　おわりに（196）

目　次

第7章　普通選挙および行政長官任期をめぐる全人代常務委の
　　　　解釈……………………………………………………………… 201

　　は じ め に（201）
　　第1節　立法会と行政長官に対する普通選挙要求（202）
　　　　　　── 香港基本法23条の立法化を契機として ──
　　第2節　普通選挙をめぐる全人代常務委の解釈（206）
　　第3節　行政長官任期をめぐる全人代常務委の解釈（209）
　　第4節　2004年および2005年の全人代常務委解釈の特色と課題（212）
　　お わ り に（216）

第8章　外国人メイドの香港居留権をめぐる全人代常務委の
　　　　解釈の拘束力……………………………………………………… 223
　　　　　　── Vallejos Evangeline B.v. Commissioner of Registration 事件
　　　　　　における香港基本法解釈 ──

　　は じ め に（223）
　　第1節　外国人メイドと香港（224）
　　　　　　── 問題の所在 ──
　　第2節　外国人メイド事件の概要（231）
　　第3節　香港における外国人メイドの就労制度（233）
　　第4節　下級審判決（236）
　　第5節　終審法院判決（238）
　　お わ り に（242）

第9章　コンゴ事件における終審法院による香港基本法解釈
　　　　要請と全人代常務委の解釈…………………………………… 249
　　　　　　── コンゴ民主共和国対FG Hemisphere社事件 ──

　　は じ め に（249）
　　第1節　コンゴ事件の概要（250）
　　第2節　終審法院の全人代常務委への解釈要請（258）
　　第3節　全人代常務委の香港基本法解釈（261）

iii

第 4 節　終審法院の香港基本法解釈要請における意義と問題点（263）
　　おわりに（265）

第 10 章　立法会宣誓事件をめぐる全人代常務委の解釈············ 271
　　はじめに（271）
　　第 1 節　雨傘運動と独立派議員の誕生（272）
　　第 2 節　立法会宣誓事件と全人代常務委の解釈（274）
　　第 3 節　第一審裁判所判決および終審法院の上訴棄却理由の検討（280）
　　第 4 節　立法会宣誓事件における全人代常務委解釈の特色と課題（284）
　　おわりに（287）

終　　章·· 293
　　香港基本法解釈権の発展（293）
　　香港における人権保障の国際化（297）

あとがき
索　引

序　章

第1節　香港基本法解釈権が含有する問題状況

1　香港基本法解釈権とは

　「一国二制度」の下、返還後香港においては、香港特別行政区基本法（以下、香港基本法）に「憲法」[1]の機能をもたせながら、中国本土とは全く異なる政治・経済・社会制度が維持されている。法律制度もまた、イギリス植民地統治期のコモン・ローが継続している。したがって、中国法の影響、言いかえると香港法と中国法の接点は非常に限定的である。その最大のものが、中国全国人民代表大会常務委員会（以下、全人代常務委）が享有する香港基本法解釈権である[2]。

　「一国二制度」を根拠として、中国憲法の枠組みにおいて、コモン・ローと中国法が両立している。中国と香港の異なる法制度を接続するのが、香港基本法解釈権（香港基本法158条）である。この役割ゆえに、返還後の二つの法体系間の緊張は常に香港基本法158条の運用を通じて発生している。たとえば、この状況を元香港終審法院非常任裁判官（元オーストラリア最高裁判所長官）アンソニー・メーソン卿は「香港基本法のユニークな性格は、158条に起因する。」[3]と述べる。元香港終審法院常任裁判官ケマル・ボカリーも「香港基本法解釈権に触れずして香港における司法の独立を議論するのは、まるで同じ部屋のなかにある巨大なものを無視するようなものだ[4]。」と指摘する。香港基本法解釈権は、香港憲政史上の最大の論争点である。

　香港基本法158条は以下の通り規定する[5]。この条文は、香港基本法解釈権を全人代常務委と香港法院の両方に付与している。

158条

1

1項　本法の解釈権は全国人民代表大会常務委員会に属する。
　2項　全国人民代表大会常務委員会は香港特別行政区の法院に、事件の審理にあたって、本法の香港特別行政区の自治範囲内の条項について自ら解釈する権限を授与する。香港特別行政区の法院は事件を審理するとき本法のその他の条項についても解釈することができる。ただし、香港特別行政区の法院が事件を審理するにあたって、本法の中央人民政府の管理する事務または中央と香港特別行政区との関係に関する条項について解釈する必要があり、当該条項の解釈が事件の判決に影響する場合、当該事件に対し上訴できない最終判決を行う前に、香港特別行政区終審法院が全国人民代表大会常務委員会に関係条項について解釈するよう要請しなければならない。全国人民代表大会常務委員会が解釈を加えた条項を香港特別行政区の法院が引用する場合、全国人民代表大会常務委員会の解釈に依拠しなければならない。ただし、それ以前に行った判決は影響を受けない。
　3項　全国人民代表大会常務委員会は本法を解釈する前に、それに所属する香港特別行政区基本法委員会の意見を求めるものとする。

　香港基本法158条が規定する解釈権区分を整理しよう。まず、香港基本法の解釈権は全人代常務委が有する（1項）。これは中国憲法67条4項が規定する中国の法解釈に関する原則を反映させた規定と言えよう。そして、全人代常務委の香港基本法解釈に対する制限のない権限を確認し、宣言している。ただし、「一国二制度」との関係でどのような制限に服するのかには言及がない[6]。

　次に、香港法院の解釈権は次のように規定される。まず、全人代常務委は香港法院に、事件を審理する際、香港特別行政区の自治範囲内の条項（以下、「自治範囲内の条項」）を自ら解釈する権限を授権する（158条2項）。さらに、香港法院は自治範囲外の条項（以下、「その他の条項」）も解釈できる。しかし、事件の審理にあたり、「中央人民政府が管理する事務」（以下、「中央が管理する事務」）または「中央と香港特別行政区の関係」（以下、「中央と地方の関係」）に関する条項を解釈する場合に、制限がある。香港終審法院は、上訴できない最終判断を下す以前に、全人代常務委に関連条項の解釈を要請しなければならない（3項）。

　158条2項および3項から以下のことがわかる。つまり、香港基本法解釈に当たって、香港法院に全人代常務委の香港基本法解釈権の多くの部分が委譲されている。2項によると、香港法院は、香港の「自治範囲内の条項」を、「自ら」解釈する権限がある。3項によると、香港法院は、自治範囲外に位置する「その他の条項」を解釈する場合のみ、全人代常務委に香港基本法解釈を要請する義務が

序　章

【図1】香港基本法158条による解釈権区分

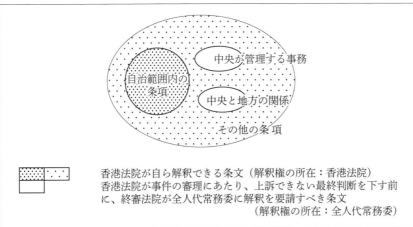

（出所）香港基本法158条をもとに著者作成。

ある。その際も、条件が付されている。それは、「当該条項の解釈が事件の判決に影響する場合」であり、「当該事件に対し上訴できない最終判決を行う前」という条件である。このように、香港法院が全人代常務委へ香港基本法解釈を要請すべき場合には一定の制限がかかっている、と言えよう[7]。

全人代常務委の香港基本法解釈が行われた後、それはいかなる効力を有するのか。158条3項によると、香港法院はその解釈に依拠しなければならない。しかし、それ以前に行われた判決には影響しない。

全人代常務委は香港基本法解釈を行う前に、香港特別行政区基本法委員会[8]の意見を求める（4項）[9]。

香港基本法解釈権の区分は、【図1】のように理解できよう。香港法院は自治範囲内の条項、つまり「高度の自治」範囲内の条項、および香港基本法の「その他の条項」を自ら解釈できる。しかし、「その他の条項」の中において「中央が管理する事務」および「中央と地方の関係」に該当する条文を、事件の審理にあたり解釈する必要が生じる場合には、最終的な判断が下される以前に、終審法院を通じて、全人代常務委にその解釈を要請しなければならない。このため、香港法院が解釈できない香港基本法条文は、「中央が管理する事務」および「中央と地方の関係」に該当する条文であることが分かる。言いかえると、香港法院の香港基本法解釈権に対する制限が上述の二点である[10]。

3

2 香港基本法解釈権の行使

返還後20年間に、全人代常務委の香港基本法解釈権は計5回行使された。時系列に紹介すると次の通りとなる。第一が、1999年の居留権事件について。第二が、2004年の行政長官および立法会議員の普通選挙について。第三が、2005年の行政長官の任期について。第四が、2011年のコンゴ事件について。第五が、2016年の立法会議員宣誓事件についてである。【表1】は全人代常務委による香港基本法解釈を時系列に列記している。

全人代常務委の香港基本法解釈権行使は、返還後20年間の香港社会のその

【表1】全人代常務委の香港基本法解釈（1997年～2017年）

年月	解釈名称	採択会議	対象条文	テーマ
1999年6月26日	香港基本法22条4項および24条2項3号に関する解釈（居留権事件に関する解釈）	第9回全国人民代表大会常務委員会第10回会議	香港基本法22条4項（中国から香港への移民制限） 24条2項3号（香港居留権の範囲）	移民
2004年4月6日	香港基本法付属文書1の7条および付属文書2の3条に関する解釈（行政長官および立法会の普通選挙に関する解釈）	第10回全国人民代表大会常務委員会第8回会議	香港基本法付属文書1の7条（行政長官選挙） 付属文書2の3条（立法会選挙）	民主化
2005年4月27日	香港基本法53条2項に関する解釈（行政長官の任期に関する解釈）	第10回全国人民代表大会常務委員会第15回会議	香港基本法53条2項（行政長官の任期）	民主化
2011年8月26日	香港基本法13条1項および19条に関する解釈（コンゴ事件に関する解釈）	第11回全国人民代表大会常務委員会第22回会議	香港基本法13条1項（中央が責任を有する外交事務） 19条（国防、外交等の国家行為）	中国のアフリカ投資
2016年11月7日	香港基本法104条に関する解釈（立法会議員宣誓事件に関する解釈）	第12回全国人民大会常務委員会第24回会議	香港基本法104条（宣誓）	民主化

（出所）筆者作成。

序　章

時々に最も注目を浴びた社会問題と重なる。必然的にすべての解釈が香港世論の大きな耳目を集め、多くが大きな批判を浴びた。

　香港基本法解釈権が論争的となる理由には、香港法の観点からは、以下が挙げられる。第一に、解釈が香港基本法のすべての側面に及ぶことがある[11]。しかし、香港基本法158条の規定において、以下の点が明らかにされていない。つまり、158条は香港法院に香港基本法の解釈に関する広い権限を委譲しているが、このことは、全人代常務委は香港の「自治範囲内の条文」の解釈はできないことを意味しているのか。言いかえると、全人代常務委は香港の自治範囲外に位置するごく少数の「中央が管理する事務」と「中央と地方の関係」に関する条文の解釈に対してのみ解釈を行うよう、自らの権限を制限しているのか。あるいは反対に、158条は、全人代常務委に香港基本法解釈に関して、香港法院が有する権限と同時並行的な権限を与えているのか。言いかえると、いついかなる場合においても、香港の「自治範囲内の条文」（たとえば人権規定）をも解釈する権限を与えているのか[12]。返還以来、解釈をめぐる主要な論争の核心をなすのが、上記の全人代常務委の香港基本法解釈権をめぐる決定的な曖昧さであった[13]。

　第二に、香港基本法解釈権が香港法と中国法の二つの異なる法律制度の接点になることを期待されていることがある。香港基本法解釈権は、香港や中国がそれぞれ排他的に行使できる権限ではない。香港と中国で、権限の比重は等分にではないにしろ、共有することが予定されている[14]。しかしながら、現時点で香港法と中国法の間に存在する巨大な差異を鑑みると、接点となる解釈権を起点として紛争が招かれることは想像に難くない[15]。

　第三に、香港法と中国法における法律解釈の概念の違いがある。中国法においては、立法意図をもっともよく理解しているのは、その法律を制定した機関だと考えられる[16]。そこで、中国法においては、法律の解釈を確定するのは、その法律の制定機関である。かつ解釈においては法律の背後にある立法意図が強調され、ときには法文の素直な意味さえも否定される場合がありうるし[17]、法律の曖昧な箇所を明らかにするのみならず、追加的語句の補充を行うこともある。社会主義法の流れをくむこうした拡大的な解釈の在り方、言いかえると解釈の形をとった追加的立法は、立法解釈として中国法において認められている[18]。

　ところで香港基本法は全人代によって制定された。中国法の原則によると全人代が制定した法律の解釈には、全人代常務委が責任を負う。中国憲法67条4項

は、全人代常務委が、全人代および全人代常務委が採択した法律の解釈に責任を負うことを明言している。したがって、香港基本法の解釈に責任を負うのは全人代常務委となる[19]。

香港法の位置するコモン・ローにおいては、法律の解釈は、法院での事件の審理に伴って行われ、かつ法院のみが有する権限である。しかし、中国では、法律の解釈が法院での事件の審理に必ずしも限定されない[20]。

第四に、香港法院と全人代常務委の違いがある。香港法において解釈に責任を負う香港法院は政府から独立し、政治的配慮を考慮に入れる必要はない。他方で、中国法において解釈に責任を負う全人代常務委は立法機関であり、政治的背景を有する[21]。したがって、全人代常務委の解釈は、政治的色彩を帯びていることが指摘される[22]。

第2節　香港における人権保障の国際化が及ぼす影響

「一国二制度」の下、香港法と中国法の接点となる香港基本法の解釈において、全人代常務委は5回の香港基本法解釈を行い、各々の解釈が大きな注目を集めてきたことは上述した。それでは、香港基本法解釈権を有するもう片方である香港法院は解釈において、返還後、どのような傾向にあるのか。

香港法院は、特に人権保障の分野において、中国法よりむしろ国際人権法、イギリスやカナダ、ヨーロッパ人権裁判所の判例といった比較法を積極的に受容し、判例法を確立してきた[23]。つまり、返還以降、中国法からの影響が限定的である一方[24]、香港法院は、具体的な訴訟の解決にあたり、国際人権法・比較法に依拠し判断を下す傾向が強くなっている。

元香港終審法院非常任裁判官メーソン卿は、こう指摘する。「返還以来、香港の公法の発展を俯瞰すると、比較法の積極的な受容が著しい特徴となっている[25]。」多くがメーソン卿と同様の指摘を行っている[26]。

次の要因が、上記傾向を可能にしている。第一に、コモン・ロー全域を見れば、公法分野におけるヨーロッパ大陸法の法概念のコモン・ローへの影響・導入がある。特に、イギリス法の遺産を受け継ぐ香港では、現在もイギリス法からの影響を色濃く受けざるを得ない[27]。イギリスでは、1972年のヨーロッパ共同体に関する法律（European Communities Act 1972）およびヨーロッパ人権条約（European

序　章

Convention on Human Rights）を国内法化したイギリス人権法（Human Rights Act 1998）が、1998年に制定された。このため、公法分野においてヨーロッパ大陸法の影響を受け入れざるをえなくなった。このイギリスの変化を通じて香港法にも、人権保障の分野において、新たな法概念がもたらされた[28]。メーソン卿によると、「香港法の観点から、この影響は大きい。というのも、ヨーロッパ人権裁判所の決定よりもより詳細な理由付けがなされる傾向にあるイギリスの判例を通じて、ヨーロッパ人権裁判所の判例を香港法院が利用可能となったからである[29]」。このように、イギリスの判例は香港基本法と香港人権条例の解釈にあたって価値ある法律的資源となっている。

　第二に、香港域内の要因を示せば、香港権利章典条例（Hong Kong Bill of Rights Ordinance 以下、香港人権条例）による国連自由権規約の国内法化がある。香港においては、旧宗主国イギリスによって自由権規約および社会権規約が適用されていたものの、両規約の国内法化はなされてこなかった[30]。香港はイギリスと同様、国際条約の国内適用にあたっては、二元論の立場をとるため、条約は国内法化されないかぎり、域内での裁判規範とならない。しかし、1991年になって、自由権規約が国内法化され、しかも植民地時代の憲法である英皇制誥（Letters Patent）改正によって憲法と同等の効力を持つ、つまり憲法の人権規定を担う役割を持つこととなった。自由権規約を国内法化した香港人権条例を基軸として、同じく自由権規約をほぼ同様の規定を有するヨーロッパ人権条約から発展し、国際人権法の一端を担うようになった[31]その豊富な裁判例を、香港法は受容できることとなった。

　第三に、香港返還以降の香港域内の要因として、香港に初めて、詳細な人権規定を有する憲法が、香港基本法として誕生したことがある。香港に憲法上保障される詳細な人権規定が登場したことは、香港基本法が香港法院に違憲審査権を付与している[32]ことと相俟って、香港における活発な人権関連訴訟を生み出した。香港大学法学部教授陳弘毅が指摘するように、「1997年に香港基本法が効力を発生して以来、司法審査によって立法および行政の行為が審査される根拠が実質的に広げられた[33]」。かつ、この法分野においては、参照しうる中国の判例がほぼ皆無であることは、コモン・ローの伝統・遺産と相俟って、香港法院をしてコモン・ローを経由した国際人権法・比較法への積極的な受容へと向かわせた。

　【表2】は香港人権条例第2部、香港基本法第3章（「香港居民の基本的権利およ

び義務」)および自由権規約の規定を比較している。ここから、香港人権条例第2部と香港基本法第3章の規定を通じて、自由権規約の規定が香港の国内法化されていることが分かる。

【表2】自由権規約、香港人権条例第2部および香港基本法第3章人権規定対照表

自由権規約		香港人権条例第2部		香港基本法第3章	
差別の禁止	2条	差別の禁止	1条1項		
男女平等の権利	3条	男女平等の権利	1条2項		
生命に対する権利	6条	生命に対する権利	2条	生命に対する権利	28条
拷問または残虐な刑の禁止	7条	拷問または残虐な刑の禁止	3条	残虐な刑の禁止	28条
奴隷及び強制労働の禁止	8条	奴隷及び強制労働の禁止	4条		
身体の自由及び逮捕または抑留の手続	9条	身体の自由及び逮捕又は抑留の手続	5条		
自由を奪われた者及び被告人の取扱い	10条	自由を奪われた者及び被告人の取扱い	6条		
契約義務不履行による拘禁	11条	契約義務不履行による拘禁	7条		
移動及び居住の自由	12条	移動及び居住の自由	8条	移住、移転の自由	31条
外国人の追放	13条	外国人の追放	9条		
公正な裁判を受ける権利	14条	公正な裁判を受ける権利	10条	公正な裁判を受ける権利	35条
		有罪判決を決定された人の権利	11条		
遡及処罰の禁止	15条	遡及処罰の禁止	12条		
人として認められる権利	16条	人として認められる権利	13条		
干渉又は攻撃に対する保護	17条	干渉又は攻撃に対する保護	14条		
思想、良心及び宗教の自由	18条	思想、良心及び宗教の自由	15条	信仰の自由	32条
表現の自由	19条	表現の自由	16条	言論の自由	27条

序　章

集会の権利	21条	集会の権利	17条	集会の権利	27条
結社の自由	22条	結社の自由	18条	結社の自由	27条
家族に対する保護	23条	家族に対する保護	19条		
児童の権利	24条	児童の権利	20条		
政治に参加する権利	25条	政治に参加する権利	21条	選挙権・被選挙権	26条
法律の前の平等	26条	法律の前の平等	22条	法の下の平等	25条
少数者の権利	27条	少数者の権利	23条		
				香港居留権	24条
				出入境の自由	31条
				報道・出版の自由	27条
				行進・デモの自由	27条
				労働組合を組織、参加し、ストライキを行う権利と自由	27条
				人身の自由	28条
				職業選択の自由	33条
				通信の自由および通信の秘密	30条
				文化活動の自由	34条
				社会福祉を享受する権利	36条
				婚姻の自由および出産の権利	37条
				法律に基づいて保障されるその他の権利と自由	38条
				自由権規約、社会権規約および国際労働条約の継続適用	39条
				新界住民の伝統的権益の保護	40条
				香港居民以外の者の権利と自由	41条
				法律を順守する義務	42条

（出所）筆者作成。

第四に、終審法院外国籍裁判官の存在がある。つまり、国際人権法が香港の裁判実践において積極的に受容されるのには、イギリス法を継承した制度に立脚して活躍する外国籍裁判官の存在が果たす役割が大きい。まず、制度的要因を検討すると、植民地統治期のイギリス法の遺産として、香港の法院制度、裁判官選任制度および法曹教育は、現在においても極めてイギリスに類似した制度が維持されている。特に香港の裁判官選任に関しては、国籍に関して広く外国国籍保有者にも門戸が開かれている点に特徴がある。次に、終審法院外国籍裁判官の経歴、赴任形態、法曹教育には香港域内にはとどまらない国際性、ひいてはイギリス最高裁判所裁判官との類似性がみられる。

第3節　本書の目的と構成

　全人代常務委による香港基本法解釈権の行使はその都度、香港社会からの批判や反発を招いてきた。では、なぜ全人代常務委による香港基本法解釈は反発を招き対立を激化させてきたのか。なぜ返還後20年を経過しても、香港基本法解釈権を起点とする香港法と中国法の対立、そして香港世論からの反発は解消に向かわないのか。

　本書の目的は、返還後20年間を通じて累積した香港終審法院判例および全人代常務委による香港基本法解釈の検討を通じて、香港基本法解釈権の全容を理論的体系的に整理し、香港基本法解釈権を起点とする香港法と中国法の対立に対する一つの答えとして、香港法の国際化、特に国際人権法の積極的な受容からの視点を示すことである。

　本書は2部からなる。

　第1部「香港における人権保障の国際化」は香港法、特に国際人権法の積極的な受容を通じた人権保障の国際化の観点から、上述した両者の反発と対立について考察を加えることを目的とするものである。

　最初に、終審法院の人的資源の検討を行う。第1章「香港終審法院の外国籍裁判官――国際人権法受容の観点から――」においては、返還後に新設された終審法院に注目し、とりわけ外国籍裁判官の役割を注視する。返還後に香港終審法院の司法審査は、植民地時代の枢密院司法委員会時代よりも格段に活発化した。かつ返還後の香港終審法院は国際人権法を積極的に受容し、国際水準に依拠した先

序　章

進的な判決を下している。では、こうした傾向を支える人的資源はいかなるものか。

　本章においては、以下を検討する。第一に、香港法制度における終審法院の特徴を明らかにする。香港法制度に対しては、返還後の現在も根強い「イギリス法の遺産」が存在するとの指摘がある。そのため、香港の法院制度、裁判官選任制度および法曹教育をイギリスのそれと比較検討することは避けられない。そこで、まず、イギリスと比較しながら、香港の法院制度、裁判官選任制度および法曹教育を明らかにする。

　第二に、終審法院の新設が香港法院制度に及ぼした影響を検討する。とりわけ活動実態を中心に、かつての香港の最高裁判所であったイギリス枢密院司法委員会のあり方と比較し検討を進める。

　第三に、終審法院外国籍裁判官の検討を行う。まず、終審法院裁判官の構成および法廷における外国籍裁判官の参加形態を、条文および慣行から明らかにする。次に、終審法院裁判官に関して、以下の各点から分析する。それらは、(a) 出生地ならびに国籍、(b) 出身大学（法曹教育を受けた機関）、(c) 法曹としての過去の主要な職歴ならびに赴任地、(d) 終審法院着任直前の職ならびに赴任地、である。得られたデータをもとに、終審法院裁判官に特徴的な経歴、赴任形態、法曹教育を導き出す。さらには、イギリス最高裁判所裁判官および香港控訴院裁判官との同様の比較を行う。こうすることで、香港というより、むしろイギリスやコモン・ロー適用諸国に対して広く開かれている終審法院裁判官の特徴を際立たせる。

　次に、香港域内の法制度に目を向ける。第2章および第3章においては、香港人権条例に焦点を当てる。返還直前の1991年の香港人権条例制定による国連自由権規約の国内法化により、香港における人権保障の実体的規定はようやく完備された。これ以前の香港においては、旧宗主国イギリスによって自由権規約および社会権規約が適用されていたものの、両規約の国内法化はなされてこなかった。香港はイギリスと同様、国際条約の国内適用にあたっては、二元論の立場をとるため、条約は国内法化されないかぎり、域内での裁判規範とならない。しかし、1991年になって、香港人権条例の制定によって自由権規約が国内法化された。しかも植民地時代の憲法である英皇制誥（Letters Patent）改正によって憲法と同等の効力を持つ、つまり憲法の人権規定を担う役割を持つこととなった。し

がって、この時点から、香港における人権保障は一段の飛躍を遂げた。つまり、自由権規約を国内法化した香港人権条例を基軸として、同じく自由権規約とほぼ同様の規定を有するヨーロッパ人権条約から発展し、国際人権法の一端を担うようになったその豊富な裁判例を、香港法は受容できることとなった。

第2章「香港における国際人権法の実施 —— 香港人権条例の成立と運用 ——」においては、香港人権条例制定から返還過渡期に焦点を当てる。すなわち、国連自由権規約を国内法化した香港人権条例成立の影響を、次の2点より検討する。第一に、香港人権条例採択をめぐる香港返還過渡期の中国とイギリスの対応を考察する。第二に、香港法にもたらされた実質的な影響を検討する。具体的には、香港人権条例違反を理由とした香港の既存法の大幅な改廃および香港人権条例の解釈にあたっての国際人権法判例の積極的な受容を明らかにする。

第3章「返還後における香港人権条例の発展過程についての一考察」においては、返還後に焦点を当て、次の2点を検討する。第一に、返還以降の香港人権条例の香港法における位置付けを、判例から確認する。第二に、返還以降の香港人権条例の解釈および適用の発展過程を検討する。上記二点を検討するにあたっては、国際人権法の基準に合致した判断を出してきた終審法院の豊富な判例を検討対象とする。

最後に、香港域外の変化に視点を移す。香港法院が、国際人権法・比較法を積極的に受容し、返還後の判例法を確立してきた要因を香港の域外に探る。それは、公法分野におけるヨーロッパ大陸法の法概念のイギリスを介したコモン・ローへの影響・導入である。ヨーロッパ人権条約（European Convention on Human Rights）を国内法化した1998年イギリス人権法（Human Rights Act 1998）の制定により、ヨーロッパ人権裁判所（European Court of Human Rights）を中心とした国際人権法・比較法がイギリス法に変化をもたらした。そしてそれは、香港法の人権保障の分野に新たな法概念をもたらしている。

そこで、第4章「香港基本法の解釈基準としての国際人権法 —— ヨーロッパ人権裁判所における法概念を中心に ——」においては、香港法院がイギリス法の変化を介して、ヨーロッパ大陸法およびヨーロッパ人権裁判所の裁判例からどのような国際人権法・比較法を受容してきたのかを明らかにする。とりわけ、「評価の余地」理論（margin of appreciation）および比例テスト（doctrine of proportionality, proportionality）の2つの概念をとりあげ、その国際人権法上の定義、イギリスに

おける援用状況、および香港法院における受容の状況について香港基本法訴訟の分析を通じて検討を行う。

　第2部「香港基本法解釈権の展開」においては、返還後20年間に全人代常務委によって香港基本法解釈権が行使された5回の事例を題材に、以下を明らかにする。まず、香港法院からの視点として、香港基本法解釈権をどのように理解し細則を確立してきたのかを香港終審法院判例から明らかにする。次に、全人代常務委からの視点として、全人代常務委の香港基本法解釈権行使の特徴と課題は何か。全人代常務委の香港基本法解釈権の行使事例から明らかにする。

　繰り返しになるが、香港法と中国法の接点は非常に限定的であり、最大のものが、全人代常務委が有する香港基本法解釈権である。したがって、中国法は、香港基本法解釈権という形で、香港法に影響を及ぼしている。第1部において検討したように、返還後も、香港法はコモン・ローの進化と歩調を合わせ「国際化」の歩みを止めない。この双方の違いは、接点となる香港基本法解釈権を通じてどのように現れているのかを考察する。

　最初に、香港基本法解釈権の返還後20年間の歩みを総括する。第5章「香港基本法解釈権の発展 ── 終審法院判決の蓄積 ── 」においては、終審法院が自らの判例において確立しつつある香港基本法158条の細則を明らかにする。本章においては、以下の7点が検討される。それらは、香港基本法158条が予定する終審法院が享有する解釈権の範囲、香港基本法解釈の原則、外部文書の位置づけ、全人代常務委への解釈要請の方法、全人代常務委の香港基本法解釈における権限、全人代常務委への解釈要請の方法、全人代常務委の解釈の効果である。以上の各点について、終審法院判例をもとに検討する。そして、香港法における全人代常務委の香港基本法解釈権の位置付けを浮かび上がらせる。

　次章からは、全人代常務委の香港基本法解釈権の行使事例に、個別に検討を加える。

　第6章「居留権事件をめぐる全人代常務委の解釈」においては、居留権事件を題材として、全人代常務委による初めての香港基本法解釈権行使に対して検討を加える。居留権事件は返還直後に大きな社会問題となった。中国内地で出生した香港人の子女に香港基本法が規定する香港居留権が付与されるかどうかが争われた事件である。移民問題は香港において極めてセンシティブな問題である。返還以前には香港からアメリカ・カナダ・オーストラリアといった先進諸国への移民、

いわゆる「頭脳流出」が話題となった。対照的に、返還直後には中国大陸から香港への移民が社会問題化した。というのも、香港基本法は香港居民と中国人間に出生した多くの子女にも居留権取得が可能、と理解しうる規定を置いていた。そこで、香港居民と中国人間で出生し従来の香港法においては香港居留権を持てなかった子どもが香港返還前後に大挙して密入境を企てる等の現象が生じた。この居留権問題に関して、返還後初めて、全人代常務委による香港基本法解釈が行使されることとなった。

本章においては以下の検討を行う。第一に、居留権事件において確定し現在へと続く終審法院の香港基本法解釈および全人代常務委解釈の原型を整理し確認する。第二に、初めての全人代常務委解釈の特色と課題を明らかにする。

第7章「普通選挙および行政長官任期をめぐる全人代常務委の解釈」においては、行政長官選挙と立法会議員選挙の普通選挙実現の要求に対してなされた全人代常務委の香港基本法解釈を取り上げる。普通選挙の実現は2003年7月の香港基本法23条立法化に反対する「50万人デモ」から高まった。そして2014年9月の「雨傘運動」を経て現在に至る返還後香港の大きなテーマである。

香港の選挙制度は、間接選挙と直接選挙を組み合わせた独特の方式が採用されている。行政長官は、親中派を中心とする業界団体や全人代代表で構成される選挙委員会による間接選挙によって選出され、中国政府が任命する。香港基本法はこれらの選挙制度について2007年以降、「必要があれば」改正できると規定している。普通選挙の実施要求に対して、全人代常務委は2004年に2回目となる香港基本法解釈を行った。

続く2005年3月、かねてから香港居民からその行政手腕に対する疑問が投げかけられていた董建華初代行政長官が辞職願を提出、正式に国務院に受理された。行政長官が空席となった場合について、香港基本法53条によると、6ヶ月以内に行政長官が選出されねばならない。そして、行政長官選挙条例[34]によると、選挙は空席になった日から120日以内に行われねばならない。このため、新行政長官の任期についての議論が始まった。新行政長官の任期について、民主派は香港基本法46条が規定する5年の任期を主張したが、中国においては早い段階より中国式の「剰余任期」つまり董建華の予定されていた任期の残りの任期である2年の任期が主張された[35]。このため、香港政府は国務院に報告書を提出し、全人代常務委に新行政長官の任期について香港基本法53条2項の解釈を行い、

2年の任期を確定させることを要請した。全人代常務委は、2005年に行政長官の任期について3回目となる香港基本法解釈を行った。

本章においては以下の検討を行う。第一に、立法会普通選挙に対する返還後の法的枠組みおよび普通選挙要求が顕在化することになった香港基本法23条の立法化問題について述べる。第二に、行政長官および立法会の選出方法に関する解釈、および行政長官の任期に関する解釈を、解釈がなされた背景を含めて検討する。第三に、香港基本法解釈権の行使事例によって明らかにされた細則について検討を行うこととする。

第8章「外国人メイドの香港居留権をめぐる全人代常務委の解釈の拘束力」においては、外国人メイドにも香港居留権が付与されるのかどうかが争われた、外国人メイド事件に焦点を当てる。外国人メイド事件とは、香港に通常連続7年以上居住すれば、香港を永住地とする非中国籍の人にも香港居留権が与えられるとする香港基本法の規定を根拠に、多くが香港の各家庭に住み込みで、長いものでは30年以上も働く外国人メイドが香港居留権を求めた事件である。外国人メイド事件においては、終審法院が全人代常務委に香港基本法解釈を要請すべきかどうかが大きな論点となったが、終審法院はこれを却下した。

本章では、まず事件の概要について明らかにしたうえで、香港法における外国人メイドの就労制度に触れる。そして、下級審の判決とそれに対する香港政府の全人代常務委の香港基本法解釈を求める動きを追う。最後に、終審法院の香港基本法解釈に関する議論を考察することとする。

第9章「コンゴ事件における終審法院による香港基本法解釈要請と全人代常務委の解釈」においては、終審法院が初めて全人代常務委に香港基本法解釈を要請したコンゴ事件の検討を行う。コンゴ事件では、中国の急速な経済成長にともなう資源の供給先確保としてのアフリカ投資増大に関連して、香港で訴えられたコンゴ政府に対して、香港法院がとる主権免除の種類について、終審法院が初めて全人代常務委に香港基本法解釈を自ら要請した。

コンゴ民主共和国（以下、コンゴ）は米投資会社である FG Hemisphere 社（FG Hemisphere Associates LLC、以下、FG 社）により、パリとチューリッヒの仲裁法廷でコンゴに対して得られた仲裁裁定の債務履行を香港において求められた。FG 社はコンゴが旧ユーゴスラビア企業に依頼した電力施設工事の未払い代金を、旧ユーゴスラビア企業から廉価で引き継ぎ、コンゴに履行を求めた。というのも同

時期にコンゴは、中国と大規模開発契約を結び、コンゴが中国に採鉱権を与えるかわりに、中国からインフラ建設支援を受け、また多額の入場料を受け取るところだった。コンゴは、主権免除を享有するため香港の司法管轄権外であると主張した[36]。そこで、返還後の香港における主権免除の種類について、終審法院が全人代常務委に解釈を要請することとなった。

　本章においては、以下を明らかにする。第一に、終審法院の香港基本法解釈の要請とそれに応えた全人代常務委の香港基本法解釈を検討することで、初めての自発的解釈要請の様態を明らかにする。第二に、法学者、裁判官、弁護士等の香港法学界の議論を検討することで、その意義と問題点を明らかにする。

　第10章「立法会宣誓事件をめぐる全人代常務委の解釈」においては、行政長官と立法会議員の選挙の民主化を要求した2014年9月の「雨傘運動」の結果として誕生することになった中国に批判的な立法会議員が、立法会における宣誓が無効であったことを理由として立法会議員を失職した、立法会宣誓事件の検討を行う。立法会における宣誓が無効であったかどうかをめぐり、香港で訴訟が行われたのと時期を同じくして、全人代常務委の香港基本法解釈が行われた。

　世界が注目した2014年の「雨傘運動」は民主化に関する香港政府からの譲歩を引き出すことができず、いわば挫折した形で終焉を迎えた。しかしその後、民主化を要求する動きは立法会議員選挙に向かい、2016年9月の立法会議員選挙では若い世代のいわゆる本土派と呼ばれる立法会議員が多く当選することになった。中国とは距離を置くこうした本土派や民主派の立法会議員が立法会における職務を開始するにおいて、初日に予定された宣誓において、香港は中国の一部と規定する香港基本法を擁護するという定型の宣誓文の読み上げを拒否するなどし、宣誓の場は混乱した。香港政府は、本土派や民主派の議員の行為は香港基本法が規定する宣誓を拒否したことにあたるため、失職したとし、その確認を求めて香港法院に提訴した。香港法院での審理中に、全人代常務委は宣誓が無効かどうかに関する香港基本法解釈を行い、2017年8月までに合計6名の本土派と民主派の議員の宣誓無効を理由とする失職が、終審法院において確定した。

　本章においては、以下を検討する。まず、中国に批判的な本土派や民主派の立法会議員がどのような背景から誕生したのかを明らかにする。次に、立法会宣誓事件における法的論点、全人代常務委の香港基本法解釈、および全人代常務委の解釈がなされた後、香港法院は全人代常務委解釈をどのように位置づけたのかを

序　章

考察する。最後に、全人代常務委解釈の特色と課題について検討を行う。

　最後に初出一覧を示す。

（第 2 章）「香港における国際人権法の実施 ── 香港人権法の成立と運用 ── 」『一橋法学』第 2 巻第 3 号、2003 年。

（第 3 章）「返還後における香港人権条例の発展過程についての一考察」『アジア法研究 2012』、2013 年。

（第 4 章）「香港基本法の解釈基準としての国際人権法 ── ヨーロッパ人権裁判所における法概念を中心に ── 」北川秀樹、三村光弘、石塚迅、廣江倫子編著『現代中国法の発展と変容 ── 西村幸次郎先生古稀記念論文集 ── 』成文堂、2013 年。

（第 6 章）「返還後香港法と『一国両制』── 居留権事件における基本法解釈権の帰属 ── 」『一橋論叢』第 125 巻第 1 号、2001 年 1 月。

（第 7 章）「香港基本法解釈権の展開 ── 普通選挙および行政長官任期をめぐって ── 」『一橋法学』第 5 巻第 1 号、2006 年 3 月。

（第 8 章）「外国人メイドの香港居留権 ── Vallejos Evangeline B. v. Commissioner of Registration 事件における香港基本法解釈に関する一考察 ── 」『大東文化大学紀要＜社会科学＞』第 55 号、2017 年 3 月。

（第 9 章）「香港終審法院による香港基本法解釈要請 ── コンゴ民主共和国対 FG Hemisphere 社事件」『大東文化大学紀要＜社会科学＞』第 53 号、2015 年 3 月。

---

1) 香港基本法を香港の憲法と捉えるかどうかには、香港法の置かれた特殊な事情から（たとえば、南京条約以後の香港法制史として、高見澤磨・鈴木賢『中国にとって法とは何か ── 統治の道具から市民の権利へ ── 』岩波書店、2010 年、60－63 頁、高見澤磨「近代法制の形成過程」、飯島渉・久保亨・村田雄二郎編著『シリーズ 20 世紀中国史 3　グローバル化と中国』東京大学出版会、2009 年、87－89 頁。）、見解の統一がない。香港基本法の二重の性格について、香港大学法学部教授陳文敏は、「中国の全国性法律の一部であり香港特別行政区の憲法」と述べる。(Chan, Johannes S.C., "Basic Law and Constitutional Review: The First Decade" (2007) 37 H.K.L.J. 409.) 香港法院においても、香港基本法の性格がこう指摘される。「香港基本法は独特な文書である。それは、二国間の条約を反映する。それは、異なる制度を実行する主権国家と自治地域の関係を扱う。それは、政府機関の構造と機能について規定する。従って、それは少なくとも三つの側面を持つ。つまり、国際面、国内面および憲法面である。」(*Ma Wai Kwan David v. HKSAR* [1997] HKLRD 761 at 772.)

17

2）香港基本法における香港法と中国法の接点としては、他に次の二つを挙げられよう。第一が、付属文書3に列記される中国法である。しかし、ここに列記される中国法は少数であり、今までのところ、大きな論争たりえていない。第二が、香港基本法23条である。同条は、香港政府に国家安全条例の制定を義務付けているが、香港社会からの猛烈な反対を受けて、実現に到っていない。詳しくは第7章を参照。

3）Sir Mason, Anthony, "The Rule of Law in the Shadow of the Giant: The Hong Kong Experience",（2011）33 *Sydney Law Review* 623, 625.

4）Bokhary, Kemal, "The Rule of Law in Hong Kong: Fifteen Years After the Handover" (2013) 51 *Columbia Journal of Transnational Law* 287,291.

5）第一百五十八條
本法的解釋權屬於全國人民代表大會常務委員會。

全國人民代表大會常務委員會授權香港特別行政區法院在審理案件時對本法關於香港特別行政區自治範圍內的條款自行解釋。

香港特別行政區法院在審理案件時對本法的其他條款也可解釋。但如香港特別行政區法院在審理案件時需要對本法關於中央人民政府管理的事務或中央和香港特別行政區關係的條款進行解釋，而該條款的解釋又影響到案件的判決，在對該案件作出不可上訴的終局判決前，應由香港特別行政區終審法院請全國人民代表大會常務委員會對有關條款作出解釋。如全國人民代表大會常務委員會作出解釋，香港特別行政區法院在引用該條款時，應以全國人民代表大會常務委員會的解釋為準。但在此以前作出的判決不受影響。

全國人民代表大會常務委員會在對本法進行解釋前，徵詢其所屬的香港特別行政區基本法委員會的意見。

Article 158
The power of interpretation of this Law shall be vested in the Standing Committee of the National People's Congress.

The Standing Committee of the National People's Congress shall authorize the courts of the Hong Kong Special Administrative Region to interpret on their own, in adjudicating cases, the provisions of this Law which are within the limits of the autonomy of the Region.

The courts of the Hong Kong Special Administrative Region may also interpret other provisions of this Law in adjudicating cases. However, if the courts of the Region, in adjudicating cases, need to interpret the provisions of this Law concerning affairs which are the responsibility of the Central People's Government, or concerning the relationship between the Central Authorities and the Region, and if such interpretation will affect the judgments on the cases, the courts of the Region shall, before making their final judgments which are not appealable, seek an interpretation of the relevant provisions from the Standing

Committee of the National People's Congress through the Court of Final Appeal of the Region. When the Standing Committee makes an interpretation of the provisions concerned, the courts of the Region, in applying those provisions, shall follow the interpretation of the Standing Committee. However, judgments previously rendered shall not be affected.

The Standing Committee of the National People's Congress shall consult its Committee for the Basic Law of the Hong Kong Special Administrative Region before giving an interpretation of this Law.

6) Gittings, Danny, *Introduction to the Hong Kong Basic Law* (Hong Kong: Hong Kong University Press, 2013), p.222.
7) Gittings, Danny, op.cit., p.222.
8) 香港基本法158条によれば、全人代常務委は、香港基本法解釈を行う前に香港基本法委員会に諮問する。香港基本法委員会は内地委員6名、香港委員6名の計12名から構成される。多くの委員が学者か弁護士である。香港委員は行政長官、立法会議長および終審法院首席裁判官の合議によって指名される。任期は5年であり、全人代常務委により任命される。香港基本法委員会の公式な役割は次の通りである。(1) 香港で制定された法律が香港基本法に抵触していないかどうか助言をすること（香港基本法17条）、(2) 香港にどのような内地の法律が適用され、あるいは適用されないべきか助言すること（香港基本法18条）、(3) 香港基本法の解釈に意見を述べること（香港基本法158条）、(4) 香港基本法改正の提案を審査すること（香港基本法159条）。(The Honourable Mr Justice Bokhary GBM NPJ, Michael Ramsden and Stuart Hargreaves (eds), *Hong Kong Basic Law handbook* (Hong Kong: Thomson Reuters, 2015), pp.437-438)

　香港基本法委員会の実際の機能については、厳しい意見が多い。というのも、当初期待されていた役割を果たしていないからである。期待されていたのは、香港基本法委員会が、大陸法制度に見られるような憲法裁判所として機能することであった。すなわち、全人代常務委の解釈がなされる前に、香港と中国の専門家が議論をする場としての役割が期待された。しかし、これは実現していない。多くの論者によれば、香港基本法委員会は「お飾り」にすぎない。現実に、全人代常務委は解釈を決定した後に形式的に香港基本法委員会に諮問しているに過ぎない。具体的には、次の問題点がある。第一に、全人代常務委は香港基本法委員会を実質的な紛争解決機関にしようとはしていない。全人代常務委が香港基本法解釈を発表する際、香港基本法委員は招集されるが、その時には解釈草案がすでに準備されている。香港基本法委員の役割はごく細かな語句の修正を指摘するだけである。第二に、一部の香港基本法委員会委員は香港基本法に関連した論争において、各自の見解を自由に表現し、時には論争の中心人物となり中立性を欠いている。総じて、現時点では、香港基本法委員は「お飾り」としの役割以上は果たしていないことが指摘される。(Lim, C. L. and Johannes Chan, "Autonomy and Central-Local Relations" in Johannes Chan SC (Hon) and C.L. Lim (eds), *Law of the Hong Kong Constitution* (2nd ed.) (Hong Kong: Thomson Reuters, 2015), p.76.

9）廣江倫子『香港基本法の研究――「一国両制」における解釈権と裁判管轄を中心に――』成文堂、2005 年、64 頁。
10）廣江倫子、前掲書、64 頁。
11）Gittings, Danny, op. cit., p.219.
12）Gittings, Danny, op.cit., p.223.
13）Gittings, Danny, op.cit., p.223.
14）Gittings, Danny, op.cit., p.219.
15）Gittings, Danny, op.cit., pp.219-220.
16）The Hon Sir Mason, Anthony, op.cit., p.630.
17）Gittings, Danny, op.cit., p.221.
18）The Hon Sir Mason, Anthony, op.cit., p.631. なお、中国の法律解釈における理論と制度について以下の文献に詳しい。黄江天『香港基本法法律解釈研究』三聯書店（香港）有限公司、2004 年。
19）Gittings, Danny, op.cit., p.221.
20）Gittings, Danny, op.cit., p.220.
21）Gittings, Danny, op.cit., p.221.
22）The Hon Sir Mason, Anthony, op.cit., p.630.
23）たとえば、Sir Mason, Anthony, "The Place of Comparative Law in Developing the Jurisprudence on the Rule of Law and Human Rights in Hong Kong" (2007) 37 H.K.L.J., 299. Chan, Johannes S.C., op.cit., p.407.
24）香港大学法学部教授陳弘毅によると、「香港と中国の法制度の連携は弱いままだった。香港と中国の司法共助は、とりわけ香港とコモン・ロー適用地区との間のそれに比べて低調なままである。これは、互いの法制度間の巨大な差異および犯罪者引渡や亡命者引渡という司法共助が含む問題の政治的敏感さに由来する。」(Chen, Albert H. Y., "The Rule of Law under "One Country, Two Systems": The Case of Hong Kong 1997-2010" (2011) 6 *National Taiwan University Law Review*, 293.)
25）Sir Mason, Anthony, op.cit., p.303.
26）代表的なものに以下がある。Chan, Johannes S.C., "Basic Law and Constitutional Review: The First Decade" (2007) 37 H.K.L.J. 409. Petersen, J. Carole, "Embracing Universal Standards? The Role of International Human Rights Treaties in Hong Kong's Constitutional Jurisprudence" in Hualing Fu, Lison Harris and Simon N. M. Young (eds), *Interpreting Hong Kong's Basic Law: The Struggle for Coherence* (New York: Palgrave Macmillan, 2007).
27）元香港終審法院非常任裁判官、前オーストラリア高等法院首席裁判官メーソン卿が指摘するように、「香港法はイギリス法をモデルとした判例法と制定法から構成され、加えて香港基本法 8 条は従来の法制度の維持を規定し、イギリス法との関連を憲法上保障している。」Sir Mason, Anthony, op,cit., p.307.
28）Sir Mason, Anthony, op.cit., p.308.

29) Sir Mason, Anthony, op.cit., p.307.
30) Jayawickrama, Nihal, "The Bill of Rights", in Raymond Wacks ed., *Human Rights in Hong Kong*, (Oxford: Oxford University Press,1992), p.66.
31) Sir Mason, Anthony, op.cit., p.302.
32) 香港基本法11条、19条は香港法院の違憲審査権を規定する。香港法院も自らが違憲審査権を持つこと確認している。(*Ng Ka Ling v. Director of Immigration* [1999] 1 HKLRD 315.) 終審法院は、次のように述べる。「香港基本法が付与する司法権を行使するとき、香港特別行政区の法院は香港基本法を執行し、解釈する責任を持つ。疑いもなく、香港法院は特別行政区立法機関が制定する法律あるいは行政機関の行為が香港基本法に適合するかについて審査する権限を持ち、香港基本法に抵触する状態を発見するなら、法院は関連の法律と行為を無効と裁定できる。」(*Ng Ka Ling v. Director of Immigration* [1999] 1 HKLRD 315) ただし、同判決は、全人代常務委の香港基本法に対する立法行為に対しても、香港法院は違憲審査権を持つ、と判断したため、中国側からの強い反発を招くこととなった。判決の該当部分は次の通りである。「論争を引き起こしてきた問題は、特別行政区法院が全国人民代表大会およびその常務委員会の立法行為が香港基本法に適合するかどうかを審査する裁判管轄を有するかどうか、香港基本法に抵触するなら、特別行政区法院はそれら行為を無効と宣言する裁判管轄を有するかどうかという問題である。特別行政区法院は確実にこの裁判管轄を有し、抵触する際には、この行為を無効と宣言する責任を有する。」(*Ng Ka Ling v. Director of Immigration* [1999] 1 HKLRD 315)
33) Chen, Albert H. Y., op.cit., p.281.
34) Chief Executive Election Ordinance, Cap 569
35) *The Standard*, Mar 3, 2005.
36) 『日本経済新聞』2011年8月26日。

第1部

香港における人権保障の国際化

第1章　香港終審法院の外国籍裁判官
――国際人権法受容の観点から――

はじめに

　中国返還以降も、香港においてはイギリス植民地期由来のコモン・ローが用いられている。したがって、その「憲法」である香港特別行政区基本法（以下、香港基本法）の解釈にあたり、ヨーロッパ人権裁判所判例に代表される国際人権法、そしてイギリス人権法制定に伴う豊富な判例は必然的に影響を持ってきた。

　元香港終審法院非常任裁判官（元オーストラリア最高裁判所長官）メーソン卿は、こう指摘する。「返還以来、香港の公法の発展を俯瞰すると、そこでは比較法の多用が著しい特徴となっている[1]。」香港法院、とりわけ香港終審法院の国際人権法の積極的な受容を、「独裁体制における世論の擁護者としての香港終審法院およびその結果としての司法積極主義」と捉える香港大学准教授エリック・イップ論文[2]もあるが、多くがメーソン卿と同様の指摘を行っている。代表的なものに香港法院は市民的および政治的権利に関して、社会的および経済的権利に関するよりもはるかに国際人権法を積極的に受容しているとする香港大学教授ジョハネス・チャン論文[3]、ハワイ大学教授（元香港大学教授）キャロル・ピーターセン論文[4]等がある。

　メーソン卿は、香港法院における国際人権法の積極的な受容の要因として、以下の4点を指摘する。第一に、イギリス法の遺産である。香港法はイギリス法をモデルとした判例法と制定法からなる。さらに、香港基本法8条はイギリス法との連続性に憲法上の保障を与える。ゆえに、香港法院がイギリス司法管轄を参照し、イギリス人権法制定にともなうヨーロッパ人権裁判所判例の影響をも受けていることは驚くべきことではない[5]。

　第二に、国際人権法の発展である。人権保障は各国憲法において、重要である

ばかりか世界人権宣言、自由権規約、社会権規約、ヨーロッパ人権条約、汎アメリカ人権条約、アフリカ憲章といった国際条約の対象でもある。したがって人権保障は、国際法の側面を持つに至っている[6]。かつ最も伝統のあるヨーロッパ人権裁判所の判決は、ヨーロッパ人権条約加盟国のみならず香港など諸外国が参照できる比較法の一部を形成している[7]。

第三に、香港終審法院の新しい法解釈原則確立の必要性である。新規設立されかつ独自の裁判管轄を発展させるには至っていないコモン・ロー適用地域の最高裁判所は、従前の条件や環境に沿いつつも、判例法の進化を邪魔することのない法原則を形成する責任を担っている[8]。こうした裁判官にとり、外国裁判所において同様の法律問題にどのような判断が下され理由づけがなされているのかを確認することは啓発的である。「司法的叡智を独占している裁判管轄はなく、外国裁判所が特定の問題に関しては、自国で用いているよりも優れたアプローチを生み出している場合もあり、それが自国における問題解決の糸口ともなりうる」[9]。

第四に、香港法が国際的司法水準に合致しているとの国際社会へのアピールとなる。これは次の2つの利点を持つ。すなわち、(1) 香港の国際金融センター、国際仲裁センターとしての評価の堅持と (2) 香港と中国の関係において、香港法院の判決が国際的司法水準に沿った形で、「法の支配」を堅持していることである[10]。

メーソン卿は上記4点を返還後香港法院が国際人権法を積極的に受容している要因とする。上述の先行研究をもとに、本章では新たに次の検討を行う。上記4点の要因に加えて、第五に、終審法院外国籍裁判官の存在[11]、つまり、「国際人権法が香港の裁判実践において積極的に受容されるのには、イギリス法を継承した制度に立脚して活躍する外国籍裁判官の存在が果たす役割が大きい」、と仮定し、これを以下の2点から検討する。

まず、イギリス法の遺産として香港の法院制度、裁判官選任制度および法曹教育をイギリスの対応物と比較することにより明らかにする。イギリス法の遺産はメーソン卿も指摘している。しかしそれは法律の類似性への言及にとどまる。本章は、法院制度、裁判官選任制度および法曹教育を明らかにすることで、イギリスにおける司法制度を確認し、終審法院外国籍裁判官のコモン・ロー体系における位置づけを明らかにする。香港裁判官選任制度の検討にあたっては、特に国籍に関する要件に焦点を当て、分析を進める。

第1章　香港終審法院の外国籍裁判官

次に、終審法院の新設および終審法院外国籍裁判官の存在の検討を行う。最初に、終審法院の新設が香港法院制度に与えた変化をイギリス枢密院司法委員会と比較し検討するとともに終審法院裁判官の構成を明らかにする。その後、終審法院裁判官に関して、(a) 出生地ならびに国籍、(b) 出身大学（法曹教育を受けた機関）、(c) 法曹としての過去の主要な職歴ならびに赴任地、(d) 終審法院着任直前の職ならびに赴任地の比較を行う。得られたデータをもとに終審法院裁判官に中心的な経歴、赴任形態、法曹教育はどのような特徴があるのかを導き出す。さらには、イギリス最高裁判所裁判官および香港控訴院裁判官との同様の比較を行うことにより、終審法院裁判官の特徴を際立たせる。

本章においては新たに次の検討を行うものである。つまり、香港法院が国際人権法を積極的に受容する背景はなにかを明らかにする。具体的には香港法をとりまく環境として香港の終審法院外国籍裁判官に着目し、香港法院と国際人権法との親和性を明らかにする。

第1節　香港の法院制度、裁判官選任制度および法曹教育
――イギリス法の遺産――

本節の検討に先立って、コモン・ローの法域について簡潔に述べておく。イギリスの植民地拡大に伴い、イングランド法にほかならないコモン・ローは、北アメリカ、インド、オーストラリア、ニュージーランド、アフリカの一部、東南アジア諸国に広く適用されていることは周知の通りである。イギリス法制度の移植に際しては、移住植民地（settled colony）あるいは割譲・征服植民地（conquered or ceded colony）かの分類により、次の区分があった。

移住植民地とは、イギリス植民地となった際、法と呼べるものが存在しなかった領域のことと定義される[12]。移住植民地においては、現地の状況に従いながら、移住者は移住時に、イギリス法を導入する[13]。

征服・割譲植民地とは、イギリスの植民地となる前に、文明的な法律が存在したが、イギリスに割譲あるいは征服された領域をいう[14]。征服植民地においては、征服の際に現地で適用されていた法は、変更がなされるまで効力を有する。イギリス法は直ちにかつ自動的に適用されない[15]。しかし、上記の原則には一定の条件がある。第一に、国王（女王）による征服が新しい政治秩序を導入した

27

ことが明白であること。この場合、その領域が植民地となったことで、イギリス憲法がその法律の一部となる。以前の憲法は破棄され、住民はイギリス住民（British subjects）となる。第二に、文明化された法制度が執行されていたこと。第三に、現地の法律が宗教上の信念にからみ、このため信念を共有しない人々には適用不可能である場合、イギリス植民者には適用されない。第四に、現地の法で自然的正義（natural justice）に反するものは、征服によって消滅したとみなされる[16]。

　イギリスは香港を植民地とした直後から自国法の移植を開始した。占領当初は香港で中国法の継続適用が宣言されたが[17]、すぐに香港立法機関によってイギリス法の適用が宣言されることになった[18]。イギリスは、他の植民地と同様に英皇制誥（Letters Patent）および王室訓令（Royal Instructions）で、植民地統治体制を規定し、1844年に新しくできた香港立法評議会（Legislative Council）がイギリス法受容の宣言を行った[19]。イギリス法受容の宣言は、1873年に「最高法院条例（Supreme Court Ordinance）」5条として条文化された。最高法院条例5条は次のように規定している。「植民地に地方立法機関が設立された時、つまり1843年4月5日にイギリスに存在する法律は、植民地およびその住民に適用できない場合あるいは地方立法機関に修正された場合を除き、植民地において効力を持つ。」この条文によって、イギリス法が香港法に適用されることとなった[20]。

1　裁判所制度 ── 香港とイギリス

（1）イギリス

　最高裁判所（Supreme Court）は2005年の憲法改革法（Constitutional Reform Act 2005）により2009年に設立された。最高裁判所の母体である貴族院（House of Lords）は女王によって上位の裁判官のなかから任命される常任上訴貴族（Lord of Appeal in Ordinary）[21]によって構成されていた。最高裁判所は、イギリスの法制度のなかで、最終上訴裁判所である。最高裁判所の12人の裁判官の多くは直近の常任上訴貴族であり、設立とともに自動的に最高裁判所裁判官となった。今後、新規に裁判官が任命される場合、2005年憲法改革法によって、独立した最高裁判所推薦委員会（Supreme Court Selection Commission）の推薦によることとなる。最高裁判所において、事件は通常5人の裁判官により審理される。事件の重要性・複雑性によって7人あるいは9人の裁判官が審理することもある[22]。

第 1 章　香港終審法院の外国籍裁判官

【図1】イギリス裁判所組織図

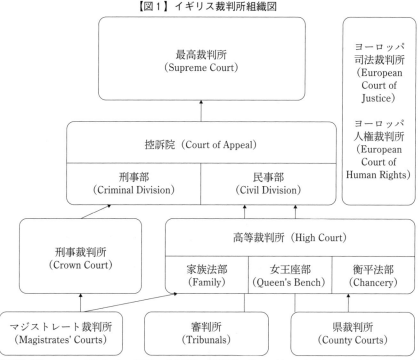

（出所）「The courts of England and Wales（イギリス裁判所）」（https://www.judiciary.gov.uk/wp-content/uploads/2012/08/courts-structure-0715.pdf）、「Faculty of Law & Bodleian Law Library Legal Research & Mooting Skills Programme（オックスフォード大学法学部・法学部図書館リーガル・リサーチおよび模擬裁判プログラム）」（http://denning.law.ox.ac.uk/lrsp/index.php）を参考に筆者作成。

　枢密院司法委員会（Judicial Committee of the Privy Council）は、多くの点で最高裁判所と、構成や職務について似通っている。枢密院司法委員会の職務は主に上訴を審理することである。枢密院司法委員会の構成員は、イギリス人裁判官のほかにコモンウェルス諸国の上級司法関係者も含まれる。これは枢密院司法委員会はコモンウェルス諸国の最終上訴裁判所であることによる。コモンウェルス諸国からの事件を審理する際、枢密院司法委員会は厳密にイギリス法を適用して決定してはいない。コモンウェルス諸国はイギリスと同様の法制史を有しているが、さまざまな事情によって、現在運用されている法律は、イギリスにおけるのよりも異なる。したがって枢密院司法委員会の決定は、最高裁判所のようには他のイギリスの裁判所を拘束しないが、枢密院司法委員会の裁判官は、実質的には最高裁判所の裁判官と同じであり、枢密院司法委員会の判決は、他の裁判所にとって説

得的な効力を持つとみなされている23)。

　控訴院（Court of Appeal）は民事部（Civil Division）と刑事部（Criminal Division）という二つの部に分かれている。控訴院は最高裁判所と似通った地位にある。控訴院と最高裁判所の重要な違いは、新しい法律を制定する自由にある。前者が以前の自らの決定に拘束される一方、後者は以前の自らの決定に拘束されない24)。

　高等法院（High Court）は、上訴事件および第一審事件を扱う。高等法院は、現在、女王座部（Queen's Bench Division）、衡平法部（Chancery Division）および家族法部（Family Division）の3つの部から構成される。高等法院は通常1人の裁判官で審理される。衡平法部は、破産、著作権、担保などの事件を扱い、家族法部は離婚などの人身事件を扱う。女王座部は3つの部のなかで一番大規模な部であり、高額または複雑な不法行為事件および契約事案などを扱う25)。

　刑事裁判所（Crown Court）の歴史は新しく、1971年裁判所法（Courts Act 1971）によって設立された。刑事裁判所の裁判管轄は主に刑事事件に特化している。刑事裁判所はイギリス全土に広がっており、現在では77か所がある26)。

　県裁判所（County Courts）は民事事件に特化した裁判所である。1846年の県裁判所法（County Court Act 1846）によって設立された。県裁判所設立の目的は、少額の民事請求を効果的に扱い、法的手段を採ることを容易にするためである。上訴は、控訴院になされる。ただし、破産事件の場合、上訴は高等法院になされる27)。

　マジストレート裁判所（Magistrates' Court）はイギリス法制度の最下部にあるが、最も重要な裁判所でもある。実際に、上述したどの裁判所よりも仕事量が多い。マジストレート裁判官は通常、法的訓練を受けたものではなく、無給かつパート・タイムである。通常、3人のマジストレート裁判官が審理を行う。裁判官は素人裁判官と有給かつ常任のマジストレート裁判官からなる。素人裁判官は、法的資格を持つ法律事務員によって、補佐される。法律事務員はマジストレート裁判官に法的アドバイスをする責任があるが、判決を下す権限はない28)。

　特別の管轄権を持つ裁判所もいくつか存在する。死因裁判所（Coroners' Court）では、検死官は、死因が不明の暴力の結果による死亡または不自然な死亡、あるいは拘留中の死亡または国家権力による拘束中の死亡を調査する29)。騎士道裁判所（Courts of Chivalry）は紋章に関する紛争を扱う管轄権を有する。しかし、騎士道裁判所は20世紀には一度開廷されたに過ぎない30)。軍事裁判所

(Courts-martial) イギリス軍の構成員を対象とする。軍に関する法律では、軽微な犯罪は上級軍人によって、深刻な犯罪については軍事裁判所によって審理される。ただし、最も深刻な犯罪（たとえば殺人や強姦）は、通常の刑事裁判所において審理される[31]。軍事上訴裁判所（Courts-Martial Appeals Court）は、一般の裁判所に類似し、控訴院あるいは高等法院の裁判官が審理を担当し、手続は控訴院刑事部のものと似通っている[32]。聖職者裁判所（Ecclesiastical courts）はイングランド国教会（Church of England）構成員が服する聖職者法を対象とする[33]。選挙裁判所（Election courts）として、ヨーロッパ議会、国会および地方議会の選挙に関する紛争に対して、それぞれ裁判所が設置されている[34]。

審判所（Tribunals）は、制限された管轄権を持ち、国家の特定機関に対する訴えを扱う。それぞれの審判所は、必要性に応じて設立され、必要がなくなれば廃止される[35]。2007年の審判所、裁判所および執行法（Tribunals, Courts and Enforcement Act 2007）により、二つの大審判所（第一次審判所（First-tier Tribunal）、上級審判所（Upper Tribunal））が設立され、既存の数々の審判所が統合された[36]。第一次審判所（First-tier Tribunal）は7つの特別室を含む。それらは、戦争保障および武力衝突保障（War Pensions and Armed Forces Compensation）、社会保障受給（Social Entitlement）、健康・教育・社会福祉（Health, Education and Social Care）、一般規定（General Regulatory）、租税・移民・亡命者（Tax, Immigration and Asylum）、土地・不動産・住宅（Land, Property and Housing）である[37]。上級審判所（Upper Tribunal）は4つの特別室を含む。行政上訴特別室（Administrative Appeals Chamber）、移民および亡命者特別室（Immigration and Asylum Chamber）、租税および衡平法特別室（Tax and Chancery Chamber）、土地特別室（Land Chamber）である[38]。

(2) 香　港

1833年に、イギリスは自国の極東貿易保護およびイギリスの中国領あるいは中国沿岸より100海里以内の公海におけるイギリス人犯罪を審理するために広州に刑事・海事法院（Court of Justice with Criminal and Admiralty Jurisdiction）を設立した。

1843年1月4日の枢密院令によって、イギリスは広州刑事・海事法院を香港に移転した。同時にイギリスは44人の徳望のある香港居民を治安判事（Justice of the Peace）に任命し、マジストレートが地域の治安を維持するのを助けた[39]。

1844年、刑事法院の第一回目の審理の際、イギリスの例にならって陪審員が招集された。総督が陪審員の議長となった。1845年には「陪審員条例」が香港

第 1 部　香港における人権保障の国際化

【図2】香港法院一覧および上訴関係（1844年）

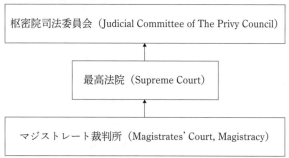

（出所）Ip, Eric C., *Law and Justice in Hong Kong*（2nd ed.）, Sweet & Maxwell, 2016, p.220. を参考に筆者作成。

【図3】香港法院一覧および上訴関係（1976年－1997年）

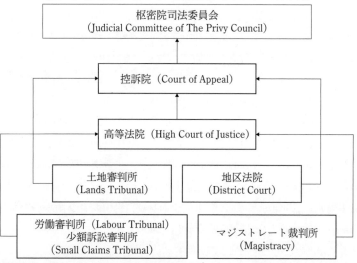

（出所）Ip, Eric C., *Law and Justice in Hong Kong*（2nd ed.）, Sweet & Maxwell, 2016, p.221. を参考に筆者作成。

立法評議会によって制定され、香港陪審員制度が確立された。

　1844年、香港政庁は「最高法院条例（Supreme Court Ordinance）」を採択し、10月1日に香港で正式に最高法院が成立した[40]。最高法院は刑事、民事事件の管轄を持った。最高法院の設立によってマジストレート裁判所と最高法院からなる裁判所制度が確立された。1846年には最高法院の判決はイギリス枢密院司法委員会に上訴されることになった。同時に、イギリスの弁護士制度、法制度も導入

【図4】香港法院一覧（現在）

終審法院（Court of Final Appeal）
高等法院（High Court）
控訴院（Court of Appeal）
第一審裁判所
（Court of First Instance）
労働審判所
（Labour Tribunal）
地区法院
（District Court）
土地審判所
（Lands Tribunal）
猥褻物審判所
（Obscene Article Tribunal）
マジストレート裁判所
（Magistrates' Courts,
Magistracy）
少額請求審判所
（Small Claims Tribunal）
死因裁判所
（Coroner's Court）

（出所）「Judiciary（香港司法機構ホームページ）」（http://www.judiciary.gov.hk/en/organization/courtchart.htm）を参考に筆者作成。

【図5】香港法院上訴関係図（1）

（高等法院、地区法院および土地審判所からの上訴制度）

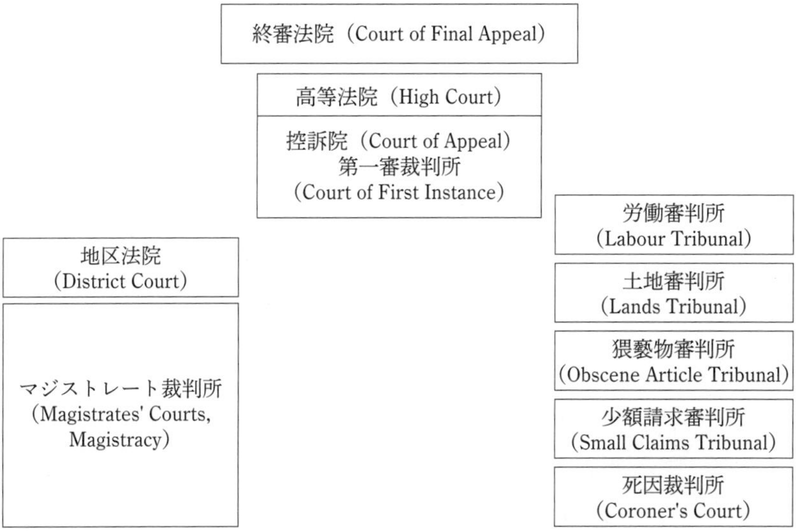

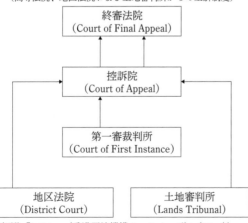

終審法院
（Court of Final Appeal）
控訴院
（Court of Appeal）
第一審裁判所
（Court of First Instance）
地区法院
（District Court）
土地審判所
（Lands Tribunal）

（出所）「Judiciary（香港司法機構ホームページ）」（http://www.judiciary.gov.hk/en/crt_services/pphlt/html/hc.htm）を参考に筆者作成。

第 1 部　香港における人権保障の国際化

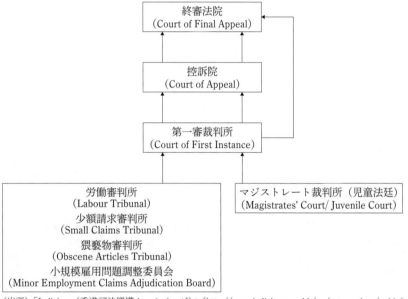

（出所）「Judiciary（香港司法機構ホームページ）」(http://www.judiciary.gov.hk/en/crt_services/pphlt/html/hc.htm）を参考に筆者作成。

された。このように香港の現行の裁判制度は 1845 年前後にその原型が確立されたといえる。

　香港司法機構は香港司法の運営に責任を持ち、行政機関および司法機関からは完全に独立している41)。

　香港終審法院（Court of Final Appeal）が香港特別行政区内の最高裁判所にあたる。香港基本法 2 条は香港が独立した司法権と終審権を享有すること、香港基本法 82 条は、その独立した終審権が終審法院に属することを規定する。返還と同時に設立された終審法院は、控訴院（Court of Appeal）および第一審裁判所（Court of First Instance）（両者を合わせて高等法院（High Court）と呼ぶ）からの民事・刑事の上訴事件を扱う。

　控訴院は第一審裁判所および地区法院（District Court）からの民事・刑事の上訴事件を扱うとともに、土地審判所（Lands Tribunal）のほかさまざまな審判所と条例によって設立された団体からの上訴を扱う。香港法院の上訴関係については【図 5】および【図 6】を参照されたい。

第1章　香港終審法院の外国籍裁判官

　第一審裁判所は民事・刑事事件に対する司法管轄に制限をもたない。マジストレート裁判所（Magistrates' Court）、少額請求審判所（Small Claims Tribunal）、猥褻物審判所（Obscene Articled Tribunal）、労働審判所（Labour Tribunal）および雇用関係調整審議会（Minor Employment Claims Adjudication Board）からの上訴を扱う。刑事事件に関して、第一審裁判所は裁判官と共に7人（裁判官から特別な指示がある場合は9人）の陪審員が出席する。

　地区法院は5万以上100万香港ドル以下の民事事件および懲役7年までの刑事事件を扱う。家族法院（Family Court）は、主に離婚訴訟および子どもの扶養・福祉に関する事件を扱う42)。

　香港には7つのマジストレート裁判所が存在する。マジストレート裁判所は懲役2年および罰金10万香港ドルに値する起訴犯罪と略式犯罪を審理する。しかし、多くの条例が、マジストレート裁判所に懲役3年および罰金（5百万香港ドルまでの罰金）刑を科す権限を与えている43)。児童法廷（Juvenile Court）は、殺人事件以外の、16歳以下の子どもと少年への告訴を扱う。少年法院はまた18歳以下の少年に対して管理保護命令を出す権限を持つ。児童法廷はマジストレート裁判所に併設されている44)。

　香港にも、イギリスの審判所制度にならって、複数の審判所が設置されている。現在、香港には以下の審判所がある。土地審判所は賃借係争およびビル管理に関する事件を審理する。土地審判所はまた、住宅条例に規定される土地収用による補償額の決定に関する申請、相続税支払いの対象となる土地、政府賃借料、不動産の市場価格に対する上訴を審理する。労働審判所は、労働紛争を審理する。請求額の上限に制限はないが、労働審判所は少なくとも1人の請求者の請求が8千香港ドル以上あるいは、10人以上の請求者がいる事件のみ扱う。審問は非公開で行われ、法的代理人の出席は許可されていない。少額請求審判所は5万香港ドルまでの民事請求を処理する。審問は非公開で行われ、弁護士の出席は許可されていない。猥褻物審判所は、特定の文章あるいは一般大衆にむけて展示される物がわいせつあるいは不道徳であるかどうかを決定、分類する。死因裁判所（Coroner's Court）は死亡事件の調査を行い、必要な場合検死を行う45)。

　裁判において使用される言語について、香港の公用語は英語と中国語と定められており（香港基本法9条）、英語と共に中国語も使用することができる。しかし、長年にわたり英語で裁判が行われてきたことがあり、現在も英語で裁判が行われ

第1部　香港における人権保障の国際化

【表1】中国語で裁判が行われた刑事事件の割合（2011年）

中国語で裁判が行われた刑事事件の割合	2011年
終審法院	34.6％
控訴院	32.1％
第一審裁判所（マジストレート裁判所からの上訴）	79.1％
第一審裁判所（上記以外）	26.8％
地区法院	32.9％
マジストレート裁判所	78.6％

（出所）「Judiciary（香港司法機構ホームページ）」（http://www.judiciary.gov.hk/en/organization/courtchart.htm）を参考に筆者作成。

る傾向にある。【表1】は2011年に中国語で裁判が行われた刑事事件の割合を法院毎に示している。地区法院以上の法院では、（マジストレート裁判所からの上訴事件を除き）その割合は3割前後にとどまっている。このように末端の法院を除いては、中国語で裁判が行われる件数が少ない。つまり英語で裁判が行われる傾向にある。

　以上、裁判所制度をイギリスと香港で比較した。香港の裁判所は極めてイギリスと似通った構造を留めていることが分かる。

2　裁判官選任制度

(1)　イギリス

　諸外国の多くは、職業裁判官が存在するが、周知のように、イギリス法制度は異なる。裁判官への任命は、他の職業（ソリシタやバリスタ、あるいは素人マジストレート裁判官）を経てなされる[46]。

　歴史的に、裁判官への任命は、後述する弁護士の一つの形態であるバリスタの前歴と結び付けられてきた。したがって、たとえば、1981年の最高裁判所法（Supreme Court Act 1981）10条(1)(b)は常任上訴貴族の任命を「少なくとも15年」バリスタとして著しい活躍をした者および裁判官に限定している。同条例10条(1)(c)は、高等裁判所裁判官への任命を「少なくとも10年」バリスタとして著しい活躍をした者、と限定している。これは、弁護士以外の者だけでなく、ソリシタをも排除している[47]。

　近年、裁判官選任方法へ変更が加えられている。1990年の裁判所および法律

事務法（Courts and Legal Services Act 1990）は、バリスタ以外の人々にも法廷における弁論権（rights of audience）を与え、裁判官となる権利を持つ人々を増やした。ソリシタは高等法院において弁論に参加することができるようになり、ソリシタも裁判官となれるようになった[48]。2005年の憲法改革法は裁判官選出方法に更なる変更を加えた。同法により、裁判官選考過程が独立司法任命委員会（Independent Judicial Appointments Commission）に委ねられることになった。委員会は15名のメンバーで構成され、そのうち5人が一般から、残りが法律専門職および司法機構から選出される。同法63条2項が、裁判官の選出は「能力のみが考慮されねばならない。」とする一方で、64条1項は、委員会は、選出される可能性のある人々が幅広い分野から集まるようにするという点を考慮しなければならないとしている。裁判官選任制度が根本的に変更され、結果も影響を受けたのかどうかは今後を見届ける必要がある[49]。

(2) 香　港
① 香港における裁判官の選任

香港にもイギリスと同様に職業裁判官は存在しない。裁判官への任命は法曹界の他の職業（特にバリスタ）を経た後になされる。香港基本法88条の規定により、裁判官は、司法人員推薦委員会（Judicial Officers Recommendation Commission）の推薦にもとづき、行政長官によって任命される。香港基本法48条6項は、香港特別行政区行政長官は下記の職権を行使するとして、法的手続に従って各法院の裁判官を任免することを規定している。司法人員推薦委員会は司法人員推薦委員会条例によって設立された独立の団体である。委員会は、終審法院首席裁判官を委員長とし、司法省長官ならびに行政長官に任命された7名（2名の裁判官、香港バリスタ協会との協議によって選出された1名のバリスタ、香港ソリシタ協会との協議によって選出された1名のソリシタおよび法曹関係者以外の3名）から構成される。司法人員推薦委員会条例3条3Aにより、2名以上の委員の反対があった場合、推薦決議は無効となる[50]。裁判官（マジストレート裁判官を含む）は、香港または他のコモン・ロー適用諸国で法曹資格を獲得し、相当の職務経験をもたねばならない[51]。

裁判官のうち、とりわけ終審法院裁判官と高等法院首席裁判官の任免にあたっては、香港基本法90条2項が特別の要件を課している。すなわち、行政長官が立法会の同意を求めるとともに全国人民代表大会常務委員会に報告して記録に留めなければならない。具体的には、首席裁判官および常任裁判官の任命権限は、

第1部　香港における人権保障の国際化

【表2】上級裁判官選任に関する香港・イギリス比較

	香港	イギリス（～2006年9月）	イギリス（2006年10月～）
関係する裁判官	① 終審法院裁判官 ② 高等法院首席裁判官	① 常任上訴貴族 ② 最高法院各部長官（Heads of Divisions） ③ 控訴院裁判官 ④ 高等法院裁判官	① 最高裁判所裁判官 ② 最高法院各部長官 ③ 控訴院裁判官 ④ 高等法院裁判官
任命機関	行政長官	女王	大法官（Lord Chancellor）
立法機関の役割	立法会が任命に賛成する。	首相（政府の長であり議会与党党首）以外、役割をもたない。	関与しない。
裁判官選出機関	司法人員推薦委員会	大法官	独立司法任命委員会
ノミネーションおよび推薦に責任を持つ機関	司法人員推薦委員会が候補者を推薦。	・首相が常任上訴貴族、最高法院各部長官、控訴院裁判官の候補者を推薦。 ・大法官が高等法院裁判官の候補者を推薦。	独立司法任命委員会が候補者を推薦。

(出所) Liu, Eva and Cheung Wai-lam, *The Process of Appointment of Judges in Hong Kong and Some Foreign Countries: Overall Comparison*, 12 May 2001, Research and Library Services Division, Legislative Council Secretariat (RP12/00-01), pp.1-4,「Judicial Appointments Commission（イギリス独立司法任命委員会ホームページ）」(http://jac.judiciary.gov.uk/) を参考に筆者作成。

司法人員推薦委員会の推薦に従った行政長官にある（終審法院条例6条、7条）。行政長官は、終審法院裁判官、非常任裁判官および他のコモン・ロー適用地区からの裁判官の任命あるいは解任において、立法会から同意を得る（終審法院条例7A条(a)、香港基本法73条）。香港基本法73条7項は、香港特別行政区立法会は次の職権を行使する。として、「終審法院裁判官および高等法院首席裁判官の任免に同意する。」と規定する。香港基本法90条に従って、行政長官は任命あるいは解任を中国全国人民代表大会常務委員会に報告し記録に留める（終審法院条例7A条(b)）。

　【表2】は、上級裁判官選任に関する香港とイギリス（2006年の憲法改革実施以前および以後）を比較している。【表3】は香港の現行上級裁判官選任制度に対する批判および支持の内容を示している。

　以上、裁判官選任制度を、特に上級裁判官の選任について、イギリスと香港を

第 1 章　香港終審法院の外国籍裁判官

【表 3】香港現行上級裁判官選任制度に対する批判および支持の内容

批判	支持
・透明性を欠く。 ・選考にあたり行政機関から立法会に提示される情報は不十分。 ・司法人員推薦委員会の決議に対する反対票は 2 票で有効となってしまう。 ・司法人員推薦委員会に司法省出身の委員がいることは、司法委員会推薦委員会の独立性を侵害する。 ・司法人員推薦委員会に政治家が任命されている。	・任命された裁判官は尊敬されている。

(出所) Liu, Eva and Cheung Wai-lam, *The Process of Appointment of Judges in Hong Kong and Some Foreign Countries: Overall Comparison*, 12 May 2001, Research and Library Services Division, Legislative Council Secretariat (RP12/00-01), p.7. を参考に筆者作成。

比較した。裁判官の選任に当たっては、イギリス・香港ともに職業裁判官は存在せず、主にバリスタから選出される。特にイギリスの憲法改革実施以降は、イギリスと香港の上級裁判官選任制度には大きな違いはなく、いずれも独立した専門委員会が中心的な役割を担っている。ただし、香港の場合は、行政長官は終審法院裁判官と高等法院首席裁判官の任免にあたっては、立法会の同意を求めるとともに、全人代常務委に報告して記録に留めなければならない。

②　裁判官の国籍に関する規定

香港基本法は、立法・行政・司法にわたってそれに就く者の国籍に関する規定を置いている。

司法に関して、香港基本法 90 条 1 項は、「香港特別行政区終審法院首席裁判官および高等法院首席裁判官は、外国に居住権を持たない香港特別行政区の永住性居民である中国公民でなければならない。」とし、終審法院首席裁判官と高等法院首席裁判官は外国国籍を持たない香港人（香港居留権を持つ中国公民）であることを規定する。

しかし、外国国籍保持者の就任を禁止する規定は、香港基本法 90 条のみにとどまっている。そして、香港基本法 82 条は、「…終審法院は必要に応じてその他のコモン・ロー適用地区の裁判官を招聘して裁判に参加させることができる。」とし、終審法院へ外国籍裁判官の招聘を認めている。さらに、香港基本法 92 条

第 1 部　香港における人権保障の国際化

【表 4】国籍に関する香港基本法規定比較 —— 立法・行政・司法

立法機関	行政機関	司法機関
● 立法会主席（71 条） 香港に通常連続 20 年以上居住し、外国に居留権をもたない香港永住性居民のなかの満 40 歳以上の中国公民でなければならない。	● 行政長官（44 条） 香港に連続 20 年以上居住し、外国に居留権をもたない香港永住性居民のなかの満 40 歳以上の中国公民でなければならない。	● 終審法院首席裁判官（90 条） 外国に居留権をもたない香港永住性居民の中の中国公民でなければならない。
	● 行政会議員（55 条 2 項） 外国に居留権をもたない香港永住性居民のなかの中国公民でなければならない。	● 高等法院首席裁判官（90 条） 外国に居留権をもたない香港永住性居民の中の中国公民でなければならない。
	● 主要政府職員（61 条） 香港に通常連続 15 年以上居住し、外国に居留権をもたない香港永住性居民の中の中国公民でなければならない。	
● 立法会議員（注1）（67 条） 外国に居留権をもたない香港永住性居民のなかの中国公民からなる。外国籍の香港永住性居民と外国に居留権を持つ香港永住性居民の立法会議員の比率は 20％を越えてはならない。	● 公務員（101 条） 香港永住性居民であるイギリス籍およびその他の外国籍のものを政府公務員に任用することができる。	● 裁判官（92 条） コモン・ロー適用地区から招聘することができる。
		● 法院職員（92 条） コモン・ロー適用地区から招聘することができる。
	● 廉政公署職員、会計検査署署長、警察署署長、入境事務所所長、税関所長および各省長、副省長、各局長 外国に居留権をもたない香港永住性居民のなかの中国公民でなければならない。	
	● 政府顧問（101 条） イギリス籍およびその他国籍の者を招聘して政府部門の顧問、専門職務、技術職務に就かせることができる。	

(出所) 筆者作成。

（注 1）第 5 期立法会議席数は 70 議席。（2012 年末現在）
（注 2）網掛け部が外国国籍保持者の就任を認めている香港基本法条文。

は「香港特別行政区の裁判官および他司法人員は、司法面の資質および専門資格に基づいて選出されねばならず、他のコモン・ロー適用地区から選出することもできる。」とし、すべての審級において、裁判官に外国国籍保持者が就くことを認めている。さらに、香港基本法 93 条 1 項は、「香港特別行政区設立前に香港司法に勤務していた裁判官およびその他司法人員はすべて留任することができ、そ

の勤続年数は保留され、給与、手当、福祉待遇、勤務条件はもとの基準を下回らない。」とし、返還以前に司法機関に就いていた外国国籍保持者の待遇が悪化しないことを憲法上保障している。

要するに、香港基本法は、香港裁判官制度において、終審法院首席裁判官、高等法院首席裁判官以外の裁判官および法院職員は外国国籍保持者でもかまわないことを憲法上保障している。【表4】は、立法・行政・司法機関に就く者の国籍についての香港基本法規定を比較している。【表4】からは、立法・行政・司法にわたり外国国籍保持者の就任が香港基本法上保障されていることが見て取れるが、中でも司法は終審法院首席裁判官、高等法院首席裁判官の2名以外の裁判官に外国国籍保持者が就くことを容認しており、極めて外国国籍保持者に門戸を開いている。

3　法曹教育

(1)　イギリス

中世に起源をもつイギリスの弁護士はバリスタ（Barrister）とソリシタ（Solicitor）の二種類に分けられる。それらの養成制度は、今日まで一貫して、両者の自治的組織による資格付与を前提にそれぞれ独自に発展してきた[52]。この点は国家が資格付与を行う日本と大きく異なる。

① ソリシタ

ソリシタになるには以下の2種類の訓練が必要である。つまり職業訓練のための教育課程を終え、ソリシタ訓練生として見習い期間を過ごすことである。職業訓練のための教育課程は2つの部分に分かれ、法学学位を持つ者には免除され、法学学位を持たない者は大学あるいはロー・ソサイエティ法学校（College of Law）の過程に参加する必要がある。ただしソリシタとなる一般的な方法は法学学位を取得することであり、ソリシタの大多数が法学部卒業生となっている[53]。

法学学位を取得後、ソリシタ志願者は職業訓練教育コース（Legal Practice Course）に入学する[54]。最終段階が見習いソリシタとしての雇用である[55]。

ソリシタの業務は多岐にわたる。商業的不動産管理から児童保護、後見人、個人資産管理や助言まである[56]。ソリシタは、ソリシタ・ファームでアシスタント・ソリシタ、パートナー（Salaried partners）、エクイティ・パートナー（Equity partners）として勤務するか、あるいは他の機関に雇用される[57]。

第 1 部　香港における人権保障の国際化

② バリスタ

バリスタの訓練課程は、ソリシタのものとよく似ている。それは、法学学位取得に続く職業訓練コース、その後の見習い期間から構成される。しかし、同様の過程のなかでも、多くの重要な差異がある。ソリシタの場合と異なり、バリスタ団（Bar）は卒業生のみを受け入れる。またバリスタ団（Bar）は4つの法学院（Inns of Court）[58]の構成員となったもののみを受け入れる[59]。

バリスタとソリシタの大きな違いとして、バリスタは個人の資格で活動することがあげられる。バリスタはチェンバーに所属し、チェンバーは事務作業を行う職員を雇用している。職員のうち、上級バリスタ書記官（Senior Barrister's Clerk）が事務作業を統括する。書記官（Clerk）は、チェンバーに所属するバリスタの能力を引き合いに出しながら、業務に関してソリシタと交渉する[60]。

(2)　香　港

香港の弁護士もまた、イギリスにならいソリシタ（律師）とバリスタ（大律師、Counsel として知られている）に区別されている。それらの養成は、両者の自治的組織による資格付与という形でなされ、香港政府が資格付与に関与しないことも、イギリスと同様である。

香港にて弁護士（ソリシタ及びバリスタ）となるには、まず香港大学（University of Hong Kong）、香港城市大学（City University of Hong Kong）、香港中文大学（Chinese University of Hong Kong）のいずれか、あるいはコモン・ロー適用諸国の大学にて法学学位（LLB）を取得することが必要である。香港において上記3大学以外の法学学位を持つ者も次の法務専門課程（Postgraduate Certificate in Laws（PCLL））に進むことができるが、11の基本科目に加えて香港法に関する3つの科目（香港憲法、香港法制度、香港土地法）について相応しい能力を示すことが必要である。法学部以外の学部卒業生は共通司法試験（Common Professional Examination of England and Wales）の試験合格をもってこれに代えることができる。

次に、上述した香港の3大学、香港大学、香港城市大学、香港中文大学のいずれかにて法務専門課程（Postgraduate Certificate in Laws（PCLL））を修了することが必要である。終了後、ソリシタおよびバリスタ志願者ともに香港でそれぞれ研修期間を積む。ソリシタ訓練生の契約（Trainee Solicitor Contract）は2年以上、バリスタ見習い（Pupillage）は6か月以上の研修期間が定められている。ソリシタおよびバリスタと認定された後は、法律事務所（ソリシタの場合）、チェンバー（バ

第 1 章　香港終審法院の外国籍裁判官

【表5】香港におけるバリスタ数（2017年現在）

上級弁護士（Senior Council）	88名（うち女性10名）
弁護士（Junior Council）	1322名（うち女性409名）

（出所）「Hong Kong Bas Association（香港バリスタ協会ホームページ）」（http://www.hkba.org/Bar-List/senior-counsel, http://www.hkba.org/Bar-List/junior-counsel）を参考に筆者作成。

リスタの場合）あるいは政府法律部門等に勤務する[61]。

　現在、バリスタの総数は1400人余りである。バリスタは法廷にて完全な発言権を持ち、ソリシタの要請により法律の特別な論点についてアドバイスを行う。ただし限定された状況においては、直接顧客からの指示を仰ぐこともできる。バリスタはその同業者団体である香港バリスタ協会（Hong Kong Bar Association）に所属する。10年以上のバリスタとしての著しい活躍がある場合、上級弁護士（Senior Counsel, 資探大律師）となることを申請することができる。

　ソリシタの総数は6000人前後である。ソリシタの同業者団体であるソリシタ協会（Law Society）がソリシタの管理監督権限を持つ。ソリシタは顧客と密接な関係を持ちが、法廷での発言権は限定的である。イギリスでは、ソリシタも勅撰弁護士（Queen's Counsel）に任命されうるが、香港では同等の地位である上級弁護士に任命される資格はまだない[62]。

【表6】香港における上級弁護士（勅撰弁護士）リスト（2017年現在）

氏　名	上級弁護士（勅撰弁護士）任命年
李柱銘　Lee, Martin C.M.	1979
張健利　Chang, Denis K.L.	1981
Griffiths, John	1982
清洪　Cheng, Huan	1988
陳景生　Chan, Edward K.S.	1989
廖長城　Liao, Andrew	1989
羅正威　Kotewall, Robert G.	1989
梁冰濂　Leong, Jacqueline P.	1990
黄福鑫　Wong, Ronny F.H.	1990

第1部　香港における人権保障の国際化

胡漢清	Hoo, Alan	1990
湯家驊	Tong, Ronny K.W.	1990
梁定邦	Neoh, Anthony F.	1990
馮華健	Fung, Daniel R.	1990
李志喜	Li, Gladys, S.C.	1990
Huggins, Adrian		1991
蘇朗年	Sarony, Neville Leslie	1992
郭慶偉	Kwok, Kenneth H.W.	1993
余若薇	Eu, Audrey	1993
包樂文	Plowman, Gary J.	1993
郭兆銘	Grossman, Clive S.	1993
陳志海	Chan, Warren C.H.	1994
駱應淦	Lok, Lawrence	1994
區啟賢	Aiken, Nigel	1994
馮柏棟	Fung, Patrick	1995
Bleach, John H.N.		1995
余若海	Yu, Benjamin	1995
潘松輝	Poon, Winston	1996
歐文豪	Ozorio, Michael	1996
莊施格	Scott, John A.	1996
布思義	Bruce, Andrew	1996
王正宇	Wong, Ching Y.	1997
莫愛麗	Mok, Alice	1997
戴啟思	Dykes, Philip John	1997
麥高義	McCoy, Gerard	1997
梁家傑	Leong, Alan K.K.	1998
麥禮士	Marash, Daniel Y.	1998
李定國	Reading, John Richard	1999
韋浩德	Whitehead, Robert	2000
沙惜時	Sussex, Charles	2000

第 1 章　香港終審法院の外国籍裁判官

何沛謙　Ho, Ambrose	2000
白理桃　Barretto, Ruy	2001
韋仕博　Westbrook, Simon N.	2001
Smith, Clifford	2001
黃敏杰　Wong, Man-Kit	2001
白孝華　Blanchflower, Michael C.	2001
陸貽信　Luk, Arthur	2002
黃仁龍　Wong, Yan-Lung	2002
翟紹唐　Jat, Sew Tong	2002
陳文敏　Chan, Johannes M.M.	2003
甄孟義　Yan, John M.Y.	2003
蔡源福　Chua, Guan-Hock	2003
石永泰　Shieh, Paul W.T.	2003
黃旭倫　Wong, Horace Y.L.	2004
郭棟明　Kwok, Eric T.M.	2004
鄧樂勤　Duncan, Peter N.	2004
Clayton, Peter D.	2005
陳志鴻　Chan, Chi Hung	2005
鮑永年　Pow, Jason W.N.	2005
Pilbrow, David G.	2005
謝華淵, 若瑟　Tse, Joseph W.Y.	2006
譚允芝　Tse, Joseph W.Y.	2006
莫樹聯　Mok, Johnny S.L.	2006
高浩文　Coleman, Russell A.	2006
夏博義　Harris, Paul	2006
Barlow, Barrie	2007
Burns, S. Ashley	2007
李紹強　Lee, Robert S.K.	2008
郭莎樂　Draycott, Charlotte E.	2008
Houghton, Anthony K.	2008

45

第1部　香港における人権保障の国際化

林孟達　Ramanathan, Kumar		2009
高樂賢　Cooney, Nicholas James		2009
余承章　Yu, Selwyn		2010
夏偉志　Harris, Graham A.		2011
黃繼明　Wong, Stewart K.M.		2011
陳靜芬　Chan, Linda		2011
李秋源　Li, Chau-Yuen		2012
彭耀鴻　Pang, Robert Y.H.		2012
馮庭碩　Fung, Eugene T.S.		2012
Manzoni, Charles		2012
林定國　Lam, Paul T.K.		2013
鄭蕙心　Cheng, Yvonne W.S.		2013
王鳴峰　Wong, William M.F.		2013
葉靜思　Ismail, Roxanne		2013
Strachan, Douglas Mark Arthur		2013
Pennicott, Ian		2014
葉巧琦　Yip, Anita H.K.		2014
梁偉文　Leung, Raymond Wai-Man		2014
黃文傑　Wong, Anson M.K.		2014
祁志　Kat, Nigel		2015
潘熙　Pun, Hectar H.		2015
包智力　Bartlett, Jeremy J.		2015
藍德業　Lam, Douglas		2015
杜淦堃　Dawes, Victor		2015
文本立　Man, Bernard		2015
許偉強　Khaw, Richard		2016
毛樂禮　Maurellet, José Antonio		2016
司徒歷　Stock, Alexander		2016
陳樂信　Chan, Abraham		2017

（出所）「Hong Kong Bar Association（香港バリスタ協会ホームページ）」（http://www.hkba.org/zh-hant/Bar-List/senior-counsel）を参考に筆者作成。

このように、香港の法曹教育は極めてイギリスに類似する特徴を有している。弁護士はいずれもバリスタ、ソリシタの区分があり、それぞれの同業者団体が自治的に管理・監督を行っている。また法曹教育も法務専門課程（PCLL）こそ、香港の3大学（香港大学、香港城市大学、香港中文大学）における取得が義務付けられているが、学部教育においては、コモン・ロー適用諸国の大学における法学学位取得、共通司法試験（Common Professional Examination of England and Wales）の試験合格を要件とするなど、イギリスひいてはコモン・ロー諸国出身者に広く門戸が開かれている。

第2節　香港終審法院の設立
―― イギリス枢密院司法委員会との連続および断絶 ――

1　イギリス枢密院司法委員会

　イギリス枢密院司法委員会の管轄権は、植民地にも延長された[63]。したがって、旧イギリス植民地諸国と同様に、1997年の返還まで、枢密院司法委員会が香港法院制度における最上級審であった。

　枢密院司法委員会の管轄権は1844年の司法委員会法（The Judicial Committee Act, 1844）によって延長された。同法は、女王が、枢密院令（Order in Council）によって、いかなるイギリス植民地あるいは海外所有地の裁判所がなしたいかなる判決、刑罰の宣告、布告、命令から、Her Majesty in Council に上訴することを許可できるとした[64]。

　植民地において、枢密院司法委員会の管轄権は、枢密院令や現地の立法によって異なるが、一般的に以下の場合に上訴を行うことができた。(a)一定額以上の紛争からの上訴、あるいは一定額以上の財産または公民権（civil rights）を含む上訴で、いかなる最高裁判所の判決によるもの。(b)最高裁判所の判決に含まれる論点が、一般的あるいは公共の重要性あるいはその他の理由を含むために、King in Council に決定されねばならないと当該裁判所に判断されたとき。(c)特別の許可（leave）によって[65]。

　【表7】および【表8】は、香港返還直前の1996年および1997年の、枢密院司法委員会への香港を含むコモンウェルス諸国からの上訴件数を示している。香港からの上訴件数は、他と比較すれば多いものの、年間15件前後に収まってい

第1部　香港における人権保障の国際化

【表7】コモンウェルス諸国からの上訴件数（1996年）

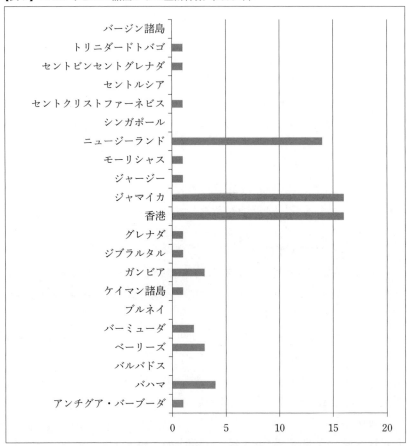

（出所）「Privy Council Office（枢密院司法委員会ホームページ）」（Appeal Statistics 1996）（http://webarchive.nationalarchives.gov.uk/20101103140224/http://www.privy-council.org.uk/output/Page34.asp）を参考に筆者作成。

ることが分かる。つまり、香港の事件が枢密院司法委員会にて審理されることは極めて稀であった。

【表 8】 コモンウェルス諸国からの上訴件数（1997年）

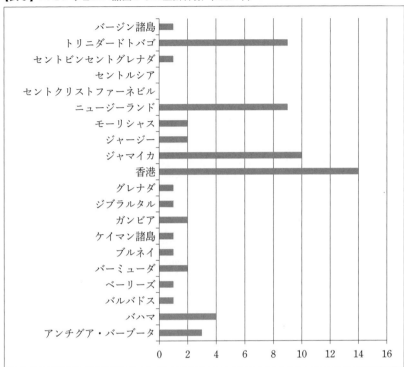

（注）香港についての統計は6月31日まで。
（出所）「Privy Council Office（枢密院司法委員会ホームページ）」（Appeal Statistics 1997）（http://webarchive.nationalarchives.gov.uk/20101103140224/http://www.privy-council.org.uk/output/Page34.asp）を参考に筆者作成。

2 終審法院設立による変化

　香港基本法によって、香港返還にともない終審法院が設立されることとなった。終審法院は香港域内の最終審級裁判所であり、イギリス枢密院司法委員会および中国最高人民法院から完全に独立している。

　【表9】は終審法院の年間事件審理数を示している。2009年から2011年の年間平均は137件となり、【表7】、【表8】に示した枢密院司法委員会への上訴に比べ、10倍近く増加している。終審法院は枢密院司法委員会よりもはるかに多くの事件を審理しており、実質的に香港の最終審としての機能を果たしていることがわかる。ただし、【表10】および【表11】は、高等法院および地区法院の事

第 1 部　香港における人権保障の国際化

【表 9】終審法院事件審理数の推移（2014～2016 年）

	2014 年	2015 年	2016 年
事件審理数	124	156	156

（出所）「Hong Kong Judiciary Annual Report 2017（香港司法機構年鑑 2017）」
(http://www.judiciary.gov.hk/en/publications/annu_rept_2017/eng/caseload01.html)
を参考に筆者作成。

【表 10】高等法院事件審理数の推移（2014～2016 年）

	2009 年	2010 年	2011 年
事件審理数	714	721	646

（出所）「Hong Kong Judiciary Annual Report 2017（香港司法機構年鑑 2017）」
(http://www.judiciary.gov.hk/cn/publications/annu_rept_2017/eng/caseload02.html)
を参考に筆者作成。

【表 11】地区法院事件審理数の推移（2014～2016 年）

	2014 年	2015 年	2016 年
事件審理数	44,134	43,298	45,414

（注）民事部、刑事部、家族法部を対象とする。
（出所）「Hong Kong Judiciary Annual Report 2017（香港司法機構年鑑 2017）」
(http://www.judiciary.gov.hk/en/publications/annu_rept_2017/eng/caseload03.html)
を参考に筆者作成。

件審理数を示している。事件審理数は終審法院と比較してはるかに多い。これらからは、他の司法管轄と同様に、香港においても下級審にて大部分の事件が処理されていることが分かる。

3　終審法院における裁判官の構成

　終審法院は首席裁判官（Chief Justice, CJ）および常任裁判官（Permanent Judges, PJs）から構成される（終審法院条例 5 条）。終審法院条例 5 条[66]は、必要な場合、香港非常任裁判官（Hong Kong Non-Permanent Judges, NPJs）を裁判に招聘し（2 項）、他のコモン・ロー適用地区裁判官（Common Law Non-Permanent Judges, CLNPJs）を裁判に招聘することができるとする（3 項）。したがって、非常任裁判官には 2 種類が存在する。それらは、(a) 香港非常任裁判官（Hong Kong Non-Permanent Judges, HKNPJs）および (b) コモン・ロー適用地区裁判官である。終審法院条例 10 条[67]は、非常任裁判官は 30 名を越えないと、上限を規定している。

第1章　香港終審法院の外国籍裁判官

終審法院条例8条[68]によると、香港非常任裁判官のリストが作成され（1項）、このリストに、司法人員推薦委員会の推薦に従って行政長官が任命した裁判官が、香港非常任裁判官として記載される（2項）。同様に、終審法院条例9条[69]によるとコモン・ロー適用地域裁判官のリストが作成される（1項）。このリストに、司法人員推薦委員会の推薦に従って行政長官が任命した裁判官が、コモン・ロー適用地区裁判官として記載される（2項）。

終審法院条例12条[70]は終審法院裁判官の資格について、以下の通り規定する。まず、首席裁判官に任命される資格があるものとして、(a) 終審法院常任裁判官、(b) 高等法院首席裁判官あるいは控訴院裁判官または第一審裁判所裁判官、(c) 少なくとも10年以上香港においてバリスタあるいはソリシタの経験を積んだバリスタ（1項）。次に、常任裁判官の資格について以下の通り規定する。(a) 高等法院首席裁判官、控訴院裁判官または第一審裁判所裁判官、(b) 少なくとも10年以上香港においてバリスタあるいはソリシタの経験を積んだバリスタ（1A項）。そして、香港非常任裁判官の資格について以下の通り規定する。(a) 引退した高等法院首席裁判官、(b) 引退した終審法院首席裁判官、(c) 引退した終審法院常任裁判官、(d) 現役あるいは引退した控訴院裁判官、(e) 香港に通常居住しているかどうかにかかわらず、少なくとも10年以上香港においてバリスタあるいはソリシタの経験を積んだバリスタ（3項）。最後に、コモン・ロー適用地区裁判官の資格について、以下の通り規定する。(a) コモン・ロー適用地区において民事・刑事管轄に制限のない裁判所の現役あるいは引退した裁判官であり、(b) 通常香港地域以外に居住し、(c) 香港において、高等法院裁判官、地区法院裁判官、常任のマジストレート裁判官を担当した経験がないもの（4項）。

終審法院条例14条[71]は、在任期間について、次の通り規定している。まず、首席裁判官および常任裁判官は引退年齢に達した場合、退職しなければならない（1項）。しかし、首席裁判官および常任裁判官の任期は3年の期間の2回を越えない限り、行政長官によって延長されうる（2項）。また、非常任裁判官には定年年齢を定めない（3項）。非常任裁判官の任期は3年とし、首席裁判官の推薦に基づいて行政長官により1回またはそれ以上延長することができる（4項）。

終審法院条例16条[72]によると、終審法院法廷は5名の裁判官から構成される。それらは (a) 首席裁判官または常任裁判官、(b) 3名の常任裁判官、(c) 首席裁判官により選任された1名の香港非常任裁判官あるいはコモン・ロー適用地区

51

第1部　香港における人権保障の国際化

【表12】終審法院における裁判官の構成、任命資格および任期

名　称	定　員	任命資格	任　期
首席裁判官 （Chief Justice, CJ）	1名	・終審法院常任裁判官 ・高等法院首席裁判官あるいは控訴院裁判官または第一審裁判所裁判官 ・10年以上香港においてバリスタあるいはソリシタの経験を積んだバリスタ	定年 （ただし、3年の期間の2回を超えない限り、行政長官によって延長されうる。）
常任裁判官 （Permanent Judges, PJs）		・高等法院首席裁判官、控訴院裁判官または第一審裁判所裁判官 ・10年以上香港においてバリスタあるいはソリシタの経験を積んだバリスタ	定年 （ただし、3年の期間の2回を超えない限り、行政長官によって延長されうる。）
非常任裁判官 （Non-Permanent Judges, NPJs）	30名を超えない		任期は3年 （ただし、首席裁判官の推薦に基づいて、行政長官によって1回またはそれ以上延長することができる。）
①香港非常任裁判官 （Hong Kong Non-Permanent Judges, HKNPJs）		・引退した高等法院首席裁判官 ・引退した本法院首席裁判官 ・引退した本法院常任裁判官 ・現役あるいは引退した控訴院裁判官 ・香港に通常居住しているかどうかにかかわらず、10年以上香港においてバリスタあるいはソリシタの経験を積んだバリスタ	
②コモン・ロー適用地区裁判官 （Common Law Non-Permanent Judges, CLNPJs）		・他のコモン・ロー適用地区において民事あるいは刑事管轄に制限のない裁判所の現役あるいは引退した裁判官であり、通常香港地域以外に居住し、香港において、高等法院裁判官、地区法院裁判官、常任のマジストレート裁判官を担当した経験がない者	

（出所）終審法院条例5条、9条、10条、14条をもとに筆者作成。

裁判官（1項）。首席裁判官が出席できない場合、首席裁判官によって代わりとなる常任裁判官が指名される。必要数の常任裁判官が出席できない場合、首席裁判官は香港非常任裁判官のなかから常任裁判官に代わるものを指名する。

【表13】終審法院における法廷の構成

種　類	定　数	備　考
首席裁判官（CJ）	1	首席裁判官が裁判長となり、出廷できない場合は首席裁判官が常任裁判官のうち一人を裁判長に指名する。
常任裁判官（PJs）	3	十分な人数の常任裁判官が審理のために確保できない場合、首席裁判官は非常任香港裁判官をもってこれに充てる。
香港非常任裁判官（HKNPJs） コモン・ロー適用地区裁判官（CLNPJs）	1	

（出所）終審法院条例16条をもとに筆者作成。

　要するに、終審法院裁判官は、首席裁判官、常任裁判官、非常任裁判官から構成され、非常任裁判官はまた香港非常任裁判官とコモン・ロー適用地区非常任裁判官からなる。終審法院法廷は5名の裁判官で構成され、首席裁判官、3名の常任裁判官、1名の非常任裁判官からなる。法廷の構成から見て、終審法院裁判官の中でも、原則的に必ず審理に参加する首席裁判官と常任裁判官の役割が大きいことが分かる。

第3節　香港における外国籍裁判官
―― コモン・ロー適用地区の一地域としての香港 ――

1　終審法院裁判官の比較

　香港終審法院裁判官に、外国籍保持者が就任することは、香港基本法上認められている。香港終審法院では、首席裁判官以外には、中国国籍であることという国籍要件が課されていないのである。では、実際に、香港終審法院裁判官にはどのくらいの外国籍裁判官が在籍しているのであろうか。彼らはどのような経歴をたどってきたのであろうか。【表14】は2012年11月末現在[73]、【表15】は2018年2月末現在の、香港終審法院裁判官をリスト化し、(a) 出生地（国籍）、(b) 出身大学、(c) 過去の主要な職歴（赴任地）、(d) 直近の職（任地）を明らかにしている。（【表14-1】は、1997年から2018年までの香港終審法院裁判官の推移を示している。）

第 1 部　香港における人権保障の国際化

【表 14】香港終審法院裁判官リスト（2012 年 11 月 1 日）

氏　名	出生地 （国籍）	出身大学	過去の主要な職歴（赴任地）	直近の職 （赴任地）
終審法院首席裁判官 (Chief Justice of the Court of Final Appeal)				
① 馬首席裁判官 The Hon Chief Justice Geoffrey MA74) （馬道立首席法官）	香港 （中国）	バーミンガム大学	弁護士（イギリス・香港・オーストラリア・シンガポール） 第一審裁判所裁判官(香港) 控訴院裁判官（香港）	高等法院首席裁判官 （香港）
終審法院常任裁判官 (Permanent Judges of the Court of Final Appeal)				
② 鄧裁判官 The Hon Mr Justice Robert TANG, SBS75) （鄧楨（鄧國楨）法官)76)	上海 （中国）	バーミンガハ大学	弁護士・勅撰弁護士（イギリス、香港、オーストラリアビクトリア州、アメリカニューヨーク州、シンガポール） 第一審裁判所裁判官（香港） リコーダ（香港）	控訴院裁判官 （香港）
② 陳裁判官 The Hon Mr Justice Patrick CHAN77) （陳兆愷法官）	香港 （中国）	香港大学	弁護士（香港） 地区法院裁判官（香港） 高等法院裁判官（香港）	高等法院首席裁判官 （香港）
④ リベイロ裁判官 The Hon Mr Justice Roberto Alexandre Vieira RIBEIRO78) （李義法官）	香港 （イギリス）	ロンドン・スクール・オブ・エコノミクス（LSE）	弁護士・勅撰弁護士（イギリス、香港、シンガポール） 香港大学（香港） 高等法院裁判官（香港） リコーダ（香港） 第一審裁判所裁判官（香港）	控訴院裁判官 （香港）
終審法院非常任裁判官 (Non-Permanent Judges of the Court of Final Appeal)				
香港非常任裁判官 (Hong Kong Non-Permanent Judges)				
⑤ モルティメア裁判官 The Hon Mr Justice John Barry MORTIMER, GBS （馬天敏先生)79)	— （—）	—	弁護士・勅撰弁護士（イギリス）	香港控訴院裁判官（香港） ＊ブルネイ控訴院首席裁判官（ブルネイ）を兼任。
⑥ リットン裁判官 The Hon Henry Denis LITTON, GBM80)	香港 （イギリス）	オックスフォード大学（マート	弁護士・勅撰弁護士（香港、イギリス）	控訴院裁判官 （香港）

第 1 章　香港終審法院の外国籍裁判官

（烈顯倫法官）		ン・コレッジ）		
⑦　ボカリー裁判官 The Hon Mr Justice S. K. S. BOKHARY[81] （包致金法官）[82]	香港（一）	イギリス	弁護士・勅撰弁護士（イギリス、香港） 枢密院司法委員会（イギリス） 高等法院裁判官（香港） 控訴院裁判官（香港）	終審法院常任裁判官（香港）
⑧　ストック裁判官 The Hon Mr Justice Frank STOCK[83] （司徒敬法官）	ジンバブエ[旧ローデシア] （イギリス）	リバプール大学	弁護士・勅撰弁護士（イギリス、香港、オーストラリアバージニア州） 検察官（香港） 第一検察官（香港） 法務次官（香港） 第一審裁判所裁判官（香港）	控訴院裁判官（香港） ＊控訴院副首席裁判官を兼任。
⑨　ハートマン裁判官 The Hon Mr Justice Michael J HARTMANN[84] （夏正民法官）	インド （イギリス）	ロンドン大学ローデシア校	検察官（ジンバブエ[旧ローデシア]） 弁護士（ジンバブエ） 検察官（香港） 地区法院裁判官（香港） 第一審裁判所裁判官（香港）	控訴院裁判官（香港）
コモン・ロー適用地区非常任裁判官（Non-Permanent Judges from Other Common Law Jurisdictions）				
⑩　メーソン卿 The Hon Sir Anthony MASON[85] （梅師賢爵士）	オーストラリア （オーストラリア）	シドニー大学	弁護士・勅撰弁護士（オーストラリアニューサウスウェールズ州） コモンウェルス法務次官[86] ニューサウスウェールズ控訴院裁判官（オーストラリア） オーストラリア高等裁判所裁判官（オーストラリア）	オーストラリア高等法院首席裁判官（オーストラリア） ＊フィジー共和国最高裁判所裁判官（フィジー）を兼任。 ＊ソロモン諸島控訴院首席裁判官（ソロモン諸島）を兼任。
⑪　ホフマン卿	南アフリカ	オックス	弁護士・勅撰弁護士（イギ	常任上訴貴族

第 1 部　香港における人権保障の国際化

The Rt Hon the Lord HOFFMANN[87]（賀輔明勳爵）	（イギリス）	フォード大学（クイーンズ・コレッジ）	リス） 高等法院裁判官（イギリス） 控訴院裁判官（イギリス）	（イギリス）
⑫　ミレット卿 The Rt Hon the Lord MILLETT[88]（苗禮治勳爵）	（イギリス）	ケンブリッジ大学（トリニティー・ホール）	弁護士・勅撰弁護士（イギリス、シンガポール、香港） 高等法院裁判官（イギリス） 控訴院裁判官（イギリス）	常任上訴貴族（イギリス）
⑬　ガルト卿 The Rt Hon Sir Thomas Munro GAULT[89]（高禮哲爵士）	ニュージーランド（ニュージーランド）	ウェリントンビクトリア大学（ニュージーランド）	弁護士（ニュージーランド） Patent Attorney（ニュージーランド） ニュージーランド高等法院裁判官（ニュージーランド） ニュージーランド控訴院裁判官（ニュージーランド） ニュージーランド控訴院首席裁判官（ニュージーランド） 枢密院司法委員会（イギリス） ニュージーランド最高裁判所裁判官（ニュージーランド）	フィジー共和国最高裁判所裁判官（フィジー）
⑭　グリーソン裁判官 Mr Murray GLEESON[90]（紀立信法官）	オーストラリア（オーストラリア）	シドニー大学	弁護士・勅撰弁護士（オーストラリア） ニューサウスウェールズ州裁判所首席裁判官（オーストラリア）	オーストラリア高等裁判所首席裁判官（オーストラリア）
⑮　ニューベルガー卿（兼任） The Rt Hon the Lord NEUBERGER of Abbotsbury[91]（廖柏嘉勳爵）	イギリス（イギリス）	オックスフォード大学	弁護士・勅撰弁護士（イギリス） 高等法院裁判官（イギリス） 控訴院裁判官（イギリス） 常任上訴貴族（イギリス）	記録長官（イギリス） ＊イギリス最高裁判所長官を兼任。
⑯　ウォーカー卿（兼任） The Rt Hon the Lord WALKER of Gestingthorpe[92]	イギリス（イギリス）	ケンブリッジ大学（トリニティ・コレッジ）	弁護士・勅撰弁護士（イギリス、シンガポール、バミューダ、ケイマン諸島） 高等法院裁判官（イギリス） 控訴院裁判官（イギリス）	常任上訴貴族（イギリス） ＊イギリス最高裁判所裁判官を兼任。

第1章　香港終審法院の外国籍裁判官

（華學佳勳爵）				
⑰　コリンズ卿 The Rt Hon the Lord COLLINS of Mapesbury[93] （郝廉思勳爵）	イギリス （イギリス）	ケンブリッジ大学（ダウニング・カレッジ） コロンビア・ロー・スクール（アメリカ）	弁護士（ソリシタ）・勅撰弁護士（イギリス） 高等法院裁判官（イギリス） 控訴院裁判官（イギリス） 常任上訴貴族（イギリス）	イギリス最高裁判所裁判官（イギリス）
⑱　クラーク卿（兼任） The Rt Hon the Lord CLARKE of Stone-cum-Ebony[94] （簡嘉麒勳爵）	スコットランド （イギリス）	ケンブリッジ大学（キングス・カレッジ）	弁護士・勅撰弁護士（イギリス、香港、シンガポール） リコーダ（イギリス） 高等法院裁判官（イギリス） 控訴院裁判官（イギリス） 記録長官（イギリス）	イギリス最高裁判所裁判官（イギリス） ＊イギリス最高裁判所裁判官を兼任。
⑲　フィリップス卿 The Rt Hon the Lord PHILLIPS of Worth Matravers[95] （范理申勳爵）	イギリス （イギリス）	ケンブリッジ大学（キングス・カレッジ）	弁護士・勅撰弁護士（イギリス） リコーダ（イギリス） 高等法院裁判官（イギリス） 控訴院裁判官（イギリス） 常任上訴貴族（イギリス） 記録長官（イギリス） イギリス首席裁判官（イギリス）	イギリス最高裁判所（初代）長官（イギリス）

（出所）筆者作成。

第1部　香港における人権保障の国際化

【表 14-1】香港終審法院裁判官の推移（1997〜2018 年）

		1997	1998	1999	2000	2001	2002	2003	2004	2005	2006
首席裁判官		李首席裁判官									
常任裁判官		ボカリー裁判官									
		沈裁判官				陳裁判官					
		リットン裁判官				リベイロ裁判官					
香港非常任裁判官		ロバート卿									
				リットン裁判官							
		ハギンス卿									
		マックムリン裁判官									
		コンス卿									
		シルケ裁判官									
		ファド裁判官									
		クローグ裁判官									
		マクドーガル裁判官									
		パワー卿									
		ナザレ裁判官									
		モルティメア裁判官									
					沈裁判官						
コモンロー適用地区非常任裁判官		メーソン卿									
		コーク卿									
		ソマース卿									
		ドーソン卿									
				ニコルス卿							
				ホフマン卿							
						ブレナン卿					
						エイシェルバウム卿					
						ミレット卿					
									ウルフ卿		
									スコット卿		
									リチャードソン卿		

（出所）Judicial Officers Recommendation Commission Report（1997-2000）(http://www.judiciary.gov.hk/en
(http://www.judiciary.hk/en/publications/publications.htm#annu_report, Judiciary, http://www.judiciary.hk/en

第1章　香港終審法院の外国籍裁判官

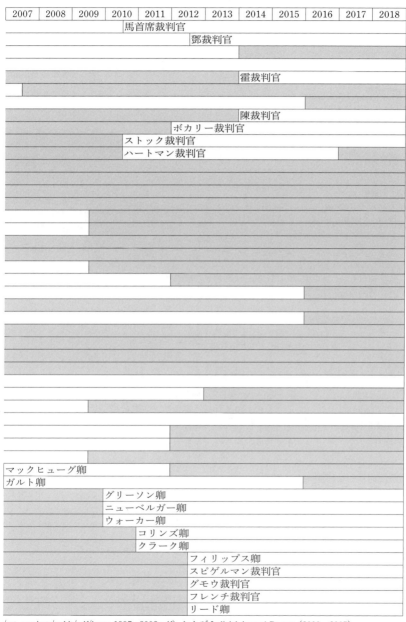

/crt_services/pphlt/pdf/jorcr_1997to2002.pdf) および Judicial Annual Report (2000〜2017)
/organization/judges.htm) を参考に筆者作成。

第1部　香港における人権保障の国際化

【表15】香港終審法院裁判官リスト（2018年）

氏　名	出生地 （国籍）	出身大学	過去の主要な職歴（赴任地）	直近の職 （赴任地）
①　馬首席裁判官 The Hon Chief Justice Geoffrey MA[96] （馬道立首席法官）	香港 （中国）	バーミンガム大学	弁護士（イギリス・香港・オーストラリア・シンガポール） 第一審裁判所裁判官（香港） 控訴院裁判官（香港）	高等法院首席裁判官（香港）
終審法院常任裁判官（Permanent Judges of the Court of Final Appeal）				
②　鄧裁判官 The Hon Mr Justice Robert TANG, SBS[97] （鄧楨（鄧國楨）法官）	上海 （中国）	バーミンガム大学	弁護士・勅撰弁護士（イギリス、香港、オーストラリアビクトリア州、アメリカニューヨーク州、シンガポール） 第一審裁判所裁判官（香港） リコーダ（香港）	控訴院裁判官（香港）
③　霍裁判官 The Hon Mr Justice FOK[98] （霍兆剛法官）	香港 （一）	ユニバーシティ・カレッジ・ロンドン（UCL）	弁護士・上級弁護士（香港、シンガポール） リコーダ（香港） マジストレート裁判官（香港） 第一審裁判所裁判官（香港）	控訴院裁判官（香港）
④　リベイロ裁判官 The Hon Mr Justice Roberto Alexandre Vieira RIBEIRO[99] （李義法官）	香港 （イギリス）	ロンドン・スクール・オブ・エコノミクス（LSE）	弁護士・勅撰弁護士（イギリス、香港、シンガポール） 香港大学（香港） 高等法院裁判官（香港） リコーダ（香港） 第一審裁判所裁判官（香港）	控訴院裁判官（香港）
終審法院非常任裁判官（Non-Permanent Judges of the Court of Final Appeal）				
香港非常任裁判官（Hong Kong Non-Permanent Judges）				
⑤　ボカリー裁判官 The Hon Mr Justice S. K. S. BOKHARY[100] （包致金法官）	香港 （一）	イギリス	弁護士・勅撰弁護士（イギリス、香港） 枢密院司法委員会（イギリス） 高等法院裁判官（香港） 控訴院裁判官（香港）	終審法院常任裁判官（香港）
⑥　陳裁判官 The Hon Mr Justice	香港 （中国）	香港大学	弁護士（香港） 地区法院裁判官（香港）	終審法院常任裁判官（香港）

第1章　香港終審法院の外国籍裁判官

Patrick CHAN[101]) (陳兆愷法官)			高等法院裁判官（香港） 高等法院首席裁判官（香港）	
⑦　ストック裁判官 The Hon Mr Justice Frank STOCK[102]) (司徒敬法官)	ジンバブエ[旧ローデシア] （イギリス）	リバプール大学	弁護士・勅撰弁護士（イギリス、香港、オーストラリアバージニア州） 検察官（香港） Principal Crown Counsel（香港） 法務次官（香港） 第一審裁判所裁判官（香港）	控訴院裁判官（香港） ＊控訴院副首席裁判官を兼任。

コモン・ロー適用地区非常任裁判官（Non-Permanent Judges from Other Common Law Jurisdictions）

⑧　ホフマン卿 The Rt Hon the Lord HOFFMANN[103]) (賀輔明勲爵)	南アフリカ（イギリス）	オックスフォード大学（クイーンズ・コレッジ）	弁護士・勅撰弁護士（イギリス） 高等法院裁判官（イギリス） 控訴院裁判官（イギリス）	常任上訴貴族（イギリス）
⑨　ミレット卿 The Rt Hon the Lord MILLETT[104]) (苗禮治勲爵)	（イギリス）	ケンブリッジ大学（トリニティー・ホール）	弁護士・勅撰弁護士（イギリス、シンガポール、香港） 高等法院裁判官（イギリス） 控訴院裁判官（イギリス）	常任上訴貴族（イギリス）
⑩　グリーソン裁判官 Mr Murray GLEESON[105]) (紀立信法官)	オーストラリア（オーストラリア）	シドニー大学	弁護士・勅撰弁護士（オーストラリア） ニューサウスウェールズ州裁判所首席裁判官（オーストラリア）	オーストラリア高等裁判所首席裁判官（オーストラリア）
⑪　ニューベルガー卿 The Rt Hon the Lord NEUBERGER of Abbotsbury[106]) (廖柏嘉勲爵)	イギリス（イギリス）	オックスフォード大学	弁護士・勅撰弁護士（イギリス） 高等法院裁判官（イギリス） 控訴院裁判官（イギリス） 常任上訴貴族（イギリス）	記録長官（イギリス）
⑫　ウォーカー卿 The Rt Hon the Lord WALKER of Gestingthorpe[107]) (華學佳勲爵)	イギリス（イギリス）	ケンブリッジ大学（トリニティ・コレッジ）	弁護士・勅撰弁護士（イギリス、シンガポール、バーミューダ、ケイマン諸島） 高等法院裁判官（イギリス） 控訴院裁判官（イギリス）	常任上訴貴族（イギリス）
⑬　コリンズ卿	イギリス	ケンブリッ	弁護士（ソリシタ）・勅撰弁	イギリス最高

61

第1部　香港における人権保障の国際化

The Rt Hon the Lord COLLINS of Mapesbury[108]（郝廉思勳爵）	（イギリス）	ジ大学（ダウニング・カレッジ）コロンビア・ロー・スクール（アメリカ）	護士（イギリス）高等法院裁判官（イギリス）控訴院裁判官（イギリス）常任上訴貴族（イギリス）	裁判所裁判官（イギリス）
⑭　クラーク卿 The Rt Hon the Lord CLARKE of Stone-cum-Ebony[109]（簡嘉麒勳爵）	スコットランド（イギリス）	ケンブリッジ大学（キングス・カレッジ）	弁護士・勅撰弁護士（イギリス、香港、シンガポール）リコーダ（イギリス）高等法院裁判官（イギリス）控訴院裁判官（イギリス）記録長官（イギリス）	イギリス最高裁判所裁判官（イギリス）
⑮　フィリップス卿 The Rt Hon the Lord PHILLIPS of Worth Matravers[110]（范理申勳爵）	イギリス（イギリス）	ケンブリッジ大学（キングス・コレッジ）	弁護士・勅撰弁護士（イギリス）リコーダ（イギリス）高等法院裁判官（イギリス）控訴院裁判官（イギリス）常任上訴貴族（イギリス）記録長官（イギリス）イギリス首席裁判官（イギリス）	イギリス最高裁判所（初代）長官（イギリス）
⑯　スピゲルマン裁判官 The Hon Mr Justice James SPIGELMAN[111]（施覺民法官）	ポーランド（オーストラリア）	シドニー大学	弁護士・勅撰弁護士（オーストラリア）ニューサウスウェールズ法務次長（オーストラリア）ニューサウスウェールズ首席裁判官（オーストラリア）	フィジー共和国最高裁判所裁判官（フィジー）
⑰　グモウ裁判官 The Hon Mr Justice William GUMMOW[112]（甘慕賢法官）	オーストラリア（－）	シドニー大学	弁護士・勅撰弁護士（オーストラリア）シドニー大学法学部教授（オーストラリア）	オーストラリア高等裁判所裁判官（オーストラリア）
⑱　フレンチ裁判官 The Hon Mr Justice Robert FRENCH[113]（范禮全法官）	オーストラリア（－）	ウェスタンオーストラリア大学	弁護士（オーストラリア）オーストラリア連邦裁判所裁判官（オーストラリア）	オーストラリア高等裁判所首席裁判官（オーストラリア）
⑲　リード卿		オックス	スコットランド弁護士会	イギリス最高

第 1 章　香港終審法院の外国籍裁判官

The Rt Hon Lord REED[114]（兼任）（韋彦德勲爵）	フォード大学	スコットランド上級裁判所 スコットランド民事上級裁判所第一審部 スコットランド民事上級裁判所上訴部 ヨーロッパ人権裁判所裁判官（非常勤）	裁判所裁判官（イギリス） ＊イギリス最高裁判所裁判官を兼任。

（出所）筆者作成。

（注）不明箇所は「―」と表記している。

2　終審法院裁判官の経歴 ―― イギリス・旧イギリス植民地（コモン・ロー適用諸国）における経験

　終審法院裁判官の経歴を次の区分、(a) 出生地、(b) 法学教育、(c) 法曹経験、から以下の 4 つに分類する（分類を図示したのが【表 16】である。）。つまり、（ア）香港のみで経歴を積んだ者（(a) 香港（あるいは中国）で出生、(b) 香港で法学教育を受け、(c) 香港で法曹経験を積んだ者。）、（イ）香港からイギリス・旧イギリス植民地（コモン・ロー適用諸国）へ移動し、経歴を積んだ者（(a) 香港（あるいは中国）で出生、(b) イギリス・旧イギリス植民地（コモン・ロー適用諸国）で法学教育を受け、(c) 香港およびイギリス・旧イギリス植民地（コモン・ロー適用諸国）で法曹経験を積んだ。）、（ウ）旧イギリス植民地（コモン・ロー適用諸国）間で移動しながら経歴を積んだ者（(a) 旧イギリス植民地（コモン・ロー適用諸国）で出生、(b) イギリス・旧イギリス植民地（コモン・ロー適用諸国）で法学教育を受け、(c) 香港、イギリスおよび旧イギリス植民地（コモン・ロー適用諸国）で法曹教育を積んだ者。）、（エ）イギリスのみで経歴を積んだ者（(a) イギリスで出生、(b) イギリスで法学教育を受け、(c) イギリスで法曹経験を積んだ者。）、の 4 分類である。これに、該当する裁判官の氏名と総数（％）を加えて示したものが【表 17】である。

　まず 2012 年の分類（【表 17】）を検討する。ここから、分類（ア）香港のみで経歴を積んだ者は、19 名の裁判官のうち 1 名に過ぎないことが分かる。他は分類（イ）香港（中国）からイギリス・旧イギリス植民地（コモン・ロー適用諸国）へ移動し経歴を積んだ者、分類（ウ）旧イギリス植民地（コモン・ロー適用諸国）間で移動しながら経歴を積んだ者、分類（エ）イギリスのみで経歴を積んだ者、にほぼ均等に大別される。総じて、終審法院裁判官のほぼ全員がイギリスにおいて法学教育を受け、その後イギリスや旧イギリス植民地（コモン・ロー適用諸国）

第 1 部 香港における人権保障の国際化

【表 16】終審法院裁判官の分類基準

	（ア）	（イ）	（ウ）	（エ）
出生地	香港	香港	コモン・ロー適用諸国（イギリスを除く）	イギリス
法学教育（出身大学）	香港	コモン・ロー適用諸国	コモン・ロー適用諸国	イギリス
法曹経験	香港	コモン・ロー適用諸国	コモン・ロー適用諸国	イギリス
現職	終審法院裁判官			

（出所）筆者作成。

【表 17】終審法院裁判官の分類（2012 年）

区分	（ア）香港（中国）のみ	（イ）香港（中国）からイギリス・旧イギリス植民地へ	（ウ）旧イギリス植民地間で移動	（エ）イギリスのみ
氏名	③陳裁判官	①馬首席裁判官 ②鄧裁判官 ④リベイロ裁判官 ⑤リットン裁判官 ⑦ボカリー裁判官	⑧ストック裁判官 ⑨ハートマン裁判官 ⑩メーソン卿 ⑪ホフマン卿 ⑬ガルト卿 ⑭グリーソン裁判官	⑫ミレット卿 ⑮ニューベルガー卿 ⑯ウォーカー卿 ⑰コリンズ卿 ⑱クラーク卿 ⑲フィリップス卿
総数（％）	1（6％）	5（28％）	6（33％）	6（33％）

（出所）筆者作成。

（注 1）⑤モルティメア裁判官は出身大学が不明なため、含めていない。
（注 2）パーセンテージ算出にあたって小数点以下の数値は四捨五入した。

にて法曹経験を積んでいると言えよう。2018 年の分類（【表 18】）を重ね合わせても、この傾向は変化していない。

第 1 章　香港終審法院の外国籍裁判官

【表18】終審法院裁判官の分類（2018年）

区分	（ア）香港（中国）のみ	（イ）香港（中国）からイギリス・旧イギリス植民地へ	（ウ）旧イギリス植民地間で移動	（エ）イギリスのみ
氏名	⑥陳裁判官	②馬首席裁判官 ④鄧裁判官 ⑤霍裁判官 ⑥リベイロ裁判官 ⑦ボカリー裁判官	⑦ストック裁判官 ⑧ホフマン卿 ⑩グリーソン裁判官 ⑯スピゲルマン裁判官 ⑰グモウ裁判官 ⑱フレンチ裁判官	⑨ミレット卿 ⑪ニューベルガー卿 ⑫ウォーカー卿 ⑬コリンズ卿 ⑭クラーク卿 ⑮フィリップス卿 ⑯リード卿
総数（％）	1（5％）	5（26％）	6（32％）	7（37％）

(出所)筆者作成。

(注1)⑯スピゲルマン裁判官の出生地はポーランドであるが、その後、オーストラリアで教育を受けているため（ウ）に加えた。
(注2)パーセンテージ算出にあたって小数点以下の数値は四捨五入した。

そして、終審法院首席裁判官および常任裁判官が審理の中核を担うことを鑑みると、終審法院の中核には、外国籍保持者といえども、香港と何等かの関係を有する者（香港で出生した者など）をあて（分類により示すところの（ア）、（イ）、（ウ））、非常任裁判官にイギリスの高名な裁判官を招聘していることがわかる。実際に、分類（エ）に該当する裁判官の経歴はイギリス最高裁判所裁判官のものと非常に似通っており、数名はイギリス最高裁判所長官、裁判官を兼任している（2012年は⑮ニューベルガー卿、⑯ウォーカー卿、⑱クラーク卿がこれに該当する）。【表19】は2012年10月現在のイギリス最高裁判所裁判官を、【表14、15】において香港終審法院裁判官を分析したのと同様に分析している。【表19】に示されるイギリス最高裁判所裁判官の経歴は、終審法院コモン・ロー適用地区非常任裁判官のものと非常に類似している。この傾向は、2018年（【表20】）においても変化がない。

香港立法会に提出された資料によると、2012年のコモン・ロー適用地区非常任裁判官（14名）は、1名の記録長官（Master of the Rolls of England and Wales）、2名のイギリス最高裁判所裁判官、および11名のイギリス、オーストラリア、ニュージーランドの定年裁判官からなっている。コモン・ロー適用地区非常任裁判官は、通常一度の審理において香港に4週間滞在することが要求される。2009

第1部　香港における人権保障の国際化

【表19】イギリス最高裁判所裁判官（2012年）

氏　名	出生地 （国籍）	出身大学	過去の主要な職歴（赴任地）	直近の職 （赴任地）
最高裁判所長官（President of The Supreme Court）				
ニューベルガー卿 The Right Hon the Lord Neuberger of Abbotsbury	イギリス （イギリス）	オックスフォード大学（クライスト・チャーチ）	投資銀行（N. M. ロスチャイルド＆サンズ） 勅撰弁護士 レコーダ[116] 高等法院裁判官 控訴院裁判官 常任上訴貴族	記録長官[115]
最高裁判所副長官（Deputy President of The Supreme Court）				
ホープ卿 The Right Hon the Lord Hope of Craighead, KT	スコットランド （イギリス）	ケンブリッジ大学（セント・ジョンズ・コレッジ） エジンバラ大学	勅撰弁護士 スコットランド弁護士会会長 スコットランド法務総裁	常任上訴貴族
最高裁判所裁判官（Justice of The Supreme Court）				
ウォーカー卿 The Right Hon the Lord Walker of Gestingthorpe	― （イギリス）	ケンブリッジ大学（トリニティ・コレッジ）	弁護士 高等法院裁判官 控訴院裁判官	常任上訴貴族
ヘール女爵 The Right Hon the Baroness Hale of Richmond	― （イギリス）	ケンブリッジ大学（ガートン・コレッジ）	マンチェスター大学 弁護士 法律委員会 高等法院裁判官 控訴院裁判官 ブリストル大学学長 ケンブリッジ大学訪問学者 ロンドンキングスカレッジ客員教授	常任上訴貴族
マンス卿 The Right Hon the Lord Mance	― （イギリス）	オックスフォード大学(ユニバーシティー・コレッジ)	弁護士 レコーダ 高等法院裁判官 控訴院裁判官 Council of Europe's Consulta-	常任上訴貴族

第 1 章　香港終審法院の外国籍裁判官

			tive Council of Europen Judges イギリス代表	
カー卿 The Right Hong the Lord Kerr of Tonaghmore	－ （イギリス）	クイーンズ大学	弁護士 検察官 高等裁判所裁判官 北アイルランド首席裁判官	常任上訴貴族
クラーク卿 The Right Hon the Lord Clarke of Stone-cum-Ebony	－ （イギリス）	ケンブリッジ大学（キングス・コレッジ）	弁護士 レコーダ 海事裁判所裁判官 控訴院裁判官	記録長官 Head of Civil Justice
ウィルソン卿 The Right Hon Lord Wilson of Culworth	－ （イギリス）	オックスフォード大学（ウーセスター・コレッジ）	弁護士 高等法院裁判官	高等法院裁判官
サンプション卿 The Right Hon Lord Sumption	－ （イギリス）	オックスフォード大学（モードリン・コレッジ）	オックスフォード大学（モードリン・コレッジ） 弁護士 レコーダ 高等法院裁判官	控訴院裁判官
リード卿 The Right Hon Lord Reed	－ （イギリス）	オックスフォード大学（ベリオール・コレッジ）	スコットランド弁護士会 スコットランド上級裁判官 スコットランド民事上級裁判所第一審部 ヨーロッパ人権裁判所非常任裁判官	スコットランド民事上級裁判所上訴部
カーワース卿 The Right Hon Lord Carnwath of Notting Hill, CVO	－ （イギリス）	ケンブリッジ大学（トリニティ・コレッジ）	弁護士 ウェールズ法務総裁 高等法院裁判官 控訴院裁判官	上級審判所長

（出所）「The Supreme Court（イギリス最高裁判所ホームページ）」(http://www.supremecourt.gov.uk/about/biographies-of-the-justices.html) を参考に筆者作成。
（注）不明箇所は「－」としている。

【表20】 イギリス最高裁判所裁判官（2018年）

氏　名	出生地（国籍）	出身大学	過去の主要な職歴（赴任地）	直近の職（赴任地）
最高裁判所長官（President of The Supreme Court）				
ヘール女爵 The Right Hon the Baroness Hale of Richmond	－（イギリス）	ケンブリッジ大学（ガートン・コレッジ）	マンチェスター大学 弁護士 法律委員会 高等法院裁判官 控訴院裁判官 ブリストル大学学長 ケンブリッジ大学訪問学者 ロンドンキングスカレッジ客員教授 常任上訴貴族	最高裁判所裁判官（イギリス）
最高裁判所副長官（Deputy President of The Supreme Court）				
マンス卿 The Right Hon the Lord Mance	－（イギリス）	オックスフォード大学（ユニバーシティー・コレッジ）	弁護士 レコーダ 高等法院裁判官 控訴院裁判官 Council of Europe's Consultative Council of Europen Judges イギリス代表 常任上訴貴族	最高裁判所裁判官（イギリス）
最高裁判所裁判官（Justice of The Supreme Court）				
カー卿 The Right Hong the Lord Kerr of Tonaghmore	－（イギリス）	クイーンズ大学	弁護士 検察官 高等裁判所裁判官 北アイルランド首席裁判官	常任上訴貴族
ウィルソン卿 The Right Hon Lord Wilson of Culworth	－（イギリス）	オックスフォード大学（ウーセスター・コレッジ）	弁護士 高等法院裁判官	高等法院裁判官
サンプション卿 The Right Hon Lord Sumption	－（イギリス）	オックスフォード大学（モードリン・コレッジ）	オックスフォード大学（モードリン・コレッジ） 弁護士 レコーダ 高等法院裁判官	控訴院裁判官

第 1 章　香港終審法院の外国籍裁判官

リード卿 The Right Hon Lord Reed	— （イギリス）	オックスフォード大学	スコットランド弁護士会 スコットランド上級裁判所 スコットランド民事上級裁判所第一審部 ヨーロッパ人権裁判所非常任裁判官	スコットランド民事上級裁判所上訴部
カーワース卿 The Right Hon Lord Carnwath of Notting Hill, CVO	— （イギリス）	ケンブリッジ大学（トリニティ・コレッジ）	弁護士 ウェールズ法務総裁 高等法院裁判官 控訴院裁判官	上級審判所長
ヒューグ卿 The Right Hon Lord Hughes of Ombersley	— （イギリス）	ダラム大学 （イギリス）	弁護士・勅撰弁護士 レコーダ 高等法院裁判官	控訴院裁判官
ホッジ卿 The Right Hon Lord Hodge	— （イギリス）	ケンブリッジ大学（コープス・クリスティ・コレッジ）	弁護士・勅撰弁護士 控訴院裁判官	財務府裁判所裁判官
ブラック裁判官 The Right Hon Lady Black of Derwent DBE	— （イギリス）	ダラム大学 （イギリス）	弁護士・勅撰弁護士 高等法院裁判官	控訴院裁判官
ロイド・ジョーンズ卿 The Right Hon Lord Lloyd-Jones	— （イギリス）	ケンブリッジ大学（ダウニング・コレッジ）	弁護士・勅撰弁護士 レコーダ 高等法院裁判官	控訴院裁判官
ブリッジ卿 The Right Hon Lord Briggs of Westbourne	— （イギリス）	オックスフォード大学(モードリン・カレッジ)	弁護士・勅撰弁護士 高等法院裁判官	控訴院裁判官

(出所)「The Supreme Court（イギリス最高裁判所ホームページ）」「Scottish Government（スコットランド政府ホームページ）」(http://www.gov.scot/News/Releases/2005/02/02105133) (http://www.supremecourt.gov.uk/about/biographies-of-the-justices.html) を参考に筆者作成。
(注) 不明箇所は「—」としている。

年から 2012 年 3 月までに、当時 13 名のコモン・ロー適用地区非常任裁判官のうち 10 名が香港にて審理にあたった[117]）。

3 終審法院裁判官の赴任形態 ── 香港かイギリスか

終審法院裁判官の直近の赴任地から見ると、香港の法曹にいた者で終審法院裁判官に選抜されたものが終審法院の中枢を担っていることがわかる。つまり、終審法院の審理の中核を占める首席裁判官、常任裁判官は、香港の法曹にて直近の

【表21】終審法院裁判官の直近の赴任地（2012年）

直近の赴任地	香　港	イギリス	オーストラリア	フィジー
氏名	①馬首席裁判官 ②鄧裁判官 ③陳裁判官 ④リベイロ裁判官 ⑤モルティメア裁判官 ⑥リットン裁判官 ⑦ボカリー裁判官 ⑨ストック裁判官 ⑨ハートマン裁判官	⑪ホフマン卿 ⑫ミレット卿 ⑮ニューベルガー卿 ⑯ウォーカー卿 ⑰コリンズ卿 ⑱クラーク卿 ⑲フィリップス卿	⑩メーソン卿 ⑭グリーソン裁判官	⑬ガルト卿
総数（％）	9（47％）	7（37％）	2（11％）	1（5％）

（出所）筆者作成。

（注1）パーセンテージ算出において、小数点以下の数値は四捨五入した。

【表22】終審法院裁判官の直近の赴任地（2018年）

直近の赴任地	香　港	イギリス	オーストラリア	フィジー
氏名	①馬首席裁判官 ②鄧裁判官 ③霍裁判官 ④リベイロ裁判官 ⑤ボカリー裁判官 ⑦陳裁判官 ⑧ストック裁判官	⑧ホフマン卿 ⑨ミレット卿 ⑪ニューベルガー卿 ⑫ウォーカー卿 ⑬コリンズ卿 ⑭クラーク卿 ⑮フィリップス卿 ⑲リード卿	⑩グリーソン裁判官 ⑰グモウ裁判官 ⑱フレンチ裁判官	⑯スピゲルマン裁判官
総数（％）	7（37％）	8（42％）	3（16％）	1（5％）

（出所）筆者作成。

（注2）パーセンテージ算出において、小数点以下の数値は四捨五入した。

第 1 章　香港終審法院の外国籍裁判官

経験を積んだ者から選出されている。【表21】は、2012年の終審法院裁判官の直近の赴任地および該当する裁判官の氏名と総数（％）を示している。ここから、直近の赴任地は香港かイギリスに大まかに二分されることがわかる。馬首席裁判官と常任裁判官である鄧裁判官、陳裁判官、リベイロ裁判官はいずれも香港高等法院裁判官から終審法院裁判官に昇任している。リットン裁判官、ボカリー裁判官、ストック裁判官、ハートマン裁判官は香港非常任裁判官である。これに対してコモン・ロー適用地区裁判官にはイギリスの裁判官が圧倒的に多く、オーストラリア裁判官、フィジー裁判官がこれに続いている。

　2018年においても、おおまかな傾向は変化していない（【表22】）。ただし、2018年には、直近の赴任地において、イギリスが香港を上回っている。

4　終審法院裁判官の法学教育 ── イギリス本国法曹との法的知識の共有

　法学教育を受けた場所としては、圧倒的にイギリスが多い。【表23】は、終審法院裁判官が法学教育を受けた場所および該当する裁判官の氏名と総数（％）を

【表23】終審法院裁判官が法学教育を受けた場所（2012年）

法曹教育	香　港	イギリス	オーストラリア	ニュージーランド	ジンバブエ(旧ローデシア)
氏名	③陳裁判官	①馬首席裁判官 ②鄧裁判官 ④リベイロ裁判官 ⑥リットン裁判官 ⑦ボカリー裁判官 ⑧ストック裁判官 ⑪ホフマン卿 ⑫ミレット卿 ⑮ニューベルガー卿 ⑯ウォーカー卿 ⑰コリンズ卿 ⑱クラーク卿 ⑲フィリップス卿	⑩メーソン卿 ⑭グリーソン裁判官	⑬ガルト卿	⑨ハートマン裁判官
総数(%)	1（6％）	13（72％）	2（11％）	1（6％）	1（6％）

（出所）筆者作成。

（注1）⑤モルティメア裁判官は出身大学が不明なため、含めていない。
（注2）パーセンテージ算出において小数点以下の数値は四捨五入した。

第1部　香港における人権保障の国際化

【表24】終審法院裁判官が法学教育を受けた場所（2018年）

法曹教育	香港	イギリス	オーストラリア	ニュージーランド	ジンバブエ（旧ローデシア）
氏名	⑥陳裁判官	①馬首席裁判官 ②鄧裁判官 ③霍裁判官 ④リベイロ裁判官 ⑤ボカリー裁判官 ⑦ストック裁判官 ⑧ホフマン卿 ⑨ミレット卿 ⑪ニューベルガー卿 ⑫ウォーカー卿 ⑬コリンズ卿 ⑭クラーク卿 ⑮フィリップス卿 ⑯リード卿	⑩グリーソン裁判官 ⑯スピゲルマン裁判官 ⑰グモウ裁判官 ⑱フレンチ裁判官		
総数(％)	1（6％）	14（74％）	4（21％）	0（0％）	0（0％）

（出所）筆者作成。

（注1）パーセンテージ算出において小数点以下の数値は四捨五入した。

示している。大多数がイギリスで法学学位を取得していることがわかる。この傾向は、コモン・ロー適用地区裁判官ばかりか、首席裁判官、常任裁判官、香港非常任裁判官にも当てはまっている。香港にて法学学位を取得したのは、陳裁判官の1名にすぎない。また、元オーストラリア裁判官であるメーソン卿、グリーソン卿がオーストラリアで、ガルト卿がニュージーランドで、ハートマン裁判官がジンバブエにて法学学位を取得しているが、これらは少数派にとどまっている。

2018年においても、この傾向は変わっていない（【表24】）。むしろ、イギリスで法学教育を受けた裁判官の比率が増加している。また、かつてのニュージーランド、ジンバブエで法学教育を受けた裁判官が退官した。このため法学教育を受けた場所は、イギリスが大多数、それにオーストラリア、香港が続く形になっている。

5　終審法院裁判官と香港高等法院裁判官との断絶——香港人裁判官の割合

香港基本法によると、香港高等法院もまた、首席裁判官以外は中国国籍である

第1章　香港終審法院の外国籍裁判官

ことが要求されていない。それでは、高等法院裁判官は終審法院裁判官に比較してどのような差異があるのか。特に、香港法院制度において終審法院のすぐ下の審級とされている控訴院の裁判官とはどのような違いがあるのか。残念ながら、高等法院首席裁判官以外の経歴は公開されていないが、2012年11月1日現在の控訴院裁判官のリスト118)は【表25】の通りである。一見した限り、外国国籍保持者が少ないことが分かる。この傾向は2018年も変化がない（【表26】）。

【表25】香港高等法院首席裁判官および控訴院裁判官リスト（2012年）

氏　名	出生地（国籍）	出身大学	過去の主要な職歴（赴任地）	直近の職（任地）
高等法院首席裁判官（Chief Judge of the High Court）				
①　張首席裁判官　The Hon Mr Justice CHEUNG119)（張舉能法官）	香港（中国）	ハーバード大学	弁護士（香港、シンガポール）地区法院裁判官（香港）	第一審裁判所裁判官（香港）
高等法院控訴院裁判官（Justices of Appeal of the Court of Appeal of the High Court）				
②　ストック副首席裁判官　The Hon Mr Justice STOCK, V-P120)（司徒敬副庭長）＊終審法院非常任裁判官を兼任				
⑩　楊副首席裁判官　The Hon Mr Justice YEUNG, V-P（楊振權副庭長）				
⑪　張裁判官　The Hon Mr Justice CHEUNG, JA（張澤祐法官）				
⑫　袁裁判官　The Hon Madam Justice YUEN, JA（袁家寧法官）				
⑬　関裁判官　The Hon Madam Justice KWAN, JA（關淑馨法官）				
⑭　霍裁判官　The Hon Mr Justice FOK, JA（霍兆剛法官）				
⑮　朱裁判官　The Hon Madam Justice CHU, JA（朱芬齡法官）				
⑯　倫裁判官　The Hon Mr Justice LUNN, JA（倫明高法官）				
⑰　林裁判官　The Hon Mr Justice LAM, JA（林文瀚法官）				
⑤　バルマ裁判官　The Hon Mr Justice BARMA, JA（鮑晏明法官）				

（出所）「Judiciary（香港司法機構ホームページ）」（http://www.judiciary.gov.hk/en/organization/judges.htm）を参考に筆者作成。

第 1 部　香港における人権保障の国際化

【表 26】香港高等法院首席裁判官および控訴院裁判官リスト（2018 年）

氏名	出生地（国籍）	出身大学	過去の主要な職歴（赴任地）	直近の職（任地）
高等法院首席裁判官（Chief Judge of the High Court）				
① 張首席裁判官 The Hon Mr Justice CHEUNG[121] （張舉能法官）	香港（中国）	ハーバード大学	弁護士（香港、シンガポール） 地区法院裁判官（香港）	第一審裁判所裁判官（香港）
高等法院控訴院裁判官（Justices of Appeal of the Court of Appeal of the High Court）				
楊副首席裁判官　The Hon Mr Justice YEUNG, V-P　（楊振權副庭長）				
林副首席裁判官　The Hon Mr Justice LAM, JA　（林文瀚副庭長）				
倫副首席裁判官　The Hon Mr Justice LUNN, JA　（倫明高副庭長）				
張裁判官　The Hon Mr Justice CHEUNG, JA　（張澤祐法官）				
袁裁判官　The Hon Madam Justice YUEN, JA　（袁家寧法官）				
関裁判官　The Hon Madam Justice KWAN, JA　（關淑馨法官）				
朱裁判官　The Hon Madam Justice CHU, JA　（朱芬齡法官）				
バルマ裁判官　The Hon Mr Justice BARMA, JA　（鮑晏明法官）				
マクレー裁判官　The Hon Mr Justice MACRAE, JA　（麥機智法官）				
マックウォルター裁判官　The Hon Mr Justice McWALTERS, JA（麥偉德法官）				
潘裁判官　The Hon Mr Justice POON, JA　（潘兆初法官）				
彭裁判官　The Hon Mr Justice PANG, JA　（彭偉昌法官）				

（出所）「Judiciary（香港司法機構ホームページ）」(http://www.judiciary.gov.hk/en/organization/judges.htm) を参考に筆者作成。

おわりに

　本章においては、返還後香港法院が国際人権法を積極的に受容している要因として、終審法院外国籍裁判官の存在に着目し、これを以下の2点から検討した。本章の考察結果は以下の通りである。
　まず、イギリス法の遺産として香港の法院制度、裁判官選任制度および法曹教育をイギリスの対応物と比較し明らかにした。法院制度について、香港の法院制度は極めてイギリスと似通った構造をとどめている。裁判官選任制度について、

第1章　香港終審法院の外国籍裁判官

　特に上級裁判官の選任については、イギリスの憲法改革以降は、イギリスと香港の制度には大きな違いはなく、いずれも独立した専門委員会が中心的な役割を担っている。香港裁判官選任制度に特徴的なものに国籍に関する要件がある。裁判官の国籍について、香港基本法は、終審法院首席裁判官および高等法院首席裁判官以外の裁判官および法院職員には、中国国籍という要件を課していない。すなわち外国国籍保持者の就任を許容している。立法・行政との比較からも司法機関は極めて外国国籍保持者に門戸を開いている機関である。香港の法曹教育は極めてイギリスに類似する特徴を有している。法務専門課程（PCLL）こそ、香港の3大学（香港大学、香港城市大学、香港中文大学）における取得が義務付けられているが、学部教育においては、コモン・ロー諸国の大学における法学学位取得、共通司法試験（Common Professional Examination of England and Wales）の試験合格を要件とするなど、イギリスひいてはコモン・ロー諸国出身者に広く門戸が開かれている。このように、香港のイギリス法の遺産はなお根強く、かつ香港基本法が司法機関に外国国籍保持者の就任を許容していることは、人的・制度的にイギリス法の影響を残すことになっている。

　次に、終審法院の新設および外国籍裁判官の存在の検討を行った。返還以前に香港の最終審であったイギリス枢密院司法委員会への香港からの上訴件数は、他のコモンウェルス諸国と比較すれば多いものの、年間15件前後にとどまり、香港の事件が枢密院司法委員会にて審理されることは稀であった。香港返還にともない設立された終審法院は香港の最終審級裁判所であり、イギリス枢密院司法委員会および中国最高人民法院から独立している。設立後、終審法院は枢密院司法委員会よりもはるかに多くの事件を審理しており、実質的に香港の最終審としての機能を果たしていることがわかった。終審法院裁判官は、首席裁判官、常任裁判官、非常任裁判官から構成され、非常任裁判官はまた香港非常任裁判官とコモン・ロー適用地区非常任裁判官からなる。

　終審法院裁判官の経歴を見ると、香港のみで経歴を積んだ者は、19名の裁判官のうち1名に過ぎないことが分かった。他は香港（あるいは中国）からイギリスへ移動し経歴を積んだ者、旧イギリス植民地（コモン・ロー適用諸国）間で移動しながら経歴を積んだ者、イギリスのみで経歴を積んだ者、にほぼ均等に大別される。総じて、終審法院裁判官の大部分がイギリスにおいて法学教育を受け、ほぼ全員がその後イギリスやコモン・ロー諸国にて法曹経験を積んでいると言えよ

第1部　香港における人権保障の国際化

う。

　同時に終審法院裁判官の経歴からは以下も明らかになった。つまり、終審法院の中核（終審法院首席裁判官および常任裁判官）には、外国国籍保持者といえども、香港と何等かの関係を有する者（香港で出生した者など）をあて、非常任裁判官にイギリスの高名な裁判官を招聘している。実際に、コモン・ロー適用地区非常任裁判官の経歴はイギリス最高裁判所裁判官のものと非常に似通っており、数名はイギリス最高裁判所長官、裁判官を兼任している。

　終審法院裁判官の直近の赴任地から見ると、香港の法曹から終審法院裁判官に選抜されたものが終審法院の中枢を担っている。つまり、終審法院の審理の中核を占める首席裁判官、常任裁判官は、香港の法曹にて直近の経験を積んだ者から選出されている。馬首席裁判官と常任裁判官である鄧裁判官、陳裁判官、リベイロ裁判官、霍裁判官はいずれも香港高等法院から終審法院裁判官に昇任している。

　終審法院裁判官が法学教育を受けた場所としては、圧倒的にイギリスが多い。大多数がイギリスで法学学位を取得している。この傾向は、コモン・ロー適用地区裁判官ばかりか、首席裁判官、常任裁判官、香港非常任裁判官にも当てはまっている。香港にて法学学位を取得したのは1名にすぎない。

　香港基本法によると、香港高等法院もまた、首席裁判官以外は中国国籍であることが要求されていないが、明らかに外国国籍保持者は少ない。香港人裁判官が多数を占め、終審法院裁判官の構成とは大幅に異なっている。

　このように、終審法院裁判官は、いわば「香港の中のイギリス」的な色彩を今でも色濃く残している。したがって、このような裁判官が、香港基本法の解釈にあたり、ヨーロッパ人権裁判所判例に代表される国際人権法、イギリス人権法制定に伴う豊富なイギリス判例に必然的に影響を受けてきたことは想像に難くない。むしろ、香港に色濃く残るイギリス法の遺産と相まって、必然的に受けざるを得ない環境にある。

　最後に今後の課題として、以下を挙げる。まず、終審法院に外国籍裁判官が憲法上設置された意図について香港返還交渉に遡り歴史的経緯を検証する必要がある。返還にあたり香港人裁判官への置き換えはどの程度行われ、なぜ外国籍裁判官の保障にいたったのか。イギリス国立公文書館所蔵の香港返還交渉に関わる外交機密資料を用いて解明を進めていくこととしたい。次に、終審法院の裁判実践において、外国籍裁判官は具体的にどのような役割を果たしてきたのかを検証す

第 1 章　香港終審法院の外国籍裁判官

る必要がある。外国籍裁判官が訴訟に参加した割合はどの程度で、外国籍裁判官が在任中に扱った訴訟件数は香港人裁判官や外国人裁判官の間で大きく異なるのか。先行研究[122)]をもとに検討を進めていくこととしたい。

1 ）メーソン卿は次の判例をその証左とする。*HKSAR v. Ng Kun Siu*（1999） 1 HKCFAR 442, *Cheng v. Tse Wai Chun*［2000］ 3 HKLRD 418, *Lau Cheong v. HKSAR*（2002） 5 HKCFAR 415, *HKSAR v. Lau Wai Wo*（2003） 6 HKCFAR 624, *Yeung May-wan v. HKSAR*（2005） 8 HKCFAR 137, *Leung Kwok Hung v. HKSAR*（2005） 8 HKCFAR 229.（Sir Mason, Anthony, " The Place of Comparative Law in Developing the Jurisprudence on the Rule of Law and Human Rights in Hong Kong" 37（2007） 2 H.K.L.J. 303.）

2 ）Ip, Eric "Judicial Review and the Democratic Deficit: How the Hong Kong Court of Final Appeal Represents Public Opinion" *Panel Discussion and Workshop: Courts as Representatives*,（19 October 2012, The Haldane Room, Wolfson College, Oxford）, pp. 4-5.（http://www.wolfson.ox.ac.uk/content/1222-are-courts-representative-people）

3 ）Chan, Johannes S.C., "Basic Law and Constitutional Review: The First Decade"（2007） 37 H.K.L.J. 409.

4 ）Petersen, J. Carole, "Embracing Universal Standards? The Role of International Human Rights Treaties in Hong Kong's Constitutional Jurisprudence" in Hualing Fu, Lison Harris and Simon N. M. Young（eds）, *Interpreting Hong Kong's Basic Law: The Struggle for Coherence*（New York: Palgrave Macmillan, 2007）.

5 ）Sir Mason, Anthony, "The Place of Comparative Law in Developing the Jurisprudence on the Rule of Law and Human Rights in Hong Kong" 37（2007） 2 H.K.L.J. 307.

6 ）Sir Mason, Anthony, op.cit., p.302.

7 ）Sir Mason, Anthony, op.cit., p.302.

8 ）Sir Mason, Anthony, op.cit., p.302.

9 ）Sir Mason, Anthony, op.cit., p.307.

10）Sir Mason, Anthony, op.cit., pp.302-303.

11）終審法院外国籍裁判官をすべて香港人に置き換えるべきであるという意見も根強い。たとえば精華大学准教授程潔は「（終審法院を含む）香港すべての法院の裁判官は、香港居留権を持つものにより担当されるべきである。」と主張する。政治協商委員会委員・香港基本法研究センター胡漢清も同旨の主張をなす。（『明報』2012 年 11 月 5 日。）

12）たとえば、オーストラリア。

13）Jennings, Ivor and C. M. Young, *Constitutional Laws of the British Empire*（Oxford: Oxford University Press, 1938）, p.26.

14）Jennings, Ivor and C. M. Young, op.cit., p.26.

15) たとえば、南アフリカのオランダ法、セイロンとガイアナの慣習法、ケベックのパリ慣習法、モーリシャスのフランス市民法典。(Jennings, Ivor and C. M. Young, op.cit., pp.27-28.)
16) たとえば、スペイン法のもとで有効であったミノルカ島の拷問。(Jennings, Ivor and C. M. Young, op.cit., pp.27-28.)
17) 「エリオット宣言」(Captain Elliot's proclamation of 1841) による。1841年川鼻仮条約が成立すると、エリオット大佐は同年1月29日に、第一次布告を行い、香港の司法に関する二つの制度を発表した。その中で、エリオットは中国法の香港への継続適用について言及し、香港島における原住民および中国から移住してきたすべての中国人は、拷問を除いたあらゆる中国の法律および慣習に従って統治されると宣言した。植田捷雄『在支列国権益概説』厳松堂書店、昭和14年、435頁。張学仁編『香港法概論』武漢大学出版社、1992年、42-43頁。Chen, Albert H. Y., "From Colony to Special Administrative Region:Hong Kong's Constitutional Journey' in Raymond Wacks (eds), *The Law in Hong Kong 1969-1989* (Oxford: Oxford University Press, 1989), pp. 76-77.
18) 田中和夫『大東亜旧英領地域の法律』厳松堂書店、昭和19年、44-49頁。
19) Wesley-Smith, Peter, *Constitutional And Administrative Law in Hong Kong* (Hong Kong: Longman Asia Limited, 1995), p.31.
20) Wesley-Smith, Peter, *Source of Hong Kong Law* (Hong Kong: Hong Kong University Press, 1994), p.85.
21) 法律貴族（Law Lord）として知られる。
22) Cownie, Fiona, Anthony Bradney and Mandy Burton, *English Legal System in Context* (5th ed.), (Oxford: Oxford University Press, 2010), pp.46-48.
23) Cownie, Fiona, Anthony Bradney and Mandy Burton, op.cit., pp.50-51.
24) Cownie, Fiona, Anthony Bradney and Mandy Burton, op.cit., pp.51-52.
25) Cownie, Fiona, Anthony Bradney and Mandy Burton, op.cit., pp.53-58.
26) Cownie, Fiona, Anthony Bradney and Mandy Burton, op.cit., pp.59-60.
27) Cownie, Fiona, Anthony Bradney and Mandy Burton, op.cit., pp.63-65.
28) Cownie, Fiona, Anthony Bradney and Mandy Burton, op.cit., pp.65-66.
29) Cownie, Fiona, Anthony Bradney and Mandy Burton, op.cit., pp.67-68.
30) Cownie, Fiona, Anthony Bradney and Mandy Burton, op.cit., p.69.
31) Cownie, Fiona, Anthony Bradney and Mandy Burton, op.cit., p.69.
32) Cownie, Fiona, Anthony Bradney and Mandy Burton, op.cit., p.70.
33) Cownie, Fiona, Anthony Bradney and Mandy Burton, op.cit., p.70.
34) Cownie, Fiona, Anthony Bradney and Mandy Burton, op.cit., p.71.
35) Cownie, Fiona, Anthony Bradney and Mandy Burton, op.cit., pp.75-76.
36) Cownie, Fiona, Anthony Bradney and Mandy Burton, op.cit., p.82.
37) Cownie, Fiona, Anthony Bradney and Mandy Burton, op.cit., pp.82-83.

38) Cownie, Fiona, Anthony Bradney and Mandy Burton, op.cit., p.84.
39) 楊奇『香港概論（下巻）』三聯書店（香港）有限公司、1990 年、132 頁。
40) Wesley-Smith, Peter, *Constitutional and Administrative Law in Hong Kong* (Hong Kong: Longman Asia Limited, 1995), p.140.
41) 「Judiciary（香港司法機構ホームページ）」(http://www.judiciary.gov.hk/en/crt_services/guide2cs.htm)
42) 「Judiciary（香港司法機構ホームページ）」(http://www.judiciary.gov.hk/en/crt_services/guide2cs.htm)
43) 「Judiciary（香港司法機構ホームページ）」(http://www.judiciary.gov.hk/en/crt_services/guide2cs.htm)
44) 「Judiciary（香港司法機構ホームページ）」(http://www.judiciary.gov.hk/en/crt_services/guide2cs.htm)
45) 「Judiciary（香港司法機構ホームページ）」(http://www.judiciary.gov.hk/en/crt_services/guide2cs.htm)
46) Cownie, Fiona, Anthony Bradney and Mandy Burton, op.cit., p.182.
47) Cownie, Fiona, Anthony Bradney and Mandy Burton, op.cit., p.182. こうした裁判官選任制度は「オックスブリッジ（Oxbridge）出身の白人男性がオックスブリッジ出身の白人男性を選出する制度」としてながらく批判されてきた。(Darbyshire, Penny, *Sitting in Judgment: The Working Lives of Judges* (Oxford: Hart Publishing, 2011), pp.65-66.)
48) しかしソリシタは、たとえ形式的に資格があるとしても、裁判官選任の過程から除外されている、と一貫して批判している。(Cownie, Fiona, Anthony Bradney and Mandy Burton, op.cit., p.185.)
49) Cownie, Fiona, Anthony Bradney and Mandy Burton, op.cit., p.184.
50) 「香港立法会会議資料（CSO/ADM CR 8/4/3222/85）」(2012 年 3 月 28 日)（http://www.legco.gov.hk/yr11-12/.../hc/.../hc0413let-da120328-e.pdf）
51) 「Community Legal Information Center（香港地域法律センターホームページ）」(http://www.hkclic.org/en/topics/hkLegalSystem/courtsStructureAndTheJudiciary/answer11.shtml)
52) Cownie, Fiona, Anthony Bradney and Mandy Burton, op.cit., p.152.
53) Cownie, Fiona, Anthony Bradney and Mandy Burton, op.cit., p.156.
54) Cownie, Fiona, Anthony Bradney and Mandy Burton, op.cit., p.157.
55) Cownie, Fiona, Anthony Bradney and Mandy Burton, op.cit., pp.157-158.
56) Cownie, Fiona, Anthony Bradney and Mandy Burton, op.cit., pp.165-166.
57) Cownie, Fiona, Anthony Bradney and Mandy Burton, op.cit., p.166.
58) 14 世紀初頭から成立したとされるこれらの法学院で、現在残っているものは、リンカーンズ・イン（Lincoln's Inn）、グレイズ・イン（Gray's Inn）、インナー・テンプル（Inner Temple）、ミドル・テンプル（Middle Temple）の 4 つである。それの運営は評議員（benchers）によって自治的になされる。

第 1 部　香港における人権保障の国際化

59）Cownie, Fiona, Anthony Bradney and Mandy Burton, op.cit., pp.169-170.
60）Cownie, Fiona, Anthony Bradney and Mandy Burton, op.cit., pp.170-171.
61）「Hong Kong Law. Com」（http://www.hongkonglaw.com/education/）および「Becoming A Lawyer in Hong Kong」（http://www.stu.hksyu.edu/~lb/dieter.ppt）
62）「Department of Justice（香港司法省ホームページ）」（http://www.doj.gov.hk/eng/legal/）
63）Jennings, Ivor and C. M. Young, op.cit., p.36.
64）Jennings, Ivor and C. M. Young, op.cit., p.36.
65）Jennings, Ivor and C. M. Young, op.cit., p.37.
66）終審法院条例 5 条
　（1）以下が本法院の裁判官である。
　　（a）首席裁判官
　　（b）常任裁判官
　（2）本法院は必要な場合、香港非常任裁判官を裁判に招聘することができる。
　（3）本法院は必要な場合、他のコモン・ロー適用地区の裁判官を裁判に招聘することができる。
　（4）上記（2）、（3）に該当し、裁判に出席する裁判官は、法院の構成員としてみなされねばならない。
67）終審法院条例 10 条
　　非常任裁判官の合計数は同時に 30 名を超えてはならない。
68）終審法院条例 8 条
　（1）香港非常任裁判官のリストを作成する。
　（2）上記リストに、司法人員推薦委員会の推薦に従って行政長官が任命した裁判官を、香港非常任裁判官として記載する。
69）終審法院条例 9 条
　（1）他のコモン・ロー適用地区裁判官のリストを作成する。
　（2）上記リストに、司法人員推薦委員会の推薦に従って行政長官が任命した裁判官を、他のコモン・ロー適用地区裁判官として記載する。
70）終審法院条例 12 条
　（1）以下のものが、首席裁判官に任命される資格がある。
　　（aa）常任裁判官
　　（a）高等法院首席裁判官あるいは控訴院裁判官または第一審裁判所裁判官
　　（b）少なくとも 10 年以上香港においてバリスタあるいはソリシタの経験を積んだバリスタ
　（1A）以下の者が、常任裁判官に任命される資格がある。
　　（a）高等法院首席裁判官、控訴院裁判官または第一審裁判所裁判官
　　（b）少なくとも 10 年以上香港においてバリスタあるいはソリシタの経験を積んだバリスタ

第 1 章　香港終審法院の外国籍裁判官

(2)（2005 年削除）
(3) 以下の者が、香港非常任裁判官に任命される資格がある。
　　(a) 引退した高等法院首席裁判官
　　(b) 引退した本法院首席裁判官
　　(c) 引退した本法院常任裁判官
　　(d) 現役あるいは引退した控訴院裁判官
　　(e) 香港に通常居住しているかどうかにかかわらず、少なくとも 10 年以上香港においてバリスタあるいはソリシタの経験を積んだバリスタ
(4) 以下の者が、他のコモン・ロー適用地区裁判官に任命される資格がある。
　　(a) 他のコモン・ロー適用地区において民事あるいは刑事管轄に制限のない裁判所の現役あるいは引退した裁判官であり、
　　(b) 通常香港以外に居住し、
　　(c) 香港において、高等法院裁判官、地区法院裁判官、常任のマジストレート裁判官を担当した経験がない者。
71) 終審法院条例 14 条
　(1) 首席裁判官および常任裁判官は引退年齢に達した場合、退職しなければならない。
　(2) (1) 項にかかわらず、
　　(a) (b) に従って、首席裁判官および常任裁判官の任期は 3 年の期間の 2 回を越えない限り、行政長官によって延長されうる。
　(3) 非常任裁判官には定年年齢を定めない。
　(4) 非常任裁判官の任期は 3 年とし、首席裁判官の推薦に基づいて行政長官により 1 回またはそれ以上延長することができる。
72) 終審法院条例 16 条
　(1) 本条 (4) 項に従って、本法院における審理は次の形でなされる。
　　(a) 本条 (2) 項に従って、終審法院首席裁判官あるいは常任裁判官
　　(b) 首席裁判官によって指名された 3 名の常任裁判官
　　(c) 1 名の香港非常任裁判官あるいは 1 名の他のコモン・ロー適用地区裁判官で、首席裁判官により選抜され本法院より招聘されたもの。
　(2) 首席裁判官が裁判長となり、首席裁判官が出廷できない場合は、首席裁判官が常任裁判官のうち一人を裁判長に指名する。
　(3) (2) 項により常任裁判官が首席裁判官の任務を遂行する場合でも、本法院は 5 名の裁判官で構成されなければならない。
　(4) 十分な人数の常任裁判官が審理のために確保できない場合、首席裁判官は香港非常任裁判官をもってこれに充てる。
　(5) 裁判官の多数決の判決あるいは命令が、本法院の判決あるいは命令とみなされねばならない。
73) 終審法院裁判官の氏名は以下のウェブサイトに掲載されている。「Judiciary（香港司法省ホームページ）」(http://www.judiciary.gov.hk/en/organization/judges.htm)

第 1 部　香港における人権保障の国際化

74)「Press Release（香港政府広報）」(2010 年 4 月 8 日)（http://www.info.gov.hk/gia/general/201004/08/P201004080173.htm）
75)「Press Release（香港政府広報）」(2010 年 4 月 8 日)（http://www.info.gov.hk/gia/general/201004/08/P201004080178_0178_63680.pdf）
76) 鄧裁判官は 2012 年 1 月 7 日に定年年齢である 65 歳を迎えているが、司法人員推薦委員会条例 14 条 (2)(b) によると、65 歳の候補者を採用することは可能であり、定年年齢を延長することができる。鄧裁判官の任期は 3 年で 2012 年 10 月 25 日から 2015 年 10 月 24 日までである。「香港立法会会議資料（CSO/ADM CR 8/4/3222/85)」(2012 年 3 月 28 日)（www.legco.gov.hk/yr11-12/.../hc/.../hc0413let-da120328-e.pdf）
77)「香港立法会会議資料（CSO/ADM/CR8/4/3222/85 (00))」(2000 年 6 月 17 日)（http://www.legco.gov.hk/yr99-00/english/panels/ajls/papers/2387e04.pdf）
78)「香港立法会会議資料（CSO/ADM/CR8/4/3222/85 (00))」(2000 年 6 月 17 日)（http://www.legco.gov.hk/yr99-00/english/panels/ajls/papers/2387e04.pdf）
79) http://www.college-of-arms.gov.uk/Mortimer.htm
80)「香港立法会会議資料（CSO/ADM/CR8/4/3222/85 (00))」(2000 年 6 月 17 日)（http://www.legco.gov.hk/yr99-00/english/panels/ajls/papers/2387e04.pdf）
81)「Press Release（香港政府広報）」(2012 年 3 月 28 日)（http://www.info.gov.hk/gia/general/201203/28/P201203280238.htm）
82) ボカリー裁判官は 1997 年 7 月 1 日から 2012 年 10 月 25 日に 65 歳で定年を迎えるまで、終審法院常任裁判官を務めた。
83)「Press Release（香港政府広報）」(2010 年 4 月 8 日)（http://www.info.gov.hk/gia/general/201004/08/P201004080178_0178_63680.pdf）
84)「Press Release（香港政府広報）」(2010 年 4 月 8 日)（http://www.info.gov.hk/gia/general/201004/08/P201004080178_0178_63680.pdf）
85)「University of Hong Kong（香港大学ホームページ）」（http://www3.hku.hk/hongrads/index.php/archive/graduate_detail/263）
　「The Federation Press」(http://www.federationpress.com.au/bookstore/author.asp?id=1007）
86) 法務総裁（Attorney-General）の次に位し、これを補佐し、必要な場合には代理する。常にバリスタから選ばれる。
87)「University of London Queen Mary School of Law（ロンドン大学クイーン・メアリー法学院ホームページ）」（http://www.ccls.qmul.ac.uk/staff/hoffmann.html）
88)「香港立法会会議資料（(CSO/ADM/CR8/4/3222/85(00))」(2000 年 6 月 17 日)（http://www.legco.gov.hk/yr99-00/english/panels/ajls/papers/2387e04.pdf）
89)「Press Release（香港政府広報）」(2006 年 1 月 6 日)（http://www.info.gov.hk/gia/general/200601/06/P200601060162.htm）
90)「Press Release（香港政府広報）」(2008 年 11 月 7 日)（http://www.info.gov.hk/gia/general/200811/07/P200811070174.htm）

第 1 章　香港終審法院の外国籍裁判官

91)「香港立法会議事録（LC Paper No. CB(3) 232/08-09)」(2008 年 12 月 15 日)（www.legco.gov.hk/yr08-09/english/hc/papers/hc0102cb3-232-e.pdf)　「Press Release（香港政府広報)」(2008 年 11 月 7 日)（http://www.info.gov.hk/gia/general/200811/07/P200811070174.htm)

92)「Press Release（香港政府広報)」(2008 年 11 月 7 日)（http://www.info.gov.hk/gia/general/200811/07/P200811070174.htm)

93)「Press Release（香港政府広報)」(2011 年 4 月 11 日)（http://www.info.gov.hk/gia/general/201104/11/P201104110166.htm)

94)「Press Release（香港政府広報)」(2011 年 4 月 11 日)（http://www.info.gov.hk/gia/general/201104/11/P201104110166.htm)

95)「Press Release（香港政府広報)」(2012 年 3 月 28 日)（http://www.info.gov.hk/gia/general/201203/28/P201203280244.htm)

96)「Press Release（香港政府広報)」(2010 年 4 月 8 日)（http://www.info.gov.hk/gia/general/201004/08/P201004080173.htm)

97)「Press Release（香港政府広報)」(2010 年 4 月 8 日)（http://www.info.gov.hk/gia/general/201004/08/P201004080178_0178_63680.pdf)

98) http://www.hkcfa.hk/en/about/who/judges/pjs/index_id_23.html, http://gia.info.gov.hk/general/201304/08/P201304080391_0391_109222.pdf

99)「香港立法会会議資料（CSO/ADM/CR8/4/3222/85(00))」(2000 年 6 月 17 日)（http://www.legco.gov.hk/yr99-00/english/panels/ajls/papers/2387e04.pdf)

100)「Press Release（香港政府広報)」(2012 年 3 月 28 日)（http://www.info.gov.hk/gia/general/201203/28/P201203280238.htm)

101)「香港立法会会議資料（CSO/ADM/CR8/4/3222/85(00))」(2000 年 6 月 17 日)（http://www.legco.gov.hk/yr99-00/english/panels/ajls/papers/2387e04.pdf)

102)「Press Release（香港政府広報)」(2010 年 4 月 8 日)（http://www.info.gov.hk/gia/general/201004/08/P201004080178_0178_63680.pdf)

103)「University of London Queen Mary School of Law（ロンドン大学クイーン・メアリー法学院ホームページ)」(http://www.ccls.qmul.ac.uk/staff/hoffmann.html)

104)「香港立法会会議資料（(CSO/ADM/CR8/4/3222/85(00)))」(2000 年 6 月 17 日)（http://www.legco.gov.hk/yr99-00/english/panels/ajls/papers/2387e04.pdf)

105)「Press Release（香港政府広報)」(2008 年 11 月 7 日)（http://www.info.gov.hk/gia/general/200811/07/P200811070174.htm)

106)「香港立法会議事録（LC Paper No. CB(3) 232/08-09)」(2008 年 12 月 15 日)（www.legco.gov.hk/yr08-09/english/hc/papers/hc0102cb3-232-e.pdf)　「Press Release（香港政府広報)」(2008 年 11 月 7 日)（http://www.info.gov.hk/gia/general/200811/07/P200811070174.htm)

107)「Press Release（香港政府広報)」(2008 年 11 月 7 日)（http://www.info.gov.hk/gia/general/200811/07/P200811070174.htm)

第 1 部　香港における人権保障の国際化

108)「Press Release（香港政府広報）」（2011 年 4 月 11 日）（http://www.info.gov.hk/gia/general/201104/11/P201104110166.htm）
109)「Press Release（香港政府広報）」（2011 年 4 月 11 日）（http://www.info.gov.hk/gia/general/201104/11/P201104110166.htm）
110)「Press Release（香港政府広報）」（2012 年 3 月 28 日）（http://www.info.gov.hk/gia/general/201203/28/P201203280244.htm）
111)「Hong Kong Court of Final Appeal（香港終審法院ホームページ）」（http://www.hkcfa.hk/en/about/who/judges/npjs/index_id_19.html, http://gia.info.gov.hk/general/201304/08/P201304080412_0412_109228.pdf）
112)「Hong Kong Court of Final Appeal（香港終審法院ホームページ）」（http://www.hkcfa.hk/en/about/who/judges/npjs/index_id_20.html）
113)「Hong Kong Court of Final Appeal（香港終審法院ホームページ）」（http://www.hkcfa.hk/en/about/who/judges/npjs/index_id_56.html）
114)「Supreme Court（イギリス最高裁判所ホームページ）」（https://www.supremecourt.uk/about/biographies-of-the-justices.html）
115) イギリス控訴院の最上位の裁判官。
116) 県裁判所および刑事法院でパート・タイムの裁判官として活動する官職。レコーダを 5 年以上務めることにより、上位裁判所の裁判官であるサーキット・ジャッジ（circuit judge）に任命される資格要件が得られる。
117)「香港立法会会議資料（CSO/ADM CR 8/4/3222/85）」（2012 年 3 月 28 日）（www.legco.gov.hk/yr11-12/.../hc/.../hc0413let-da120328-e.pdf）
118)「Judiciary（香港司法機構ホームページ）」（http://www.judiciary.gov.hk/en/organization/judges.htm）
119)「Press Release（香港政府広報）」（2011 年 4 月 11 日）（http://gia.info.gov.hk/general/.../P201104110168_0168_77575.pdf）
120)「Press Release（香港政府広報）」（2010 年 4 月 8 日）（http://www.info.gov.hk/gia/general/201004/08/P201004080178.htm）
121)「Press Release（香港政府広報）」（2011 年 4 月 11 日）（http://gia.info.gov.hk/general/.../P201104110168_0168_77575.pdf）
122) Young, Simon N.M. and Yash Ghai (eds), *Hong Kong's Court of Final Appeal: The Development of the Law in China's Hong Kong* (Cambridge: Cambridge University Press, 2014).

第2章　香港における国際人権法の実施
―― 香港人権条例の成立と運用 ――

はじめに

　近年、人権保障は一国内にとどまらず、国際的な平面に浸透しつつある。たとえば、世界人権宣言を始め、国連の両人権規約である「経済的、社会的及び文化的権利に関する国際規約」（以下、社会権規約と称する）、「市民的及び政治的権利に関する国際規約」（以下、自由権規約と称する）は国際社会に広く受け入れられている。

　それでは、国連の両人権規約は、日本、中国および香港ではどのように受け入れられているのだろうか。わが国では、国際人権両規約が批准されているが、条約は基本的に国内法上の効力を有することから、裁判実践上も別段の編入法制なしに、法的基準として適用されるとの立場をとり、国内法化はなされていない。わが国の裁判実践においては、人権規約の適用に対して、裁判所が消極的な態度をとっていることが指摘されている[1]。中国では、2001年に社会権規約が批准され、最近は、自由権規約の批准が俎上に載せられている。1997年に中国に返還された香港の場合、旧宗主国イギリスによって両規約が適用されていたものの、両規約の国内法化はなされてこなかった[2]。しかし、1991年になって、自由権規約が国内法化され、しかも憲法と同等の効力を持つことになった。それが、香港権利章典条例（The Hong Kong Bill of Rights Ordinance. 以下、香港人権条例と称する。なお、中国語では「香港人権法案条例」と表記される。）である[3]。

　香港人権条例の成立は、香港に次のような影響を与えた。第一に、香港人権条例採択をめぐる中国とイギリスの対立であり、香港人権条例の成立は返還過渡期の中英対立[4]に確実に一石を投じた。第二に、香港法にもたらした実質的な影響である。次の二点が挙げられる。まず、香港人権条例違反を理由とした香港の既

85

存法の大幅な改廃であり、次に香港人権条例の解釈にあたって、国際人権法判例が積極的に取り入れられたことである。

本章は、香港人権条例がもたらした上述の二つの影響について検討を加えることを目的とする。第1節において、香港人権条例成立までの香港における人権保障の歴史を概観し、第2節において、何が香港人権常例成立をめぐって中英の政治的対立を生じせしめたのか、その要因を紹介し、法的、政治的議論を整理した上で、検討を加える。最後に、第3節において、香港人権条例の実際の運用について、特に国際人権法判例との関連において分析を進めたうえで香港人権条例の問題点を指摘することとしたい。

第1節　香港人権条例の制定

1　香港人権法制定以前の香港における人権保障
(1)　域内的側面

返還以前の香港の憲法である英皇制誥 (Letters Patent) および王室訓令 (Royal Instructions) は人権保障規定を置いていない。英皇制誥は総督の権限および行政評議会と立法評議会の設立を規定しており、王室訓令は英皇制誥を補足している。両者は、香港のイギリス植民地としての地位と香港政庁などといった統治構造を定めたものにすぎなかった[5]。香港人権条例が制定される以前の香港において人権保障を担っていたのは、コモン・ローおよび制定法であった。しかし香港の場合、香港総督および香港政庁に広い権限が付与されていたので[6]、事実上、総督による人権侵害を防止する機能は働かなかった。この香港政庁による人権侵害が如実に現れたのは、1950年代および1960年代だった。この時期、隣接する中国の影響により、香港の社会は非常に不安定であったことから、香港における共産主義活動の展開を極度に恐れた香港政庁は過酷な法律を数多く制定し[7]、基本的人権を剥奪し、この暫定的な措置はその後30年近く続いた[8]。

当時、香港に居住する大部分の人々は中国からの難民であり香港における一時滞在を目的とし、中国の政局が安定すれば中国に帰国すること願っていたので、香港政庁の立法に対して反対することもなかった。このため、上述したような法律は順調に採択された。しかし、文化大革命が少なからぬ香港居民の帰国の夢を砕き、加えて香港で生まれ育った世代が成長してきた。1970年代以降、香港の

第 2 章　香港における国際人権法の実施

政治的状況は比較的安定しており、経済は次第に発展し、香港に残った人々をとりまく状況は徐々に変化した。このような中で、1984 年の中英共同声明採択が決定した中国の香港回収という現実に直面した多くの人々は、自由と権利を積極的に擁護する必要性を感じ、学校、労働組合、社会団体、宗教団体などの団体に次々と研究会が設立されるなど、香港内部において人権に対する意識が香港返還へ向けて高まりつつあった[9]。

(2)　国際面

次に国際的な人権保障と香港の関係について述べる。植民地であった香港には、独自の条約締結能力が基本的にない。よって、国連の諸人権条約はイギリスの批准によって、香港にも条約の効力が及んできた。香港人権法制定以前のそれらは、ジェノサイド禁止条約[10]、女性の政治的権利条約[11]、無国籍者地位条約[12]、奴隷・奴隷貿易および奴隷に類似する制度および慣行の廃止に関する追加的条約[13]、無国籍者削除に関する条約[14]、結婚に関する同意、結婚の最低年齢、および結婚の登記に関する条約[15]、あらゆる形式の人種差別の撤廃に関する国際条約[16]、自由権規約[17]、社会権規約[18]およびいくつかの ILO 条約である[19]。

ただし、「イギリスは香港を人権保障の例外として扱ってきた[20]」と指摘されるように、自由権規約および社会権規約の香港への適用には多くの留保が付された。自由権規約に関しては、①少年被告と少年犯の拘留（10 条 2 項 (b) および 10 条 3 項)[21]、②移動の自由（12 条 1 項および 12 条 4 項)[22]、③強制出国（13 条)[23]、④戦争の宣伝および差別唱道の禁止（20 条)[24]、⑤児童の国籍（24 条 3 項)[25]、⑥選挙と公職の担当（25 条 (b))[26]についての留保が、社会権規約に関しては、①労働の権利（6 条)[27]、②男女労働者同一賃金（7 条 (a)(i))[28]、③労働組合（8 条 1 項 (b))[29]の規定について留保が付された。また、前述のように両規約の国内法化もなされてこなかった。さらに、香港にはヨーロッパ人権条約も適用されなかった[30]。イギリスは 1951 年 3 月に、ヨーロッパ人権条約を批准し、2 年後の 1953 年 10 月には、ヨーロッパ人権条約 63 条に従って、イギリスが国際関係に責任を持つ 42 の海外の属地に条約の適用を拡大した。さらに、1966 年 1 月、イギリスは 25 条に従ってヨーロッパ人権委員会への個人の請願の権利を認め、46 条に従ってヨーロッパ人権裁判所の強制的な裁判管轄を認めた。翌 1967 年 9 月には、これらの機能がイギリスの多くの海外の属地にも拡大されたのにもかかわらず、ヨーロッパ人権条約が香港に適用されることはなかった[31]。

第1部　香港における人権保障の国際化

イギリスによる国際的人権保障の香港に対する限定的実施に加えて、香港の人々の間の国際人権条約への認知度の低さも指摘されている。国際的な人権保障に関する手続および制度は香港の人々に、たいして認識されておらず、しかも「自由権規約以外の条約はあまり知られていなかった[32]。」

2　香港人権条例の成立

1987年末から香港司法省職員と一部の香港法曹関係者の間で、香港人権条例制定についての可能性および技術的問題が議論の俎上に載せられた[33]。しかし、劇的に香港人権条例制定への流れを加速させたのは1989年の天安門事件であった。天安門事件は「香港政庁の香港人権条例制定の決意を加速させ[34]」、早くも1989年10月には、総督の施政方針演説において、1991年7月までに香港人権条例を制定することが明らかにされた[35]。

香港人権条例は1991年6月8日に香港立法評議会において採択され、効力を発生した。香港人権条例制定の契機は「広く知られているように、香港人権条例を制定した誘因は、1989年6月の北京の天安門事件における学生抗議者に対する殺戮および続く反対者の粛正である[36]。」香港人権条例は「1997年の中国への主権の移行を諦観する香港の人々をなだめ、香港での投資の信頼を回復するために作られた[37]」と説明される。香港人権条例の設立に至った背景からは、その意図が、「第一に、1997年以後の人権の侵害に対するもの[38]」、であったと考察できる。従来、イギリスは、イギリスおよび海外の属地においては、既存の法を通じて国際人権規約を十分に実施しており、国際人権規約の国内法としての直接の適用も、また香港人権条例を制定することも必要ではないとの立場を取ってきた[39]。このような歴史において、あえてこの時期に香港人権条例が制定された大きな理由は、香港返還の決定に伴う、居民レベルでの人権保障への関心の高まりであり、とくに1989年の天安門事件が近い将来に直面することとなる中国の人権保障状況を惹起させたという背景による。

香港人権条例は、香港に適用されている自由権規約を国内法化することを目的としている（香港人権法2条3項）。香港人権条例が自由権規約の国内法への統合という形をとることは、かなり早い段階から決定されていた[40]。中国は1984年の中英共同声明において、自由権規約が香港に適用されることに同意していたため[41]、自由権規約が香港人権条例という形で直接香港法に取り込まれることに

反対しえないと考えられており、これを理由に中国側の香港人権条例に対する反対を最小限に押え込もうとしていたのである[42]。

　香港人権条例の内容は自由権規約の文言にほぼ忠実に沿ったものとなっている。香港人権条例は三部から構成されている。第一部序（Preliminary）の7ヶ条はそれぞれ以下のように規定している。1条は条例の略称である。2条は条例の解釈についてであり、2条3項は香港人権条例の目的は自由権規約を香港法に導入することであると規定する。3条は既存の法に対する香港人権条例の効力であり、既存の法が香港人権条例に一致するように解釈されねばならないこと（1項）、および香港人権条例に抵触する条文が廃止されること（2項）を定める。4条は香港人権条例成立以後に制定された法律について、香港人権条例と一致するように解釈がなされねばならないとする。5条は緊急状態における香港人権条例からの逸脱が許される場合、6条は香港人権条例が保障する権利が侵害された場合の救済、そして7条は香港人権条例の適用範囲を規定している。

　第二部 香港権利章典（The Hong Kong Bill of Rights）は自由権規約第三部とほぼ同様の内容となっており「自由権規約が規定する実体的権利と同一の文言を再確認している[43]。」用語の修正は、香港の状況をより正確に反映させるものにとどまっており[44]、権利の実体的な内容の変更には及んでいない。

　第二部で規定される権利は、差別の禁止（香港人権条例1条1項、自由権規約2条に対応）、男女平等の権利（香港人権条例1条2項、自由権規約3条）、生命に対する権利（香港人権条例2条、自由権規約6条）、拷問または残虐な刑の禁止（香港人権条例3条、自由権規約7条）、奴隷及び強制労働の禁止（香港人権条例4条、自由権規約8条）、身体の自由及び逮捕又は抑留の手続（香港人権条例5条、自由権規約9条）、自由を奪われた者及び被告人の取り扱い（香港人権条例6条、自由権規約10条）、契約義務不履行による拘禁（香港人権条例7条、自由権規約11条）、移動及び居住の自由（香港人権条例8条、自由権規約12条）、外国人の追放（香港人権条例9条、自由権規約13条）、公正な裁判を受ける権利（香港人権条例10条、自由権規約14条1項）、有罪判決を決定された人の権利（香港人権条例11条、自由権規約14条2項から7項）、遡及処罰の禁止（香港人権条例12条、自由権規約15条）、人として認められる権利（香港人権条例13条、自由権規約16条）、干渉又は攻撃に対する保護（香港人権条例14条、自由権規約17条）、思想、良心及び宗教の自由（香港人権条15条、自由権規約18条）、表現の自由（香港人権条例16条、自由権規約19条）、集会の権利（香港人

第1部　香港における人権保障の国際化

条例17条、自由権規約21条）、結社の自由（香港人権条例18条、自由権規約22条）、家族に対する保護（香港人権条例19条、自由権規約23条）、児童の権利（香港人権条例20条、自由権規約24条）、政治に参与する権利（香港人権条例21条、自由権規約25条）、法律の前の平等（香港人権条例22条、自由権規約25条）、少数者の権利（香港人権条例23条、自由権規約27条）である。

　第三部の例外と留保（Exception and Savings）は二部に分かれている。第一に9条から13条は香港人権条例適用の例外について規定している。香港人権条例はイギリスが自由権規約を香港に適用する際に付した留保を踏襲しており、これらの権利の適用は保留される45)。第二に14条「凍結条項」である。14条は香港人権条例に抵触する可能性があり、かつ社会的に影響力の大きい6つの条例に対して、香港人権条例による審査を1年間「凍結」することを規定している。14条の対象となる条例は移民条例（Immigration Ordinance）、廉政公署条例（Independent Commission Against Corruption Ordinance）、賄賂防止条例（Prevention of Bribery Ordinance）、社団条例（Societies Ordinance）、警察条例（Police Force Ordinance）、刑事条例（Crimes Ordinance）である。

第2節　香港人権条例成立の波紋

1　香港人権条例の地位──「特別保障」

　香港人権条例は通常の条例にすぎないが、香港人権条例成立と同時になされた英皇制誥の改正によって、自由権規約を国内法化した香港人権条例は、他の香港法にはない次のような特徴を持つこととなった。まず、香港人権条例3条は、既存の香港法への効力について、既存の香港法のなかで香港人権条例に一致する解釈ができるものは、そのように解釈されねばならないことを規定し（1項）、そのような解釈ができない条文は廃止されることを規定している（2項）。3条が規定するのはコモン・ローにおける「後法が前法を廃止する」原則である。しかし、香港人権条例4条はさらに進んで、香港人権条例成立以降の香港法は、「解釈できる限りにおいて、香港に適用されている市民的及び政治的権利に関する国際規約に一致するように解釈される」と規定している。4条は、自由権規約に抵触する法の効力について規定していないが、香港人権条例成立と同日に英皇制誥7条5項が改正され、香港人権条例成立以後に自由権規約に反する法律が採択さ

第2章　香港における国際人権法の実施

れてはならないことを次のように規定した。「1966年12月16日に国際連合総会で採択された市民的及び政治的権利に関する国際規約のなかで香港に適用される条項は、香港の法を通じて履行される。香港のいかなる法も1991年の香港英皇制誥第2号が効力を発した後に、香港に適用されるその規約と一致しない方法によって香港において享有される権利と自由を制限してはならない。」したがって、英皇制誥7条5項の改正とともに香港人権条例を解釈すると、従来のおよび将来制定される香港法は香港人権条例を通じて香港に適用される自由権規約に抵触することができず、既存の香港法がそれに抵触する場合は香港人権条例3条2項によって、そして、将来の法の場合には、英皇制誥7条5項によって廃止されることが分かる。将来の法律の採択について、「香港人権条例はいかなる方法においても立法機関の権限を制限するのではない[46]。」が、代わりに、英皇制誥7条5項の改正によって自由権規約が以後の法律に影響を持つ。香港人権条例は英皇制誥によって「特別保障（entrenchment）」されている。この複雑なシステムが取られた理由は、「香港人権条例が他の立法よりも高い地位を持つとの批判を避けるためである[47]。」

改正された英皇制誥7条5項は、香港特別行政区基本法（以下、香港基本法と称する）39条と類似する文言となった。香港基本法39条は返還後の人権条約の適用について、次のように規定している。「1項　『市民的及び政治的権利に関する国際規約』、『経済的、社会的及び文化的権利に関する国際規約』および国際労働条約の香港に適用する関係規定は、引き続き有効であり、香港特別行政区の法律を通して施行される。　2項　香港居民の有する権利と自由は、法律が規定する場合を除いて、制限されてはならない。その制限は本条第1項の規定に抵触してはならない。」このような類似した規定の背景には、英皇制誥7条5項の下で形成された判例法が返還後に「香港基本法39条の解釈に影響することが意図されている[48]。」

香港人権条例は香港人権条例3条、4条および英皇制誥7条5項の改正とあいまって、従来および将来の法律で香港人権条例に違反するものを廃止することができる。こうした香港人権条例のいわば憲法に類似する地位は成立後、非常に多数の香港人権条例訴訟を引き起こすこととなった。たとえば、香港人権条例3条は香港人権条例に違反する法律に対する遡及的な廃止について規定しているが、これは「被告が有罪判決を言い渡される根拠となった条文が、数年後にそれが香

港人権法と抵触することが見つかることを意味する[49]。」その条文は香港人権条例に抵触するため廃止されるので、香港人権条例制定の日に遡って、有罪判決が取り消されねばならない[50]。実際に A. G. v. Lee Kwong-kut[51]判決では、1991年6月8日の香港人権条例の成立から A. G. v. Lee Kwong-kut 判決の間に判決された違法な武器の不法所持に関する386件の有罪判決が、それらの有罪を決定した条文が Lee Kwong-kut 判決において香港人権条例に違反するので無効であると判断されたことから取り消された。また R v. Chong Au-choi and others[52]控訴院判決では、マジストレート裁判所の決定に反して、違法な武器の所持に関する挙証責任を転換する略式犯罪条例17条が香港人権条例に違反すると判断された。このため、1991年6月8日からその判決の日までの当該犯罪が関係するすべての有罪判決が再審理されねばならなかった[53]。

2 香港人権条例成立をめぐる法的論争

(1) 中国側の反発

中国外交部は香港人権条例採択直後に声明を発表し、中国が返還後に「香港基本法の関連の規定に従って、香港人権条例を含む香港の現行法に審査を行う権利を保留する」ことを明らかにした。中国外交部の声明に続いて、相次いで香港人権条例採択への批判が中国政府および中国法学界から起こった。たとえば、国務院港澳事務弁公室香港社会文化司『香港問題読本』[54]では、香港人権条例採択について次の4点を批判している。①イギリスが中国に相談することなしに、一方的に香港人権条例を制定したことは背信行為である。②香港人権条例が香港の既存の法よりも高い地位を持つことは、中英共同声明および香港基本法に抵触する（香港人権条例の凌駕的地位）。③イギリスが香港人権条例によって、多くの香港法を廃止したことは、共同声明の「（香港の）現行法は返還後も基本的に変わらない」とする規定に反する。④香港人権条例が香港法院に与えた、香港人権条例を基準として現行法を廃止する権限は、共同声明および香港基本法が規定する「現行の司法制度の保留」原則に反する[55]。

香港人権条例判例の検討を通じて李昌道は次のように述べている[56]。李昌道によると、香港人権条例11条1項が香港司法機関に対するもっとも著しい「妨害」となっている。香港人権条例11条1項は無罪推定原則についての規定である。香港人権条例11条1項に照らして賄賂防止条例[57]の条文を香港人権条例違

反とすることで[58]、廉政公署[59]の権力を削減し「かつて褒め称えられた廉政公署は香港居民の眼前で威厳と声望を大幅に落とし、社会の安定に不利」なように変質させられた。同様に略式犯罪条例の条文が香港人権条例違反と判断されることで、以前になされた有罪判決をすべて取り消したことは、「社会の安定を破壊」した[60]。

中国は、イギリスの香港人権条例制定には、政治目的が介在すると読んでいる節もある。李昌道によると、1989年の天安門事件の後、国際的孤立に陥った中国に、イギリスは香港問題において次の三つの難題を突きつけた。それらは、①立法評議会[61]における直接選挙の促進、②英国居住権の香港人への付与、③香港人権条例の採択、である。李昌道によると、香港人権条例採択の真の目的は、香港司法の混乱を造成し、返還後の香港基本法に対抗する法律を出現させることで、「香港政庁は真に香港の人権に関心があるのではなく、人権を唱えて、その政治的目的を果たそうとしているにすぎない[62]。」

このような中国の批判は、香港人権条例が採択されたのが、1989年の天安門事件を皮切りにした中英対立期であったという政治的背景と十二分に関連している。天安門事件が発生した同年10月に、香港政庁は香港住民の動揺を鎮静化させるため、①香港人権条例の導入、②新空港建設計画、③イギリス本国居住権付パスポートの発給、という施策を打ち出した。続いて、1992年7月にパッテン総督が植民地最後の総督に就任するや否や、同年10月の施政方針演説で政治制度改革案が発表された。中国側はパッテン総督の改革案に猛反発した。1993年4月から11月にかけて、政治改革案を焦点とした中英会談が17回にもわたって挙行されたものの、最終的には決裂の憂き目を見た。その間、中国側はパッテン総督の改革案への対抗措置として香港特別行政区準備委員会予備工作委員会[63]を発足させ独自に香港返還準備活動を始めた。予備工作委員会は香港人権条例に基づいて改正された法律を改正前の状態に戻すことを提案したのだった。これを受けて予備工作委員会法律小委員会は1995年10月17日、香港基本法に抵触する2つの条例（新界土地条例、立法評議会行政管理委員会条例）ならびに香港人権条例によって改正された6つの条例（社団条例、テレビ新条例、電気通信条例、放送管理局条例、公安条例、緊急状況新条例）を香港政府の行政管理権を弱めることを理由にそれらの改正を取り消し、香港人権条例成立以前の状況に戻すことを提案した。

1997年2月23日には、第8回中国全国人民代表大会常務委員会（以下、全人代

第1部　香港における人権保障の国際化

【表1】香港人権条例の成立から返還まで

年	月	中国	香港
1989年	6月	天安門事件	
	10月		香港政庁が香港住民の不安鎮静化のための政策発表 (1) 香港人権条例の制定、(2) 新空港建設、(3) イギリス本国居住権付パスポートの発給
1991年	4月	香港基本法採択	
	6月		香港人権条例制定
1992年	10月	パッテン総督提案への反発	パッテン総督が施政方針演説において政治制度改革案を発表（パッテン提案）
1993年	4～11月	パッテン提案の「民主化案」をめぐり、17回にわたって中英会談が開かれるが、最終的に決裂	
	7月	パッテン提案への対抗措置としての香港特別行政区準備委員会予備工作委員会発足	
1995年	10月	予備工作委員会が香港人権条例に基づいて改正された法律を元に戻すことを提案	
1996年	1月	香港特別行政区準備委員会（準備委員会）発足	
1997年	1月	準備委員会が香港人権条例に関連する法律の改廃を提案	

（出所）筆者作成。

常務委と称する）第24回会議において、「全国人民代表大会常務委員会の中華人民共和国香港特別行政区基本法第160条に依拠する香港の従来の法律の処理に関する決定」が採択され[64]、香港人権条例2条3項（条例の解釈および目的）、3条（既存の法に対する効力）、4条（香港人権条例採択以後の法の解釈）が、および香港人権条例に基づいてなされた社団条例および公安条例の改正が、香港特別行政区の法律として採用されない（つまり、返還をもって廃止される）こととなった。

(2)　香港側の反応

　中国側の懸念表明を受けた香港人権法に対して、香港側の評価は2つに大別す

ることができる。香港政庁と香港法学界が「特別保障（Entrenchment）」の正当性を擁護する一方で、他方で裁判官が香港人権条例の「威力」に懸念を示した[65]。たとえば、裁判官による批判として、楊鉄樑（Yang Ti Liang）首席裁判官による「香港人権条例に対する宣言」（1995年11月17日）がある[66]。彼は「香港人権条例に対する個人的な見解を法廷の外で表明する」とあくまで個人的な意見であり、法廷では香港人権条例を「誠心誠意適用する」としつつ、香港人権条例3条2項に対する憂慮を次のように述べている。香港人権条例3条2項の問題点は、(1)「香港人権条例が司法と立法の区別を、たとえばニュージーランドの人権法のようにはっきりと分けていないこと」、そして（2）「香港人権条例が（英皇制誥および将来発効される香港基本法とは異なり）、改正に対する特別の保障がなされていないにもかかわらず、普通の法律よりも高い地位を与えられていること」である。(1)によって、司法が立法に類似する権限を持つことになるし、(2)では、返還後に香港基本法が発効した後、香港基本法、香港人権法、通常の法律という三つの階層ができることになる[67]。

これに対して、香港政庁および香港法学界の論調は、香港人権条例の特別保障の圧倒的な正当化によって特徴づけられる。正当化のために提出された論拠を列挙してみると次のようである。

① 香港人権条例3条はコモン・ローの「後法が前法を廃止する」原則を再確認しているにすぎない[68]。
② 香港人権条例4条は香港人権条例をそのほかの香港法よりも高い地位に置くものではない。香港人権条例以降に採択された法律は、自由権規約に違反するならば廃止されるにすぎない[69]。
③ 香港人権条例の採択およびそれに伴う既存の多くの法の改正は、多くの人権保障規定を置く香港基本法の目的と適うし、香港基本法体制への法体系の移行をスムーズにする効果を持つ[70]。
④ 香港基本法39条は自由権規約が香港の法律を通じて履行されることを規定していることから、香港人権条例は香港基本法39条の規定を実施するにすぎない[71]。
⑤ 特別保障され、ほかの法律よりも高い地位を持つのは、香港人権条例ではなく自由権規約である[72]。
⑥ 返還後に香港の法律は香港基本法によって認められてこそ、返還後の香港

法となるのであって、香港人権条例を含む返還以前の法律は香港基本法より高い地位を持ち得ない[73]。
⑦ 従来の法律を香港人権条例違反を理由として廃止するのは法院ではなく、立法機関が採択した香港人権条例である[74]。

総じて、香港法学界および香港政庁の論調は、香港人権条例導入のためにとられた「法的技術」(特別保障など)が、法技術的に香港基本法や共同声明といった中英間の香港返還に関する取り決めに違反していないという点を立証するものとなっている。中国側の批判が法技術問題に実質的に踏み込んでいないことときわめて対照的である[75]。

第3節　香港人権条例の運用

1　香港人権条例の解釈 ── 国際人権法の受容と拒絶

香港における国際人権法の受容について、Mushkat は総括して、「(人権保障の)国際的基準に対する当初の情熱および積極的な受容は大気に満ちた後、衰退していった」と形容している[76]。香港法院において、香港人権条例は、初期は情熱的に、そして数年後からは冷ややかに受け止められたようである。その区分は、①香港人権条例を通して国際人権法を香港に導入することに熱心であった香港人権条例採択 (1991年6月8日) から1993年5月までの第一期、②「現実主義」、「常識」および政策形成における目標が重視され一転して「コモン・ローに逆戻り[77]」した1993年5月以降から現在までの第二期である。①の時期において、香港人権条例の解釈を設定したのは、R v. Sin Yau-ming[78]の控訴院判決[79]であり、②の時期を開いたのが、枢密院司法委員会の Attorney General v. Lee Kwong-kut[80] 判決である。

Sin Yau-ming 判決では、控訴院の Silke 裁判官は以下のように述べて、香港人権条例解釈の原則を確立した。「香港人権条例の解釈を行う基準は自由権規約によって提供されたものである。我々はもはや、制定法の解釈という通常のやり方、ましてやコモン・ローに導かれるものではない。我々は香港人権条例を解釈するにあたり、自由権規約の目的を考慮して、そして自由権規約が規定するものに『完全な認識と効果』を与えねばならない。ここから、まったく新しい法的アプ

ローチが発生する[81]）。」

　上記の「まったく新しい法的アプローチ」は、香港法院が国際人権法判例を用いることを許容した。Silke 裁判官は次のように述べている。「（香港人権条例解釈における）かなりの援助は、憲法に統合された人権法を持つコモン・ロー適用地区の判例から得られる。つまりそれは、憲法に統合された人権法（とくにカナダとアメリカのもの）、自由権規約における人権委員会の決定と一般的な指示、自由権規約の選択議定書そしてヨーロッパ人権条約の裁判例を指す。これらのいずれもが拘束的ではないにもかかわらず、それらが自由権規約の解釈を反映している限りにおいて、そして直接的に香港の法と関連する限りにおいて、これらが示す論拠は有力な基準であり、かなりの重きをあたえられねばならない[82]）。」また、このアプローチに付随して、香港人権条例の解釈においては厳格な法律尊重主義を避け、憲法の性質を持つ法としての「一般的な解釈」が行われるべきこととされた。これは、イギリスの Ministry of Home Affairs v. Fisher 判決[83]）の見解に沿ったものである。Sin Yau-ming 控訴院判決での香港法院の態度は、国際人権法を取り入れることに熱心で、自由権規約を通じて、つまり、国際人権法の基準を通じて、新たに法と慣行を検討するというものである。それゆえ、「まったく新しい法律学のアプローチ」が香港法院にもたらされた。

　このような国際人権法の基準を香港法に新たに取り込もうとする流れは、しかしながら、長くは続かなかった。Attorney General v. Lee Kwong-kut 枢密院司法委員会判決では、国際人権法判例が香港法の指針となるとき、制限を受けるべきことが明らかにされた。枢密院司法委員会は、Sin Yau-ming 判決に引き続いて、香港人権条例の解釈が「一般的で目的的」でなければならないとされ、アメリカ、カナダおよびヨーロッパ人権裁判所などの判例を参考にできるとしたものの、次のような制限があるとした。

　「香港司法が香港人権条例のもとで、個人の権利を維持するのに熱心であらねばならない反面、香港人権条例に関する議論は範囲を超えることが許されないことを保障する必要がある。香港人権条例に含まれる問題は現実主義と常識によってアプローチされねばならず、バランスが保たれねばならない。これがなされないのなら、香港人権条例は、正義というよりも不正義の源泉となり、公衆の面前で貶められる。個人と社会全体のバランスを保つために、厳格で融通性のない基準が、社会が深刻な犯罪を扱う場合に直面する困難な問題を解決するという立法

の試みに課されてはならない。政策の問題は第一次的に立法の責任であることが思い起こされねばならない[84]」。」

　枢密院におけるこのような国際人権法を香港に適用することへの懐疑的態度は、チャンのいう「コモン・ローの優越性シンドローム[85]」を香港法院に呼び起こした。つまり、コモン・ローが、そして、コモン・ローのみが、香港における基本的な人権と自由を保護するのに十分である、との立場である。枢密院司法委員会の Lee Kwong-kut 判決は、香港法院が香港人権条例訴訟を扱う際の絶対的な指標となり、後の香港法院の判例はこの枢密院司法委員会判例に従っている。たとえば、Chim Shing Chung v. Commissioner of Correctional Service[86]判決において、リットン裁判官は、「香港人権条例が香港法によってすでに保障されていない人権分野に適用されることはめったにない」としたし、R v. Town Planning Board, ex parte Kwan Kong Company Ltd[87]判決においてはワン裁判官も「コモン・ローの伝統および東洋の特別な状況からして、香港は外国の法律学を適切に理解し、称賛し、分析し、そして適用あるいは発展させるような場所ではない[88]」とした。ワン裁判官によると、ヨーロッパの人権法判例が強制的な規範とならない限り、「香港法院は、無尽蔵のヨーロッパ人権裁判所の判決によって混乱させられることを賢明に拒絶しなければならない[89]」。」

　枢密院司法委員会判決が意味したのは、国際人権法を考慮することなく、コモン・ローのみで人権保障の限界を規定することであった。Mushkat によれば、枢密院司法委員会の Lee Kwong-kut 判決は「（自由権規約を香港の国内法として統合したという）香港人権条例の国際的起源および目的に十分な考慮を払わない、法律解釈における『国内的アプローチ』を復活させた[90]。」つまり、枢密院司法委員会は人権保障に関して、「現状維持[91]」を打ち出したといえる。以後、前述したように、香港人権条例訴訟はひとまず沈静化し、現在では勝訴もかなり稀で、「いくつかの事例では国際的な裁判例と明らかに衝突する[92]。」場合もある。多く指摘される問題点は、コモン・ローを香港人権条例解釈に用いることの危険性である。コモン・ローにおける人権保障の範囲よりも広く、香港人権条例が人権保障を規定しているとき、香港人権条例の保障範囲がコモン・ローに立脚した解釈によって制限されてしまう[93]。

　香港法院の香港人権条例解釈への消極的なアプローチには以下の理由が指摘されている[94]。第一に、香港の裁判官多くがイギリス出身者であるかあるいはイ

ギリスにおいて伝統的な議会主権の原則を教育され、訓練されていること。このため香港の裁判官にとって、香港人権条例は国際人権法上の基準を導入するばかりか、香港人権条例に依拠して立法に対する違憲審査を行うという慣れない特徴を持っている。第二に、香港人権条例の手厚い人権保障は犯罪活動に有利であると考えられていること。第三に、多くの香港の裁判官が国際法および国際法に関連する資料に造詣が深いわけではないこと。従来から香港の法院はおしなべてイギリスの判例に過度ともいえるほど依存してきたので、国際法判例の検討は容易ではない。第四に、香港人権条例が法院に与える大きな権限は、同時期の香港における民主化の流れ[95]に完全に逆行するものであり、裁判官が当惑したこと、などである。

　香港人権条例に対する「当初の情熱期」を含む、制定から4年間の統計をチャンがまとめている。チャンによると[96]、まず、1991年から1995年にわたる4年間の247件の香港人権条例が関係する訴訟のうち、74％にあたる183件が刑事事件である。前述のSin Yau-ming判決は香港人権条例第11条が規定する無罪推定原則についてである。Sin Yau-ming判決は、多くの香港人権条例に関する多くの刑事訴訟を引き起こす端緒を開いた。次に訴訟が集中しているのが行政法分野で、15％にあたる37件の訴訟がなされている。

　次に、関連する香港人権条例条文については、「第10条および第11条が最も多くの事件を惹きつけていることがわかる[97]。」刑事手続上の諸権利を保障する11条は48％の訴訟に関係し、公平な聴聞の権利を保障する10条は17％に関連している。特に11条では、11条1項の無罪推定原則が関係する訴訟が多く、その半数以上が勝訴している。これは「香港法における広範で無差別な推定的規定の存在を反映している[98]。」ものと考えられる。次からは、刑法分野における香港人権条例訴訟を概観することとする。

2　刑法分野 ── 無罪推定と挙証責任の転換

　香港人権条例訴訟の大部分が、刑法に関連する訴訟であり、なかでも中心となった争点は、挙証責任の転換に関するものだった。本節1で述べたR v. Sin Yau-ming判決が、香港人権条例が規定する無罪推定と挙証責任転換の関係をめぐる最初の訴訟である。Sin Yau-ming判決において挙証責任転換の規定が香港人権条例違反と判断されたことをきっかけとして、刑法分野における香港人権条例

訴訟が数多く展開された。

　Sin Yau-ming 事件では、危険薬品条例の次の推定事項が香港人権条例 11 条 1 項の規定する無罪推定違反に問われた。(1) 0.5 グラム以上の危険薬品を所持するいかなる者も、その危険薬品を犯罪の目的で所持していたと推定される (47 条 (c)(v))。(2) 5 包み以上の危険薬品を所持する者は、危険薬品の量にかかわらず、その危険薬品を販売の目的で保持していたと推定される (47 条 (d)(v))。(3) いかなる建物においても、その建物内で危険薬品が発見された場合、その危険薬品は、建物の鍵を持つ者に属すると推定される (47 条 (1))。(4) 上述 (3) の場合において、鍵を持っている者は、その建物に保管している物質の性質について知っていたと推定される (47 条 (3))。これらの推定は、訴追側の挙証責任を大幅に減らしていた。危険薬品条例の推定によると、警察は被疑者の身体に危険薬品を 0.5 グラムあるいは 5 包み以上発見するならば、条例によって、この危険薬品を販売の目的で所持していたと推定できる。さらに、警察は、被疑者が身につけている鍵を発見し、この鍵を使って開けることのできる建物の中で危険薬品を見つけ出したならば、条例によって、これらの危険薬品は被疑者の所有物であって、被疑者はまたそれが危険薬品であることを知っていたと推定できる[99]。

　控訴院は、危険薬品条例が設けている挙証責任の転換が香港人権条例 11 条 1 項に違反しないために、訴追側は三つの要件を満たさなければならないと判断した。その要件は、(1) 立法の目的に適切な敬意が払われていること、(2) 推定される事実が合理的および現実的に証明された事実から導き出されたものであること、(3) その推定が、社会が保護を必要とする害悪の性質から是認されるものと、つりあっていること。

　これらの要件は、カナダの 1986 年の Oakes 判決[100]に類似している。「権利と自由に関するカナダ憲章 (Canadian Charter of Rights and Freedoms 以下、憲章と称する)」11 条 (d) は、無罪推定原則について、「有罪を告発されたいかなる者も独立で公平な審判所による公正で公開された聴聞において、法律に従って有罪と証明されるまで、無罪と推定される。」と規定している。挙証責任の転換が認められるのは憲章 1 条の制限内に限られる。つまり、憲章における権利と自由の制限が正当化されるのは、憲章 1 条が規定する次の場合である。「『権利と自由に関するカナダ憲章』は、そこに規定された権利及び自由を保障し、自由で民主的な社会において明らかに正当化されうる法によって定められた合理的な制限のみに服

第 2 章　香港における国際人権法の実施

する。」何が合理的な制限であるのかについて、憲章1条の要件を詳細化したのが1986年のOakes判決だった。Oakes判決は、第一に、制限する立法の目的が自由で民主的な社会において緊急かつ重要であり、第二に、選ばれた措置が目的の達成に均衡的でなければならないとした。さらに、措置について、次の三つの要件を設定した。(1) 措置は、恣意的、不公平あるいは非合理的な考慮に基づいてはならず、目的を達成できるように注意深く考慮されねばならないこと、(2) 措置は対象となる権利への制限が最小限であること、(3) 措置による悪影響と保護される利益の均衡がとれていること、である。

次のAttorney General v. Lee Kwong-kut 判決では、控訴院は同様にカナダのWhyte[101]判決の要件を引用した。しかし、これらのカナダの判例に大幅に依存した控訴院判決は枢密院司法委員会のLee Kwong-kut 判決によって修正されることになった。

枢密院司法委員会のLee Kwong-kut 判決は、本節1で紹介したように、国際人権法の受容という点で「コモン・ローへの逆戻り」と指摘されているが、実際の判決においても、同様の傾向が見られる。すなわち、Sin Yau-ming 判決の後、同様に香港人権条例に依拠して既存の規定を違反とする判決が多く続いたが、Lee Kwong-kut 枢密院司法委員会判決の後には、そのような判決はほとんど稀になった。たとえば、Chong Au-chi and others[102]判決では、略式犯罪条例17条の規定する攻撃的武器の保持の罪が問われたが、被告に合理的な説明を要求する挙証責任転換の規定は香港人権条例11条1項の無罪推定に違反しないと判断された。控訴院は、Lee Kwong-kut 枢密院司法委員会判決から、有罪の証明が訴追の側の責任かどうか、および11条1項の無罪推定原則からの除外が合理的になされたものかどうかの要件を引用した。さらに、犯罪の深刻性およびそれに対する立法の重要性が強調され、法院が優先順位を決め、深刻な犯罪であればあるほど、いっそう11条1項の無罪推定原則から逸脱することが許されると判断した。次にR v. Hui King-hong[103]の場合、被告は賄賂防止条例10条 (1) (a) の下で罪に問われた。この規定は、公務員が給料収入以上の水準の生活を送っている場合、収入について合理的な説明ができない限り、賄賂を受け取っていると推定している。控訴院は、香港における汚職の現実を考慮し、証明の責任は被告人にあるとした[104]。控訴院は香港における汚職の性格を「癌」であると表現している。さらに、犯罪の深刻さを重要視する判決にはたとえばR v. Iu Tze-ning[105]がある。

101

移民条例37条C(2)(b)は、登録されていない船の乗務員は、不法移民がその船に乗っていなかったこと、あるいは不法移民が乗船していることを推定する合理的な理由がないことを証明できなければ、刑罰を科されることを規定している。控訴院は、香港における不法移民問題の深刻さを考慮に入れて、移民条例37条c(2)(b)は無罪推定原則に違反しないとした。こういった判例の流れから、Lee Kwong-kut枢密院司法委員会判決は、香港法院に「香港人権条例に関して発生した問題を、香港自身の価値基準に基づき、現実的で実際的な方法で解決すべきである」との示唆を与えたことが分かる[106]。

おわりに

本章の目的は、(1) 香港人権条例採択をめぐる政治的対立の背景、および (2) 香港人権条例が香港法に与えた影響、の二点について検討を加えることであった。(1) に関しては、香港人権条例採択のきっかけは明らかに中国の天安門事件であり、これによってこそ中英の政治的対立が生じたといえる。香港人権条例を焦点とした中英間の法的・政治的議論がまったくなされなくなった現在では、それは中国の人権をめぐる当時の国際政治といった時代背景に色濃く影響されていたものであるといえよう。

さらに、中国側によって主張されたのは、「特別保障」された香港人権条例によって多くの法律が改廃されることであったが、香港基本法の規定も香港人権条例とかなり重複している[107]。「実際、近年さかんに訴訟の対象となった香港人権条例条文、たとえば無罪推定、遅滞なき裁判の保障は、香港基本法にほぼ同様の文言で存在する[108]」のであり、「香港人権条例に対するあらゆる批判は同様に香港基本法に適用できる[109]」のである。香港人権条例がなければ、返還後香港の香港基本法訴訟は増加していた可能性がある[110]。また、中国においても、自由権規約の批准問題が俎上に載せられている。

(2) に関して、まず、香港人権条例訴訟によって既存の香港法の大幅な改廃をみたのは、香港人権条例成立後2年以内だった。現在では、香港人権条例関連訴訟は鎮静化している[111]。この傾向は、香港人権条例を国内法化した諸外国の判例の動向と一致している[112]。多くの条文が改廃されたのは、刑法関連、特に無罪推定原則と挙証責任の転換をめぐるものが大半であり、香港の従来の刑法関連

第2章 香港における国際人権法の実施

規定が多くの挙証責任転換条項を持っていたことを表している。

次に、裁判所が香港人権条例の解釈にあたって、国連の両国際人権規約やヨーロッパ人権裁判所の判例といった国際人権法判例を取り入れる姿勢を示し、実際に、カナダ憲章で発展してきた要件を採用したことが特筆される。カナダ最高法院は挙証責任の転換と無罪推定の関係の探求において「イギリスのコモンウェルスにおいてもっとも積極的に活動している」といわれている113)。さらに、ヨーロッパ人権裁判所の判例がカナダ裁判所の判断に重要な指針を提供していることも指摘されている114)。自由権規約を香港人権条例という形で国内法化しただけにとどまらず、裁判所レベルでも解釈に国際人権法判例を取り込む積極的な姿勢は評価されよう。

ただし、香港人権条例の問題点として、香港人権条例による保障が効果的に及ばなかった分野が指摘できよう。香港人権条例7条は香港人権条例が政府と公的機関のみに適用されると規定している。これに従って、Tam Hing-yee v. Wu Tai-wai115)判決116)においては、私人間の紛争に対して香港人権条例が適用されないことが判示され、現在まで、私人間の紛争には香港人権条例の適用が排除されている。また、選挙区ごとのいわゆる「一票の重さ」の違いが争われたLee Miu-ling v. Attorney General117)判決も、問題となった職能別選挙区は、香港人権条例の対象とならないことを判示した118)。Byrnesは香港人権条例が成立した背景について次の三要素を指摘している。「(a) 香港人権条例は本質的に上（イギリス）から課されたものであり、その任務を負った香港政庁はそれを締結し履行する責任はあるものの理念や実行として香港人権条例に関わってこなかった。(b) 香港人権条例の内容は大部分、政治的考慮によって決定され、香港の人々への実質的な関心からではなかった。(c) 香港人権条例の認識は第一に1997年以後の人権侵害に対するもので、植民地行政の法と実行に対して特別の参照となるものではない119)。」このような背景をふまえて、自由権規約で保障される権利であっても香港において保障されないという「香港人権条例の立ち入り禁止区域」に「移民」と「選挙区」の分野を挙げている120)。ここから分かるように、香港人権条例採択は必ずしも、実質的な人権保障のためであったのではなく、今後も香港人権条例が形骸化してしまう危険性は大いにある121)。

最後に、中国との関係にふれたい。中国は、本章冒頭に述べたように、自由権規約を批准するかどうかの段階にとどまっている。香港はといえば、本章で検討

第1部　香港における人権保障の国際化

したように、自由権規約を国内法化した上で、さらに進んで裁判所も国際人権法判例を積極的に取り入れる姿勢を示している。こういった自由権規約に対する「香港経験」は、中国が自由権規約と向き合うときにそれに積極的にかかわるというやり方もあるというひとつの示唆とならないだろうか。

1) たとえば、Ejima, Akiko, "The Impact of the International Human Rights Treaties in Japan: Absence of the Ratification of the Optional Protocol of the International Covenant on Civil and Political Rights"『明治大学短期大学紀要』第61号、1997年3月、88頁。江橋崇「日本の裁判所と人権条約」『国際人権』第2号、1991年、22頁。伊藤正己「国際人権法と裁判所」『国際人権』第1号、1990年、9-10頁。伊藤和夫「国際人権規約関連判例の報告」『国際人権』第2号、1991年、30頁など。
2) Jayawickrama, Nihal, "The Bill of Rights", in Raymond Wacks ed., *Human Rights in Hong Kong* (Oxford: Oxford University Press, 1992), p.66.
3) 香港の立法機関が制定する法には、香港立法評議会によって制定される条例（Ordinance）、その他の授権機関によって制定される付属立法（Subordinate Legislation）がある。
4) 返還過渡期における中英間の対立は1992年のパッテン提案によって具体的に惹起された。したがって、1991年の香港人権条例の成立は「中英対立」期におけるものではないが、香港人権条例に関して、後の中英対立期に中英の論争がなされたことから、「中英対立」に影響を及ぼしたことは否定できない。パッテン提案について、谷垣真理子「パッテン提案」中野謙二、坂井臣之助、大橋英夫編著『香港返還――その軌跡と展望』大修館書店、1996年、42-50頁。天安門事件後のイギリスの対香港政策の変更について、中園和仁『香港返還交渉－民主化をめぐる攻防』国際書院、1998年、158-171頁。
5) Wesley-Smith, Peter, *Constitutional and Administrative Law in Hong Kong* (Hong Kong: Longman Asia, 1995), pp.42-49. Miners, Norman, *The Government and Politics of Hong Kong* (5th ed.)(Oxford: Oxford University Press, 1995), pp.54-61. 陳文敏『人権在香港』廣角鏡出版、1990年、214頁。
6) たとえば、英皇制誥7条1項は「総督は立法評議会の助言と同意の下で、植民地の平和的秩序および良好な統治のために立法を行う。」と規定している。
7) ただし、確かに法律面では多くの基本的人権を侵害する法律が制定されたものの、実際に1950年代、1960年代の香港居民がそれらを過酷なものとして捉えていたとは言い切れないだろう。
8) 陳文敏、前掲書、215頁。
9) 陳文敏、前掲書、215頁。
10) 1970年1月30日、香港について発効。

11) 1967年2月24日、香港について発効。
12) 1962年3月19日、香港について発効。
13) 1967年9月6日、香港について発効。
14) 1961年3月29日、香港について発効。
15) 1970年7月9日、香港について発効。
16) 1969年3月7日、香港について発効。
17) 1976年5月20日、香港について発効。
18) 1976年5月20日、香港について発効。
19) Jayawickrama, Nihal, "Hong Kong and the International Protection of Human Rights", in Raymond Wacks ed., *Human Rights in Hong Kong* (Oxford: Oxford University Press, 1992), p.123.
20) Jayawickrama, Nihal, "The Hong Kong Bill of Rights: A Critique", in Johannes Chan, Yash Ghai (eds), *The Hong Kong Bill of Rights: A Comparative Approach* (Hong Kong: Butterworths Asia, 1993), p.55.
21) 少年被告と少年犯に関する規定について、適当な収容施設がない中で、あるいは少年と成人を同時に収容するのが有益であるとき、自由権規約10条2項（b）と10条3項が規定する少年犯と成年犯の分別収容の規定を適用しない、との留保が付された。
22) 移動の自由に関する規定について、自由権規約12条1項が規定する一国を意味する文言は、イギリスの各構成国および海外属地ごとに別々のものとして解釈され、かつ12条4項の適用はイギリスの移民法に従って決定される、との留保が付された。
23) 強制出国について、外国人追放の決定に対する司法審査に際して弁護人の代理を得る権利が香港について適用されないとした。
24) 戦争宣伝および差別唱道の禁止に関する規定について、現時点以上の立法を行わずともよいと解釈され、海外属地に関しても同様であるとされた。
25) イギリスあるいはその海外属地に十分な関連を持つ児童に関する立法について、市民権の獲得をその時々に応じて保留しうる国籍法を制定する権力を保留できるものとし、したがって、自由権規約24条3項および自由権規約のほかの条項はそのような立法の対象となるとした。
26) 普通、平等、秘密選挙に関して規定する自由権規約25条（b）について、香港の行政評議会および立法評議会の選挙には適用されない、との留保が付された。
27) 特定の地域における労働者の就業の機会を保護するために出生地および居住地による制限を付与することが排除されないと解釈する権利を保留する、との留保が付された。
28) 男女労働者同一賃金に関する規定について、施行面における数々の問題のため、イギリスは目下、全面的な実施を確保できないとし、社会権規約7条（a）(i) の実施を延期する、との留保が付された。
29) 労働組合の連合または総連合を設立する権利を香港に適用しない、との留保が付された。

30) Jayawickrama, Nihal, "Hong Kong and the International Protection of Human Rights" in Raymond Wacks ed., *Human Rights in Hong Kong* (Oxford: Oxford University Press, 1992), pp.121-122. Jayawickrama, Nihal, "The Hong Kong Bill of Rights: A Critique" in Johannes Chan, Yash Ghai (eds), *The Hong Kong Bill of Rights: A Comparative Approach* (Hong Kong: Butterworths Asia, 1993), p.55.
31) 1986年1月14日にこれらの機能が更新されたときも、香港は除外された。更新の対象となったのは、アンギラ、バーミューダ、フォークランド諸島、南ジョージア＝南サンドイッチ諸島、ジブラルタル、セント・ヘレナ、タークス＝カイコス諸島である。
32) Byrnes, Andrew, "And Some Have Bills of Rights Thrust Upon Them: The Experience of Hong Kong's Bill of Rights" in P. Alston ed., *Promoting Human Rights Through Bill of Rights* (Oxford: Oxford University Press, 2000), p.328.
33) 陳文敏、前掲書、216頁。Dykes, Philip, "The Hong Kong Bill of Rights 1991: Its Origin, Content and Impact" in Johannes Chan, Yash Ghai (eds), *The Hong Kong Bill of Rights: A Comparative Approach* (Hong Kong: Butterworths Asia, 1993), pp.39-40.
34) 陳文敏、前掲書、216頁。
35) 陳文敏、前掲書、216頁。Dykes, Philip, op.cit., p.330. Swade, Richard, "One Territory-Three Systems? The Hong Kong Bill of Rights", *International and Comparative Law Quarterly*, vol 44, April, 1995, p.359.
36) Chan, Johannes, Yash Ghai, "A Comparative Perspective on the Bill of Rights" in Johannes Chan, Yash Ghai (eds), *The Hong Kong Bill of Rights: A Comparative Approach* (Hong Kong: Butterworths Asia, 1993), p.2.
37) Chan, Johannes, Yash Ghai, op.cit., p.2.
38) Byrnes, Andrew, op.cit., p.319.
39) Chan, Johannes, Yash Ghai, op.cit., p.4.
40) Byrnes, Andrew, op.cit., pp.329-330.
41) 中英共同声明は付属文書1において「香港に適用されている『市民的及び政治的権利に関する国際規約』と『経済的、社会的及び文化的権利に関する国際規約』は引き続き有効である。」と規定している。
42) Byrnes, Andrew, op.cit., p.320.
43) Chan, Johannes M. M., "Hong Kong's Bill of Rights: Its Reception and Contribution to International and Comparative Jurisprudence", *International and Comparative Law Quarterly*, vol.47, April, 1998, p.307.
44) たとえば、自由権規約12条2項が規定する「いかなる国も」去ることができる権利は、香港人権条例8条2項において「香港を去る」権利と修正されている。
45) 香港人権条例においても引き続いて実施されることとなった留保は、軍隊および留置されている者（自由権規約9条）、留置されている少年犯の取り扱い（10条）、移民関係法（11条）、居留権を持たない者（12条）、選挙による行政機関あるいは立法

機関（13条）である。

46) Ghai, Yash, "Compatibility of the Bill of Rights and the Basic Law" in George Edwards, Johannes Chan（eds）, *Hong Kong's Bill of Rights: Two Years Before 1997* (Hong Kong: The University of Hong Kong, Faculty of Law, 1995), p.131.

47) Chan, Johannes M. M., op.cit., p.307.

48) Byrnes, Andrew, op.cit., p.334.

49) Chan, Johannes, "The Hong Kong Bill of Rights 1991–1995: A Statistical Overview" in George Edward and Johannes Chan（eds）, *Hong Kong's Bill of Rights: Two Years Before 1997* (Hong Kong: The University of Hong Kong, Faculty of Law, 1995), p.21.

50) 香港人権条例3条に違反するため、無効とされた条文の地位についても、チャンが次の問題点を指摘している（Chan, Johannes, op.cit., pp.23-25）。①決定に拘束力を持たない下級法院によって香港人権条例に抵触するために廃止されることが判断された条文の地位が不安定である。さらに、異なる下級法院が香港人権条例に違反するかどうかについて異なった判断を下した場合にも、その条文の地位は控訴院の判決が出されるまで不安定である。②下級法院において香港人権条例に違反すると判断されても、上級法院がその決定に従う保障はなく、その条文も法令集に残されたままである。このような事例には、たとえば、*R v. Ming Pao Newspaper Ltd*, (1995) Mag, Case No ESS 10075-10078 of 1994, 16, Feb, 1995がある。この事例は被告（『明報』：香港の中国字新聞）が法院の許可あるいは合理的な理由なしに廉政公署（The Independent Commission Against Corruption：ICAC 汚職取締委員会、詳しくは注59を参照のこと）の査察状況について報道したため、賄賂防止条例30条に従って暴露の罪を科されたものである。下級法院の決定は控訴院で変更されうるという可能性を念頭にいれて、一方で原告側である香港政庁は、引き続き賄賂防止条例30条に違反するいかなるメディアをも訴追することを主張し、他方で法院が香港政庁の行為が法廷侮辱罪に当たると非難し、メディアが廉政公署の査察が行われていることやその詳細を明らかにできるかどうかについて躊躇するという事態が続いた。

51) (1993) 3 HKPLR 72, [1993] 1 AC 951

52) (1994) 4 HKPLR 375.

53) Chan, Johannes, op.cit., p.22.

54) 中共中央党校出版社、1997年、186-189頁。

55) さらに、国務院港澳事務弁公室主任は「香港人権法条文に保護されて『ある種のごろつき』が香港において安全な天国を見つけることになる」と発言していた。*South China Morning Post*, November 8, 1993

56) 以下、李昌道「香港『人権法』評論」『政治与法律』1995年第4期、30-33頁。

57) この条例は一年間「凍結」された条例の一つであり、廉政公署の権限を規定する条例の一つである。

58) 廉政公署の権限を規定する条例の一つである賄賂防止条例は、公務員の収賄罪を規定するにあたって、次のような挙証責任転換の規定を置いている。それは「いかなる

第 1 部　香港における人権保障の国際化

政府公務員も、合理的な説明ができないのに、任期期間中に給料以上の生活水準を維持しているかあるいは給料と不相応の財産を有するときは犯罪を構成する」との規定である。1994 年 12 月、前地政総署高級産業測量士許健康がこの生活水準と公務員の給料との不相応の罪で起訴されたが、地方法院はこの条文が香港人権条例 11 条 1 項に抵触するという理由で被告を釈放した。

59) 廉政公署はきわめて香港の実情に根ざした機関であるといえる。設立の背景には次のような事情がある。1960 年代から始まった香港の経済成長、産業の発展とあいまって、政府機関、特に警察を巻き込んだ汚職が香港で深刻な社会問題として浮上してきた。このような中で、1973 年、九竜地区総警司副総指揮ゴドバー（Godber）が賄賂防止条例違反で起訴されているにもかかわらず海外に逃亡したことに対し、新しく台頭しつつあった中産階級を中心とする香港居民の怒りが爆発し、数々の住民運動が展開される事態を招いた。これに対して香港政庁はイギリスから招いた Sir Alastair Blair Kerr による二回の報告書を元に、汚職取り締まりを主要な任務とする香港総督直属の廉政公署の設立を決定した。廉政公署の権限行使の法的根拠となるのが、賄賂防止条例、廉政公署条例、汚職および不法業務条例であり、廉政公署には汚職防止、取り締まりのための強大な権限が与えられた。たとえば、改正された賄賂防止条例は、特別調査権、資料獲得権、財産処理制限権、協力獲得権、旅行証書引渡し請求権、執行猶予および拘留要求権を廉政公署職員に与えている。これらの権限を根拠として、廉政公署職員は株式、購買状況、寄付、投資帳簿、金庫を授権範囲内で調査し、いかなる人にも調査に必要な資料の提供を要求することができ、さらに容疑者のパスポートを保管し、海外への逃亡を防ぐなどの活動を行ってきた。（李昌道、暁航『30 常用香港法例新解』三聯書店（香港）有限公司、1990 年、127 - 137 頁。程景民編著『香港廉政公署』中国書籍出版社、1999 年。）そして、1975 年 4 月に「世界で最も富裕な警察」と呼ばれたゴドバーを逮捕、法院が 4 年の実刑を言い渡したのを初めとして、設立から 1976 年までに平均して年 100 件以上の汚職事件を調査した。この結果、廉政公署に対する香港居民の信頼は厚く、早くも 1977 年の調査では、65.7％の調査対象者が政府は本格的に汚職反対運動に取り組んでいると回答した。廉政公署が香港の汚職を一掃した、とまではいえないが、その活動によって 1960 年代、1970 年代に香港政府機構の中に日常的に存在していた集団的な汚職は激減し、同時に香港市民の反汚職意識も高まったことが数多く指摘されている。（劉蜀永『簡明香港史』三聯書店（香港）有限公司、1998 年、312 - 317 頁。）

60) 前述した AG v. Lee Kwong-kut 判決を指している。

61) 返還以前の香港の議会にあたる。

62) 李昌道「香港『人権法』評論」『政治与法律』1995 年第 4 期、33 頁。

63) 香港基本法によって 1996 年に設置されることが予定されていた特別行政区準備委員会に先駆けて、1993 年に中国によって設立された委員会。パッテン総督が提案した民主化案に実質上対抗するために設置されたという背景を持つ。詳しくは、中園和仁、前掲書、139 - 205 頁。

64) 香港基本法160条は「香港特別行政区成立時に、香港の従来の法律は、全国人民代表大会常務委員会が本法と抵触すると宣言したものを除くほか、香港特別行政区の法律として採用される。」と規定している。したがって、全人代常務委員会は香港返還以前に返還後の香港法の範囲を決定する権限を持っており、その権限がこの決定によって行使された。
65) 香港人権条例によって、直接的にその執行機能に多大な影響を蒙ることとなった廉政公署や警察が猛烈に香港人権条例に反対したことはいうまでもない。
66) Sir Yang, Ti Liang, "Statement on the Hong Kong Bill of Rights Ordinance" in George Edwards, Johannes Chan (eds), *Hong Kong's Bill of Rights: Two Years Before 1997* (Hong Kong: The University of Hong Kong, Faculty of Law, 1995), pp.167-170 に収録。
67) このほかにも、香港人権条例に直面する自分自身を、「よく知らない、そしておそらく嵐であることが予想される大海にボートを漕ぎ出すようなものだ」と比喩した裁判官もいた。The Hon Justice Sir Cons, Derek, "The Hong Kong Bill of Rights: A Judicial Perspective" in Johannes Chan, Yash Ghai (eds), *The Hong Kong Bill of Rights: A Comparative Approach* (Hong Kong: Butterworths Asia, 1993), p.51.
68) Wesley-Smith, Peter, "Maintenance of the Bill of Rights" (1997) 27 H. K. L. J. 15-16. Ghai, Yash, "Compatibility of the Bill of Rights and the Basic Law" in George Edwards, Johannes Chan (eds), *Hong Kong's Bill of Rights: Two Years Before 1997* (Hong Kong: The University of Hong Kong, Faculty of Law, 1995), p.132. 陳文敏『人権在香港』廣角鏡出版社、1990年、227-229頁。
69) Wesley-Smith, Peter, op.cit., pp.15-16. Ghai, Yash, op.cit., p.132.
70) Ghai, Yash, op.cit., pp.135-136. 陳文敏『走在公義路上』進一歩多媒体有限公司、2000年、19-20頁。Attorney General's Chambers "Statement on the Bill of Rights Ordinance" November, 1995 (George Edwards, Johannes Chan (eds), op.cit., pp.171-181 に所収)。
71) Jayawickrama, Nihal, "The Hong Kong Bill of Rights: A Critique" in Johannes Chan, Yash Ghai (eds), *The Hong Kong Bill of Rights: A Comparative Approach* (Hong Kong: Butterworth Asia, 1993), p.66. Wesley-Smith, Peter, op.cit., pp.15-16. Attorney General's Chambers, op.cit., Roda Mushkat, *One Country, Two International Legal Personalities: The Case of Hong Kong* (Hong Kong: Hong Kong University Press, 1997), p.54. 陳文敏『人権在香港』廣角鏡出版社、1990年、224頁。
72) Attorney General's Chambers, op.cit., Ghai, Yash, op.cit., p.131.
73) 陳文敏、前掲書、228頁。
74) Attorney General's Chambers, op.cit..
75) 季衛東が香港人権条例制定をめぐる争いを「法律的技術と信義則をめぐる闘争(季衛東「返還後の香港における人権と法」土屋英雄編著『中国の人権と法――歴史、現在そして展望――』明石書店、1998年、312頁。)」と簡潔に表現している。
76) Mushkat, Roda, op.cit., p.180.

第 1 部　香港における人権保障の国際化

77) Chan, Johannes M. M., "Hong Kong's Bill of Rights: Its Reception of and Contribution to International and Comparative Jurisprudence", *International and Comparative Law Quarterly*, vol.47, April 1998, p.311.
78) (1991) 1 HKPLR 88
79) 香港の裁判制度においては三審制が採用されている。①下級法院には、マジストレート裁判所（Magistracies）、地方法院（District Court）およびいくつかの専門審判所があり、②最高法院には高等法院（High Court 香港返還後は第一審裁判所に名称変更）、および控訴院（Court of Appeal）、③そして最高審が英国枢密院司法委員会（Judicial Committee of the Privy Council）である。（返還後は香港内部に設置された終審法院がこれにかわった。）たとえば邦文の概説書として、西村幸次郎編『現代中国法講義』法律文化社、2001 年、216 – 217 頁。
80) (1993) 3 HKPLR 72, [1993] 1 AC 951.
81) *R v. Sin Yau-ming* (1991) 1 HKPLR 88, at 107.
82) *R v. Sin Yau-ming* (1991) 1 HKPLR 88, at 107.
83) [1980] AC 319.
84) *AG v. Lee Kwong-kut* (1993) 3 HKPLR 72 at 100.
85) Chan, Johannes M. M., op.cit., p.314
86) (1996) 6 HKPLR 313.
87) (1995) 5 HKPLR 261.
88) *R v. Town Planning Board, ex parte Kwan Kong Company* (1995) 5 HKPLR 261, at 300.
89) *R v. Town Planning Board, ex parte Kwan Kong Company* (1995) 5 HKPLR 261, at 316.
90) Mushkat, Roda, op.cit., p.183.
91) Byrnes, Andrew, op.cit., p.356.
92) Byrnes, Andrew, op.cit., p.354.
93) Byrnes, Andrew, op.cit., p,355. Roda Mushkut, op.cit., pp.184-185.
94) Byrnes, Andrew, op.cit., pp.354-355.
95) たとえば、立法評議会議員の直接選挙導入など。
96) 以下、Chan, Johannes M. M., "The Hong Kong Bill of Rights 1991-1995: A Statistical Overview" in George Edwards, Johannes Chan (eds), *Hong Kong's Bill of Rights: Two Years Before 1997* (Hong Kong: The University of Hong Kong, Faculty of Law, 1995), pp.7-76 より。
97) Chan, Johannes M. M., op.cit., p.26.
98) Chan, Johannes M. M., op.cit., p.27.
99) 陳文敏、『走在公義路上』進一歩多媒体有限公司、2000 年、48 頁。
100) *R v. Oakes* [1986] 1 SCR 103「この事例は麻薬取締法における挙証責任の転換の合憲性が争われたものであるが、これ以降、Oakes を基準として『憲章』第 1 条解釈の代名詞として引用されることになった。」中井伊都子「カナダの裁判所における人権条約の役割」『国際人権』第 11 号、2000 年、33 頁、注 17。

101) [1986] 1 SCR 103, 26 ; DLR（4th）200, 24 ;CCC（3rd）321.
102) （1994）4 HKPLR 375.
103) [1996] HKCA 342.
104) 本件は本章第2節2の李昌道の指摘にも引用された廉政公署の汚職摘発に関する判決である。李昌道の批判当時、容疑者許（Hui）は、地方法院で無罪となっていたが、控訴院で判決が逆転した。簡潔な記述だが、経緯について、"Hui's Five Year Legal Battle Ends in Prison", *South China Morning Post*, 18 October, 1995.
105) （1995）CA
106) Bruce, Andrew, "The Bill of Rights and the Criminal Law: Recent Developments" in George Edwards, Johannes Chan（eds）, *Hong Kong's Bill of Rights: Two Years Before 1997* （Hong Kong: The University of Hong Kong, Faculty of Law, 1995）, p.77.
107) Ghai, Yash, "Compatibility of the Bill of Rights and the Basic Law" in George Edwards, Johannes Chan（eds）, *Hong Kong's Bill of Rights: Two Years Before 1997* （Hong Kong: The University of Hong Kong, Faculty of Law, 1995）, p.137.
108) Chan, Johannes, *The Rule of Law and Access to Court: Some Thoughts on Judicial Review in Hong Kong* （Hong Kong: The University of Hong Kong, 1996）, p.2.
109) Chan, Johannes, op.cit., p.2.
110) 香港返還直後から、香港基本法は積極的に訴訟の対象となっている。そのような香港基本法訴訟はきわめて敏感な問題を含んだ。たとえば、第6章において取り上げた、香港居民が中国で設けた子どもに香港居留権が与えられるかどうかが争われたいわゆる居留権事件では、香港基本法の解釈権を全人代常委会がどのように、どういった範囲で行使できるのかについて、「一国二制度」や「高度の自治」とからめた議論にまで展開した。
111) ただし、この点に関して次の二つの最近の動きが香港人権条例訴訟の再活性化を促す可能性を持つものと考えられる。第一に、イギリス本国における人権法の制定である（詳しくは注121参照）。第二に、国家安全条例（National Security Ordinance、いわゆる香港基本法23条立法）採択の動向である。2003年7月に、董建華香港特別行政区行政長官は、国家安全条例草案の立法会提出を延期し、条例の成立は見送られた。しかし、現在の形で本条例草案が近い将来に採択されることとなると、民主派や法学者からの根強い批判を背景に、国家安全条例と関連して香港人権条例関連訴訟が数多く提起されることが予想される。
112) Ghai, Yash, op.cit., p.146.
113) Ma, Lilian Y. Y., "Corruption Offences in Hong Kong: Reverse Onus Clauses and the Bill of Rights"（1991）21 H.K.L.J. 302-303.
114) 中井伊都子、前掲論文、30頁。
115) [1992] 1 HKPLR 185.
116) この事件は、1992年に新界（香港の一地域）の原居民である物故した父親が所有していた不動産の相続を中国慣習法に照らして否定された数人の女性が、当時の新界

第1部　香港における人権保障の国際化

条例13条は香港人権条例に違反するとして、訴を提起すべく法律扶助を申請したものである。新界条例13条は「新界の土地に関連する高等法院あるいは地方法院の手続において、法院は、その土地に影響する中国の慣習あるいは慣習的権利を認識しまたは執行する権力を持つ。」と規定している。結局、原告らの申請は、事件が私人間の紛争を含み、そして控訴院まで到達する現実的な可能性がないことを主な理由として棄却された。(Chan, Johannes, "The Hong Kong Bill of Rights 1991-1995: A Statistical Overview" in George Edwards, Johannes Chan(eds), *Hong Kong's Bill of Rights: Two Years Before 1997* (Hong Kong: The University of Hong Kong, Faculty of Law, 1995), pp.10-11)。ちなみに、新界において男子のみに土地を相続させるという土地相続に関する中国慣習法の適用は、1995年に香港立法評議会で「新界土地（免除）条例」が採択されたことで廃止されることになった。陳弘毅、陳文敏、李雪、鐘建華、李亞虹編『香港法概論』三聯書店（香港）有限公司、1999年、13頁。なお、新界の中国慣習法について、中生勝美「植民地の法人類学 ── 香港法文化の形成 ── 」沢田ゆかり編『植民地香港の構造変化』アジア経済研究所、1997年、65‐89頁。

117)（1995）HCt, MP No 1696 of 1994, 21 April 1995.（1995）CA, Civ App No 145 of 1995, 24 November 1995.

118) Lee Miu-ling 判決高等法院判決については、Li QC, Gladys, "The Right to Vote and to be Elected: Through the Looking-Glass" in George Edwards, Johannes Chan(eds), *Hong Kong's Bill of Rights: Two Years Before 1997* (Hong Kong: The University of Hong Kong, Faculty of Law, 1995), pp.109-123.

119) Byrnes, Andrew, op.cit., p59.

120) Byrnes, Andrew, "Concluding Remarks" in George Edwards, Johannes Chan(eds), *Hong Kong's Bill of Rights: Two Years Before 1997* (Hong Kong: The University of Hong Kong, Faculty of Law, 1995), pp.151-154.

121) もっとも、これに逆行する流れとしてイギリスにおける人権法（UK Human Rights Act 1998）の施行をあげることができよう。本文中でも指摘したように、これまで香港の法院はイギリスの判例に過度に依存してきた。このような慣行に照らすと、イギリスにおける人権法判例が増加するとともに、香港法院もこれらに従わざるを得ない状況は起こりうるし、イギリス人権法が扱う分野の拡大に伴い、香港人権法が適用される分野もまた拡大されることが予測できる。ただし、現時点では、イギリスにおける人権法判例は実際に香港の人権法訴訟の発展に顕著な影響を及ぼすには至っておらず、将来の香港における人権法判例発展に対する一つの可能性としてとどまっている。

第3章　返還後における香港人権条例の発展過程についての一考察

はじめに

「一国二制度」の下、香港法においては、香港特別行政区基本法（以下、香港基本法）に「憲法」の機能をもたせながら、イギリス植民地時代に構築されたコモン・ローが維持されている。この香港基本法の解釈において、香港法院は、中国法よりむしろ国際人権法・比較法を積極的に受容し、判例法を確立してきた[1]。つまり、返還以降、中国法からの影響が限定的である一方[2]、香港法院は、具体的な訴訟の解決にあたり、国際人権法・比較法に依拠し判断を下す傾向が強くなっている。

次の3種の要因が、上記の傾向を可能にしている。第一に、公法分野におけるヨーロッパ大陸法の法概念のコモン・ローへの影響・導入である。特に、イギリス法の遺産を受け継ぐ香港では、現在もイギリス法からの影響を受けざるを得ない[3]。イギリスでは1972年のヨーロッパ共同体に関する法律（European Communities Act 1972）およびヨーロッパ人権条約（European Convention on Human Rights）を国内法化した1998年のイギリス人権法（Human Rights Act 1998）の制定により、公法分野においてヨーロッパ大陸法の影響を受け入れざるをえなくなった。このイギリスの変化を通じて香港法にも、人権保障の分野において、新たな法概念がもたらされた[4]。メーソン卿（Sir Anthony Mason）によると、「香港の観点から、この影響は成果の大きいものである。というのも、それは、ヨーロッパ人権裁判所の決定よりもより詳細な理由付けがなされる傾向にあるイギリスの判例を通じて、ヨーロッパ人権裁判所の判例を香港法院が利用可能としたからである[5]」。このように、イギリスの判例は香港基本法と香港人権条項の解釈にあたって価値ある法律的資源となっている。

第1部　香港における人権保障の国際化

　第二に、香港域内の要因を示せば、香港権利章典条例（Hong Kong Bill of Rights Ordinance 以下、香港人権条例）による国連自由権規約の国内法化がある。香港においては、旧宗主国イギリスによって自由権規約および社会権規約が適用されていたものの、両規約の国内法化はなされてこなかった[6]。香港はイギリスと同様、国際条約の国内適用にあたっては、二元論の立場をとるため、条約は国内法化されないかぎり、域内での裁判規範とならない。しかし、1991年になって、自由権規約が国内法化され、しかも植民地時代の憲法である英皇制誥（Letters Patent）改正によって憲法と同等の効力を持つ、つまり憲法の人権規定を担う役割を持つこととなった。自由権規約を国内法化した香港人権条例を基軸として、同じく自由権規約をほぼ同様の規定を有するヨーロッパ人権条約から発展し、国際人権法の一端を担うようになった[7]その豊富な裁判例を、香港法は受容できることとなった。

　第三に、香港返還以降の香港域内の要因として、香港に初めて、詳細な人権規定を有する憲法が、香港基本法として誕生したことがある。香港に憲法上保障される詳細な人権規定が登場したことは、香港基本法が香港法院に違憲審査権を付与している[8]ことと相俟って、香港における活発な人権関連訴訟を生み出した。チャンが指摘するように、「1997年に香港基本法が効力を発生して以来、司法審査によって立法および行政の行為が審査される根拠が実質的に広げられた[9]」。かつ、この法分野においては、参照しうる中国の判例がほぼ皆無であることは、コモン・ローの伝統・遺産と相俟って、香港法院をしてコモン・ローを経由した国際人権法・比較法への積極的な受容へと向かわせた。

　本章は上記の理解に基いて考察するが、主として第二の論点に焦点をあてる。つまり、返還後香港における人権保障を、自由権規約を香港の国内法化した香港人権条例の返還以降の解釈および発展過程に焦点を当てる。検討にあたっては、返還後の香港法院の判例、主に香港終審法院[10]の判例を対象とする。

　次に、本書第1部の各章との関連で、本章の位置付けを示す。筆者は第2章において、香港人権条例の影響を次の2点より検討した。第一に、香港人権条例採択をめぐる中国とイギリスの対立であり、香港人権条例の成立が返還過渡期の中英対立に及ぼした影響である。第二に、香港法にもたらした実質的な影響として、次の2点を検討した。まず、香港人権条例違反を理由とした香港の既存法の大幅な改廃であり、次に香港人権条例の解釈にあたって、国際人権法判例が積極的に

第 3 章　返還後における香港人権条例の発展過程についての一考察

取り入れられたことである。

　考察結果は以下の通りである。香港人権条例によって改廃された香港法の多くは、返還時に全国人民代表大会（以下、全人代）の決定によりその改廃が無効とされ、香港人権条例の基幹的な条文は廃止された[11]。香港人権条例の解釈において、当初、香港法院により積極的に国際人権法判例を取り入れることが示されたが、後にイギリス枢密院司法委員会によりこの姿勢は否定された[12]。

　上述の先行研究をもとに、本章では新たに次の検討を行う。第一に、返還以降の香港人権条例の香港法における位置付けを判例から確認する。第二に、返還以降の香港人権条例の解釈および適用の発展過程を検討する。上記二点を検討するにあたっては、これまで国際人権法の基準に合致した判断を出してきた終審法院の豊富な判例を検討対象とする[13]。

　本論の検討に先立って、香港基本法における人権保障の枠組みを述べておく。香港基本法は、「一国二制度」、「高度の自治」および「港人治港」の概念を法律の形式で具体化している。香港基本法第 3 章「香港居民の基本的権利および義務」が基本的人権について規定しており、そこには、以下の権利が含まれる。まず、一般的に多くの憲法の人権規定で保障されている権利として、法の下の平等（25 条）、選挙権・被選挙権（26 条）、言論・報道・出版・結社・集会・行進・デモの自由、労働組合を組織、参加し、ストライキを行う権利と自由（27 条）、人身の自由、生命に対する権利、残虐な刑の禁止（28 条）、通信の自由および通信の秘密（30 条）、居住、移転および出入境の自由（31 条）、信仰の自由（32 条）、職業選択の自由（33 条）、文化活動の自由（34 条）、公正な裁判を受ける権利（35 条）、社会福祉を享受する権利（36 条）、婚姻の自由および出産の権利（37 条）、法律に基づいて保障されるその他の権利と自由（38 条）、法律を順守する義務（42 条）がある。

　さらに、香港に特徴的な権利としては、以下の権利を挙げることができる。香港居留権（24 条）、自由権規約、社会権規約および国際労働条約の継続適用（39 条）、新界住民の伝統的権益の保護（40 条）、香港居民以外の人びとの権利と自由（41 条）である。

115

第1部　香港における人権保障の国際化

第1節　香港人権条例の発展過程

(1)　香港人権条例

　イギリスに代表されるコモン・ロー適用諸国においては、一般的に国際人権法に対し変形方式を採用し、人権条約は国内法への変形を経なければ条約は国内的効力をもたない。香港人権条例は、香港に適用されている自由権規約を国内法化することを目的とした（香港人権条例2条3項）。香港人権条例の内容は自由権規約の文言にほぼ忠実に沿っている。

　香港人権条例は三部から構成されている。第一部序（Preliminary）の特徴的な条文は、3条、4条である。3条は既存の法に対する香港人権条例の効力について、既存の法が香港人権条例に一致するように解釈されねばならないこと（1項）、および香港人権条例に抵触する条文が廃止されること（2項）を定める。4条は香港人権条例成立以後に制定された法律について、香港人権条例と一致するように解釈がなされねばならないとする。

　加えて、香港人権条例成立と同時になされた英皇制誥改正では、香港人権条例成立以後に自由権規約に反する法律が採択されてはならないことが規定された。したがって、英皇制誥7条5項の改正とともに香港人権条例を解釈すると、従来のおよび将来制定される香港法は香港人権条例を通じて香港に適用される自由権規約に抵触できず、既存の香港法がそれに抵触する場合は香港人権条例3条2項によって、そして、将来の法の場合には、英皇制誥7条5項によって廃止されることが分かる。（【図1】参照。）

　第二部香港権利章典（The Hong Kong Bill of Rights）は自由権規約第三部とほぼ同様の内容となっており、用語の修正は、香港の状況をより正確に反映させるものにとどまっており、権利の実体的な内容の変更には及んでいない。第二部で規定される権利は、【表1】の通りである。

　第三部の例外と留保（Exception and Savings）は、二部に分かれている。第一に、9条から13条は香港人権条例適用の例外について規定している。香港人権条例はイギリスが自由権規約を香港に適用する際に付した留保を踏襲しており、これらの権利の適用は保留される。第二に、14条「凍結条項」である。14条は香港人権条例に抵触する可能性があり、かつ社会的に影響力の大きい6つの条例に対

第3章　返還後における香港人権条例の発展過程についての一考察

【図1】香港人権条例の特別保障

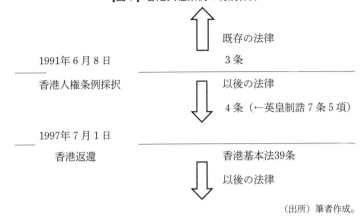

（出所）筆者作成。

【表1】香港人権条例第2部および香港基本法第3章人権規定対照表

香港人権条例第2部		香港基本法第3章	
差別の禁止	1条1項		
男女平等の権利	1条2項		
生命に対する権利	2条	生命に対する権利	28条
拷問または残虐な刑の禁止	3条	残虐な刑の禁止	28条
奴隷及び強制労働の禁止	4条		
身体の自由及び逮捕又は抑留の手続	5条		
自由を奪われた者及び被告人の取扱い	6条		
契約義務不履行による拘禁	7条		
移動及び居住の自由	8条	移住、移転の自由	31条
外国人の追放	9条		
公正な裁判を受ける権利	10条	公正な裁判を受ける権利	35条
有罪判決を決定された人の権利	11条		
遡及処罰の禁止	12条		
人として認められる権利	13条		
干渉又は攻撃に対する保護	14条		

117

第 1 部　香港における人権保障の国際化

思想、良心及び宗教の自由	15 条	信仰の自由	32 条
表現の自由	16 条	言論の自由	27 条
集会の権利	17 条	集会の権利	27 条
結社の自由	18 条	結社の自由	27 条
家族に対する保護	19 条		
児童の権利	20 条		
政治に参加する権利	21 条	選挙権・被選挙権	26 条
法律の前の平等	22 条	法の下の平等	25 条
少数者の権利	23 条		
		香港居留権	24 条
		出入境の自由	31 条
		報道・出版の自由	27 条
		行進・デモの自由	27 条
		労働組合を組織、参加し、ストライキを行う権利と自由	27 条
		人身の自由	28 条
		職業選択の自由	33 条
		通信の自由および通信の秘密	30 条
		文化活動の自由	34 条
		社会福祉を享受する権利	36 条
		婚姻の自由および出産の権利	37 条
		法律に基づいて保障されるその他の権利と自由	38 条
		自由権規約、社会権規約および国際労働条約の継続適用	39 条
		新界住民の伝統的権益の保護	40 条
		香港居民以外の者の権利と自由	41 条
		法律を順守する義務	42 条

（出所）筆者作成。

第3章　返還後における香港人権条例の発展過程についての一考察

して、香港人権条例による審査を一年間「凍結」することを規定している。

(2)　香港人権条例の解釈

　香港法院において、香港人権条例は、初期は情熱的に、そして数年後からは冷ややかに受け止められた。その区分は、後述するように、①香港人権条例を通して国際人権法を香港に導入することに熱心であった香港人権条例採択（1991年6月）から1993年5月までの第一期、②「現実主義」、「常識」および政策形成における目標が重視された1993年5月以降から香港返還までの第二期である。①の時期において、香港人権条例の解釈を設定したのは、Sin Yau-ming[14]控訴院判決であり、②の時期を開いたのが、イギリス枢密院司法委員会 Lee Kwong-kut[15]判決である[16]。

　Sin Yau-ming 判決では、控訴院の Silke 裁判官は以下のように述べて、香港人権条例解釈の原則を確立した。「香港人権条例の解釈基準は自由権規約によって提供されたものである。我々はもはや、制定法の解釈という通常のやり方、ましてやコモン・ローに導かれるものではない。我々は香港人権条例を解釈するにあたり、自由権規約の目的を考慮して、自由権規約が規定するものに『完全な認識と効果』を与えねばならない。ここから、まったく新しい法的アプローチが発生する[17]。」

　上記の「まったく新しい法的アプローチ」は、香港法院が香港人権条例の解釈基準として国際人権法判例を用いることを許容した。Silke 裁判官は次のように述べている。「（香港人権条例解釈における）多くの指針は、憲法に統合された人権法を持つコモン・ロー適用地区の判例から得られる。つまりそれは、憲法に統合された人権法（とくにカナダとアメリカのもの）、自由権規約における人権委員会の決定と一般的な指示、自由権規約の選択議定書そしてヨーロッパ人権条約の裁判例を指す。これらのいずれもが拘束力がないにもかかわらず、これらが自由権規約の解釈を行う限りにおいて、そして直接的に香港の法と関連する限りにおいて、これらが示す論拠は有力な基準であり、かなりの重きをあたえられねばならない[18]」。

　しかし、このような国際人権法を解釈基準として香港法に新たに取り込もうとする流れは、長くは続かなかった。Lee Kwong-kut 枢密院司法委員会判決では、国際人権法判例が香港法の解釈の指針となるとき、制限を受けるべきことが明らかにされた。枢密院司法委員会は、次のような制限があるとした。「香港司法が

香港人権条例のもとで、個人の権利を維持するのに熱心であらねばならない反面、香港人権条例に関する議論は範囲を超えることが許されないことを保障する必要がある。香港人権条例に含まれる問題は現実主義と常識によってアプローチされねばならず、バランスが保たれねばならない。これがなされないのなら、香港人権条例は、正義というよりも不正義の源泉となり、公衆の面前で貶められる。個人の人権と社会全体のバランスを保つために、厳格で融通性のない基準が、社会が深刻な犯罪を扱う場合に直面する困難な問題を解決するという立法の試みに課されてはならない。政策の問題は、第一次的に立法の責任であることが思い起こされねばならない19)」。

　枢密院におけるこのような国際人権法を解釈基準として香港に適用することへの懐疑的態度は、コモン・ローが、そして、コモン・ローのみが、イギリスひいては香港における基本的人権を保護するのに十分である、との当時のイギリスで支配的な立場を反映したものである。枢密院司法委員会の Lee Kwong-kut 判決は、香港法院が香港人権条例訴訟を扱う際の絶対的な指標となり、後の香港法院の判例はこの枢密院司法委員会判例に従った。以後、返還まで、香港人権条例訴訟はひとまず沈静化した。

第2節　香港返還以降の香港人権条例の発展

1　香港人権条例の位置付け

　香港人権条例に対し中国側は返還時に、その大幅な改廃を行ったことは前述した。さらに、イギリス枢密院司法委員会も、香港人権条例の解釈基準としての国際人権法判例の導入に懐疑的態度を示し、香港人権条例制定後数年で香港人権条例訴訟は一段落したかのような状況が出現した。さらに、自由権規約の継続適用を規定する香港基本法 39 条は、自由権規約を国内法化した香港人権条例について触れていない。では、香港返還後、香港法院は香港人権条例をどのように位置づけてきたのか。返還後の判例から検討していく。

　まず、香港人権条例は自由権規約を香港法に効果的に編入するものであると捉えられている。国旗破損事件として知られる Ng Kung Siu20) 終審法院判決は、「香港人権条例（香港法例第 383 章）は、事実上自由権規約の条文の香港法への編入を提供するものである。21)」とする。この事件は返還後間もない 1998 年元旦

第3章　返還後における香港人権条例の発展過程についての一考察

に中国愛国民主主義運動を支える香港同盟が主催したデモにおいて、被告人らが故意に汚された中国国旗および香港区旗を振りかざしながら参加し、デモ終了時には、この2つの旗を香港政府ビル前の手すりに結び付けたことから、国旗条例7条および区旗条例7条違反として、起訴された事件である。

次に、香港政府不動産部門の主任であった Shum Kwok Sher が、親族が経営し株式を保有する会社を不当に政府契約の当事者としたことで公共の利益を侵害したとして起訴された事件である Shum Kwok Sher[22]終審法院判決がある。終審法院は、「香港人権条例は、香港に適用される自由権規約の条文の香港法への編入を支えている。編入された条文は条例第2部の香港権利章典に含まれる。……したがって、香港権利章典の条文は、香港に適用される自由権規約の具体化である」[23]とする。

さらに、ネパール人退役グルカ兵の Burung Kesh Bahadur が香港滞在許可申請却下および香港出境命令の取消を求めて司法審査を求めた Gurung Kesh Bahadur[24]終審法院判決[25]も「香港に適用される『市民的及び政治的権利に関する国際規約（自由権規約）』の条文は、香港権利章典を含む香港人権条例（香港法例第383章）を通じて実施される。その条例は香港に適用される自由権規約をわれわれの法律に編入する効力を持つ」[26]とする。ネパール人退役グルカ兵 Bahadur は香港居留権を有する妻の配偶者の身分で、香港滞在許可を得ていた。この滞在許可は数回延長され、最後の滞在許可は1999年1月に失効した。Bahadur は香港で経済的成功をおさめ2つ会社を所有していた。Bahadur は1997年にネパールに7日間の旅行をした。香港移民条例によると、この香港出境により Bahadur の滞在許可は自動的に失効したため、Bahadur が香港に再入境する際、滞在許可申請が、以下の理由から却下された。一つは配偶者の地位を得るための偽装結婚であり、二つは移民コンサルタントを営むにあたっての不法手段であった。また1992年と1994年の香港入境の際、偽名と偽生年月日を用いていたことから、起訴された。この起訴事件については無罪となったものの、香港移民局は Bahadur に出境命令を下した。これに対し、2000年に Bahadur が滞在許可申請却下と出国命令の取消を求めて司法審査を提起したのが、本件であった。

さらに、公共秩序条例事件として知られる Leung Kwok Hung[27]終審法院判決は、「香港基本法39条によって香港人権条例（香港法例第383章）は、香港に適用される『市民的及び政治的権利に関する国際規約（自由権規約）』を香港法に編入

している」[28)]と、香港人権条例の地位を確認している。この事件は政治活動家・香港立法会議員の Leung Kwok-hung（梁國雄）らが主催したデモが、公共秩序条例が規定する「許可されない集会」にあたるとして起訴された事件である。公共秩序条例は、事前告知制度を設け、デモの企画者に、事前に警察に告知することを義務付けていた。また、警察は、デモに「公共秩序（public order, ordre public）」の観点から禁止あるいは制限を付すことができた。このデモの事前告知制度に関しては返還以前から長らく政治の場で争われてきた。梁國雄は、長年政治分野で活動していても達成できなかった事前告知制度という争点を香港基本法訴訟に持ち込むことによって解決した。

このように、返還後人権が争われた代表的な終審法院判決を振り返ると、自由権規約を国内法化させるという香港人権条例の位置付けは、返還後も継続している。

2　香港人権条例の解釈

香港人権条例の解釈において、国際人権法を考慮に入れなければならないとした Sin Yau Ming[29)]控訴院判決の意義は、返還後も失われていない。これを確認する判例が続いている。

前述した Shum Kwok Sher[30)]終審法院判決では、「香港基本法第 3 章の条文および香港権利章典の条文を解釈するにおいて、法院は、自由権規約と同じあるいは実質的に同じ条文に関する国際的・国内的裁判所、審判所の決定、そのほかの国際的文書および地域的憲法と同様に、確立された国際的な司法管轄の原則を適切に考慮することを配慮しなければならない[31)]」と指摘された。このように、返還後も香港基本法 39 条と香港人権条例の解釈にあたっては、法院は、確立された国際人権法の原則、自由権規約と同様の条文に関して出された国際的・国内的裁判所、審判所の決定、その他の国際的文書および地域的憲法を考慮に入れなければならないことが示された。Petersen が指摘するように、Sin Yau-ming[32)]控訴院判決の解釈に関する一般的原則は返還後も有効である[33)]。

同時に、香港人権条例の解釈の指針として国際人権法を利用する際に、法院が注意すべき点は、いわゆる香港居留権事件の一つである Chong Fung Yuen[34)]終審法院判決において、以下の点が指摘された。第一に、条文の文言の実際的な意味は司法管轄の間で不可避的に異なること、第二に、諸外国はそれぞれ置かれてい

第 3 章　返還後における香港人権条例の発展過程についての一考察

る状況が異なり、それらの決定はそれらの国々の背景、歴史および文化とともに理解されるべきで、法院は香港の文脈における当該問題を見失ってはならないこと35)。この事件は、中国大陸に居住する中国人の両親から香港で出生した Chong Fung Yuen（荘豊源）が香港基本法 24 条の規定する香港居留権を持つことを主張した事件である。Chong は父母が中国大陸から「双程証36)」をもって香港の親族を訪問していた期間に出生した。その後、両親は「双程証」に規定されている許可された滞在期間が切れたため中国大陸に帰った。しかし、Chong はすでに香港居留権を得ていた父方の祖父の下に残り、香港基本法 24 条に依拠して香港居留権が付与されるべきだと主張したものである。終審法院判決は Chong の香港居留権を認めた。ちなみに、Chong Fung Yuen 終審法院判決以降、香港における中国大陸出身者の出産が相次ぎ、社会問題となっている。

香港人権条例の解釈方法においては、目的的および一般的解釈が行われるべきこととされた。この点も、Sin Yau Ming 判決を確認している。前述した Shum Kwok Sher37)終審法院判決では、「香港特別行政区の居民の基本的権利と義務を規定する香港基本法第 3 章の一部である 39 条には目的的および一般的解釈がなされることが確立している（*Ng Ka Ling v. Director of Immigration* (1999) 2 HKCFAR 4 at 28D-29A, per Li CJ）。同様のアプローチが、香港特別行政区の居民の基本的権利と義務を保障することを目的とする香港権利章典の条文にも採用される38)」とされた39)。

3　権利の制限

香港人権条例の権利の制限が許される場合について、判例は次の基準を作り出してきた。

まず、香港人権条例と香港基本法によって、返還後の香港には 3 種類の人権保障類型がある。第一に、香港人権条例と香港基本法の双方が保障している権利、第二に香港人権条例のみが保障している権利、第三に、香港基本法のみが保障している権利である。そして上記の権利への制限に対し差異を設けるというものである40)。

これに対し、Young41)が、香港基本法に規定されるすべての権利は、それらと香港人権条例と同じ権利が存在するかどうかにかかわらず、それらの条文ごとに独自の解釈によって制限のあり方が定められるべきであると主張するなど、学説

的批判がある[42]。しかし Gurung Kesh Bahadur[43] 終審法院判決は、以下のような基準を設けた。

　第一および第二の権利について、以下の二要件に合致しない限り、制限は許されない。まず、これらの権利は法律によって規定されない限り制限が許されない。次に、制限が法律で規定されていたとしても、それらは香港に適用されている自由権規約に違反してはならない。このようにして、香港に適用されている自由権規約の権利の制限については、香港人権条例および香港基本法 39 条 2 項に従わねばならない[44]。

　第三の権利については、制限が許されるかどうかは、問題となっている権利の性質・主題に依拠する。Gurung Kesh Bahadur 終審法院判決は「香港基本法のみが保障する権利が制限されているのかどうかをまず検討する。そうであるなら、制限が許容されるかどうかを判断する基準は、問題となる権利の性質および主題に依拠する。これが香港基本法の適切な解釈である[45]」とした。

おわりに

　本章においては、返還後香港における人権保障を、自由権規約を香港の国内法化した香港人権条例の返還以降の位置付け、解釈および適用における発展過程から明らかにした。

　最後に、他章との関連および今後の課題として、以下の 3 点を挙げたい。まず、本章では、香港基本法 39 条の解釈・適用において、香港法院は国際人権法を解釈基準として積極的に用いてきたことに触れたが、そのうち、特にヨーロッパ人権裁判所において発展してきた理論について、イギリスへの影響を踏まえながら、第 4 章において論考を進める。

　次に、上述した国際人権法の援用を許し、香港基本法第 3 章および香港基本法 39 条の解釈を発展させた要因の一つとして、香港における法院制度および外国籍裁判官[46]の存在に着目する。香港の法院制度のイギリス裁判所制度との類似性および外国籍裁判官の役割について、第 1 章において検討を行う。

　最後に、本章は香港法に限定し分析を進めてきたが、今後は地域的な範囲を広げ、香港をコモン・ロー適用地域のなかの一地域としてとらえ、国際人権法の受容に対する司法の姿勢の比較を試みる。具体的には、コモン・ロー適用地域のな

第 3 章　返還後における香港人権条例の発展過程についての一考察

かで国際人権法の受容に最も先進的な姿勢をとるとされるカナダ47)、および地域独自の政治的・文化的・社会的文脈により国際人権法の受容には一線を画そうとしているカリブ諸国48)をそれぞれ扱い、香港との比較を試みたい。

1 ）たとえば、Sir Mason, Anthony, "The Place of Comparative Law in Developing the Jurisprudence on the Rule of Law and Human Rights in Hong Kong" (2007) 37 H.K.L.J., 299. Chan, Johannes S.C.,"Basic Law and Constitutional Review: The First Decade" (2007) 37 H.K.L.J. 407.
2 ）Chen（陳弘毅、香港大学法学部教授）によると、「返還後10年あまり、香港と中国の法制度の連携は弱く緩いままだった。香港と中国の司法共助は、とりわけ香港とコモン・ロー適用地区との間のそれに比べて低調なままである。これは、互いの法制度間の巨大な差異および犯罪者引渡や亡命者引渡という司法共助が含む問題の政治的敏感さに由来している。」(Chen, Albert H. Y., "The Rule of Law under "One Country, Two Systems": The Case of Hong Kong 1997-2010" (2011) 6 *National Taiwan University Law Review*, 293.)
3 ）メーソン卿（香港終審法院非常任裁判官、前オーストラリア高等法院首席裁判官）が指摘するように、「香港法はイギリス法をモデルとした判例法と制定法から構成され、香港基本法 8 条は従来の法制度の維持を規定し、イギリス法との関連を憲法上保障している。」Sir Mason, Anthony, op.cit., p.307.
4 ）Sir Mason, Anthony, op.cit., p.308.
5 ）Sir Mason, Anthony, op.cit., p.307.
6 ）Jayawickrama, Nihal, "The Bill of Rights", in Raymond Wacks ed., *Human Rights in Hong Kong*, (Oxford: Oxford University Press, 1992), p.66.
7 ）Sir Mason, Anthony, op.cit., p.302.
8 ）香港基本法 11 条、19 条は、香港法院の違憲審査権を規定する。香港法院も自らが違憲審査権を持つこと確認している。(*Ng Ka Ling v. Director of Immigration* ［1999］1 HKLRD 315.) 終審法院は、次のように述べた。「香港基本法が付与する司法権を行使するとき、香港特別行政区の法院は香港基本法を執行し、解釈する責任を持つ。疑いもなく、香港法院は特別行政区立法機関が制定する法律あるいは行政機関の行為が香港基本法に適合するかについて審査する権限を持ち、香港基本法に抵触する状態を発見するなら、法院は関連の法律と行為を無効と裁定できる。」(*Ng Ka Ling v. Director of Immigration* ［1999］1 HKLRD 315) ただし、同判決は、全人代常務委の香港基本法に対する立法行為に対しても、香港法院は違憲審査権を持つ、と判断したため、中国側からの強い反発を招くこととなった。判決の該当部分は次の通りである。「論争を引き起こしてきた問題は、特別行政区法院が全国人民代表大会およびその常務委員会の立法行為が香港基本法に適合するかどうかを審査する裁判管轄を有するかどうか、香港基本法に抵触するなら、特別行政区法院はそれら行為を無効と宣言する裁判管轄

第 1 部　香港における人権保障の国際化

　　を有するかどうかという問題である。特別行政区法院は確実にこの裁判管轄を有し、抵触する際には、この行為を無効と宣言する責任を有する。」(*Ng Ka Ling v. Director of Immigration* [1999] 1 HKLRD 315)
9) Chen, Albert H. Y., op.cit., p.281.
10) 香港返還に伴い、イギリス枢密院司法委員会に代わって、香港に設立された最高裁判所。
11) 全人代常務委による決定については、徐静琳『演進中的香港法』上海大学出版社、2002 年、222－228 頁に詳しい。
12) 詳しくは、第 2 章を参照されたい。
13) 返還後、特に終審法院が香港の人権保障に積極的な姿勢を取り続けていることが指摘されている。Chan, Johannes S.C., op.cit., pp.419-420. とりわけ、香港の学説においては、居留権事件終審法院判決 (*Ng Ka Ling v. Director of Immigration* [1999] 1 HKLRD) の評価が高い。
14) *R v. Sin Yau-ming* (1991) 1 HKPLR 88.
15) *Attorney General v. Lee Kwong-kut* (1993) 3 HKPLR 72.
16) 詳しくは、第 2 章を参照されたい。
17) *R v. Sin Yau-ming* (1991) 1 HKPLR 88 at 107.
18) *R v. Sin Yau-ming* (1991) 1 HKPLR 88 at 107.
19) *AG v. Lee Kwong-kut* (1993) 3 HKPLR 72 at 100.
20) *HKSAR v. Ng Kung Siu* (1999) 2 HKCFAR 442.
21) *HKSAR v. Ng Kung Siu* (1999) 2 HKCFAR 442 at 455.
22) *Shan Kwok Sher v. HKSAR* FACC No.1 of 2002 (10 July 2001).
23) *Shan Kwok Sher v. HKSAR* FACC No.1 of 2002 (10 July 2001) at para. 53.
24) *Gurung Kesh Bahadur v. Director of Immigration* (2002) 5 HKCFAR 480.
25) *Gurung Kesh Bahadur v. Director of Immigration* (2002) 5 HKCFAR 480 at para. 6-11. Simon N. M. Young, "Restricting Basic Law Rights in Hong Kong" (2004) 34 H. K. L. J. 111.
26) *Gurung Kesh Bahadur v. Director of Immigration* (2002) 5 HKCFAR 480 at para.21.
27) *Leung Kwok Hung and others v. HKSAR* (2005) 5 HKCFAR 229.
28) *Leung Kwok Hung and others v. HKSAR* (2005) 5 HKCFAR 229 at para.14. この他、同様の見解として、*Koon Wing Yee v. Insider Dealing Tribunal* (2008) 11 HKCFAR 170.
29) *R v. Sin Yau Ming* [1992] 1HKCFAR 127 (CA).
30) *Shum Kwok Sher v. HKSAR* (2005) 5 HKCFAR 381.
31) *Shum Kwok Sher v. HKSAR* (2005) 5 HKCFAR 381 at para. 59.
32) *R v. Sin Yau-ming* (1991) 1 HKPLR 88.
33) Petersen, Carole J., "Embracing Universal Standards?: The Role of International Human Rights Treaties in Hong Kong's Constitutional Jurisprudence" in Hualing Fu, Lison Harris, and Simon N. M. Young (eds), *Interpreting Hong Kong's Basic Law: The Struggle for*

第 3 章　返還後における香港人権条例の発展過程についての一考察

Coherence（New York: Palgrave Macmillan, 2007), p.35.
34) *Director of Immigration v. Chong Fung Yuen*（2001）4 HKCFAR 211.
35) *Director of Immigration v. Chong Fung Yuen*（2001）4 HKCFAR 211, at para.223-224. この他、*Tsui Ping Wing*［2000］3 HKC 247. 同様に、メーソン卿の、裁判所が国際人権法・比較法を用いるにあたっての実務上の問題点の指摘が興味深い。メーソン卿によると、以下の問題点が存在する。第一に、コモン・ロー適用地区の裁判官が、比較法の特定の論点について判断する必要性に迫られる場合、裁判官が当該判決のために、比較法の特定の論点について、包括的な調査を行うことは現実的にありえず、その論点を提起した弁護士も、審理においてその包括的な調査を提出するわけではない。第二に、弁護士は自らの主張を形成するにあたり、すでに自らに有利なように選択したアプローチを提起してくるので、裁判所はその選択されたアプローチを受け入れるように強いられる。第三に、裁判官の比較法の知識と理解は限定的である。（Sir Mason, Anthony, op.cit., p.306.)
36)「双程証」とは中国から観光などの目的で香港に渡航する場合に、中国公安部により発給される証明書を指す。「単程証」と異なり、香港での定住は許されない。
37) *Shum Kwok Sher v. HKSAR*（2005）5 HKCFAR 381.
38) *Shum Kwok Sher v. HKSAR*（2005）5 HKCFAR 381, at para. 58.
39) 同様に、たとえば、*China Field Ltd v. Building Appeal Tribunal*（No 2）（2009）12 HKCFAR 342.
40) *Gurung Kesh Bahadur v. Director of Immigration*（2002）5 HKCFAR 480 at para.26. Young, Simon N. M., "Restricting Basic Law Rights in Hong Kong"（2004）34 H.K.L.J. 109-111. たとえば、香港基本法 31 条は香港への出入境の権利を規定しているが、これは香港人権条例の下では保障されていない。香港基本法第 3 章が規定する人権および香港人権条例第 2 部が規定する人権とその違いについて、【表 1】参照。
41) 香港大学法学部准教授。
42) Young, Simon N. M., op.cit., p.109.
43) *Gurung Kesh Bahadur v. Director of Immigration*（2002）5 HKCFAR 480.
44) *Gurung Kesh Bahadur v. Director of Immigration*（2002）5 HKCFAR 480 at para.27.
45) *Gurung Kesh Bahadur v. Director of Immigration*（2002）5 HKCFAR 480 at para.28.
46) とりわけ、終審法院の非常任裁判官として、いかに諸外国の著名な法律家が招聘され香港法の発展に貢献してきたのかが香港人法学者によって指摘されている。Chan, Johannes S.C., op.cit., p.420.
47) イギリスは人権法制定にあたり、カナダを先例にした。
48) たとえば、以下の論考に詳しい。斉藤功高「憲法解釈の法源としての人権条約――コモン・ロー諸国における現状――」『文教大学国際学部紀要』第 19 巻 1 号、2008 年 7 月、13 頁。薬師寺公夫「自由権規約選択議定書に付した留保の無効――規約人権委員会ロウル・ケネディー事件見解――」『立命館法学』3・4 号（271・272 号）、2000 年。

第4章　香港基本法の解釈基準としての国際人権法
—— ヨーロッパ人権裁判所における法概念を中心に ——

はじめに

　香港法院は、香港特別行政区基本法（以下、香港基本法）の解釈において、とりわけ基本的人権の解釈にあたって、中国法よりむしろ国際人権法・比較法を積極的に受容し、返還後の判例法を確立してきた[1]。この傾向を可能とした要因は複数挙げられる[2]が、香港の域外に要因を探ると、それは公法分野におけるヨーロッパ大陸法の法概念のイギリスを介したコモン・ローへの影響・導入である。ヨーロッパ人権条約（European Convention on Human Rights）を国内法化した1998年イギリス人権法（Human Rights Act 1998）の制定により、ヨーロッパ人権裁判所（European Court of Human Rights）を中心とした国際人権法・比較法がイギリス法に変化をもたらし、それは香港法[3]の人権保障の分野に新たな法概念をもたらしている[4]。

　上記の理解に立って、本章においては、以下の検討を行う。それは、香港法院がイギリス法の変化を介して、ヨーロッパ大陸法およびヨーロッパ人権裁判所の裁判例からどのような国際人権法・比較法を受容してきたのか。とりわけ、「評価の余地」理論（margin of appreciation）および比例テスト（doctrine of proportionality, proportionality）の二つの概念をとりあげ、その国際人権法上の定義、イギリスにおける援用状況、および香港法院における受容の状況について香港基本法訴訟の分析を通じて検討を行う。

　本章の構成は以下の通りである。まず第1節においては、「評価の余地」理論の内容、イギリス裁判所における援用状況を明らかにし、香港における代表的な援用事例の数々を検討するとともに、香港法において確立された「評価の余地」理論について考察を加える。第2節においては、比例テストの内容、イギリス裁

判所における援用状況を明らかにする。さらに香港における代表的な援用事例を検討する。

　本書第一部の各章および先行研究と関連して、本章の位置付けを示す。筆者は第 2 章「香港における国際人権法の実施 ── 香港人権条例の成立と運用 ──」および「香港人権法」[5]において、返還直前に自由権規約を香港の国内法化した香港人権条例の影響を次の 2 点より検討した。第一に、香港人権条例採択をめぐる中国とイギリスとの対立であり、香港人権条例の成立が返還過渡期の中英対立に及ぼした影響である。第二に、香港法にもたらした実質的な影響として、次の 2 点を検討した。まず、香港人権条例違反を理由とした香港の既存法の大幅な改廃であり、次に香港人権条例の解釈にあたって、国際人権法判例が積極的に取り入れられたことである。

　上記先行研究を突破するものとして、本章においては新たに次の検討を行う。第一に、香港において国際人権法の受容が顕著になった返還後の豊富な判例、とりわけ国際人権法の進展と歩調を合わせてきた香港終審法院の判例を中心に検討を加える。第二に、ヨーロッパ人権条約を通じて、ヨーロッパ大陸法に起源をもつ国際人権法と比較法が、イギリスをはじめとしたコモン・ロー適用諸国の人権保障に影響を及ぼしているという世界的な傾向を、主にイギリス法の変化からもたらされた香港法の変化を追うことで検討する。

第 1 節　法概念の援用（1）
── 「評価の余地」理論 ──

1　「評価の余地」理論

　「評価の余地」理論（margin of appreciation）とは、ヨーロッパ人権委員会の意見およびヨーロッパ人権裁判所の判例上発展した概念であり、ヨーロッパ人権条約の履行にあたって、加盟国がとった措置が、「評価の余地」の範囲内にあると判断されれば、権利の制約が存在すると認められても条約違反を生じないとする[6]。明文の根拠規定は存在せず、条約の起草過程においても明示的言及は存在しない[7]。

　この概念の本質は、国境を越えた法律のなかで、国境を越えた裁判所が、履行にあたっての敏感な問題を考慮すると、特定の争点においては裁判所を含む国内

の機関に任せる方が良いとの考えにある8)。

「評価の余地」理論は、ヨーロッパ人権条約が、異なる社会間で機能的に適用されうるために必要である。しかし、それは、ヨーロッパ人権条約の適用が加盟国の法制度を通じて画一化されず、そして加盟国は、与えられた保護から逸脱することができることをも意味する9)。かつ、加盟国が評価の余地を持つかどうかは、運用において予測不可能で、長年の間に、すべての条文に適用可能なものとなった10)。したがって、それはヨーロッパ人権条約によって与えられた保護を著しく侵害する可能性のある概念であり、そして実際にもそうであるとの批判がある11)。

イギリスにおいては、「評価の余地」理論は、国際法の概念であるため、イギリス国内法においては適用されない、と理解されている。しかし、どのような名前であれ、イギリスの裁判所は、時に、「評価の余地」理論と極めて類似した自由裁量の領域を省庁や議会に与えており、この概念はイギリスでは敬意（deference）の概念、敬意の原則（doctrine of deference）であるとされる12)。

2　香港法院における「評価の余地」理論の援用

香港法院においても「評価の余地」理論は、ときには敬意（deference）あるいは判決の自由裁量の領域（discretionary area of judgment）の概念としても表現されながら援用されている。この概念は、法院は、行政・立法機関と比較すると、経済的社会的政策に関する分野における公共の利益とはなにかを判断するのに、必ずしも最善かつ適切な能力のある機関ではないので、社会およびそのニーズに対する直接的知識を有する行政・立法機関の判断に敬意を払うべきである、とする考え方を指す13)。したがって、法院が具体的な訴訟において、上記の分野を審理する必要に迫られた場合は、法院は、行政・立法機関の見解と政策に一定の重きを与え、尊重しなければならない14)。

香港においてこの「評価の余地」理論が援用された代表的な事例に Lau Cheong 事件15)がある。Lau Cheong 事件においては、謀殺罪（offence of murder）に対する刑罰として選択の余地のない（裁判官の絶対的な義務としての）刑罰として終身刑を規定している人身侵害条例16)の香港基本法適合性、つまり合憲性が争われた17)。この事件の事実は次の通りである。Lau Cheong ら2人の被告人は、共同して被害者に対する強盗を企てた。被害者との激しい暴力行為の間に被告人

第 4 章　香港基本法の解釈基準としての国際人権法

らと被害者双方がナイフでの外傷を負った。後に、被害者は首、両手首および両足首をロープで緊縛された状態で死亡しているのが見つかった。検死の結果、被害者の死因はナイフによる外傷によるものではなく、首に縛られたロープによる結紮によることが分かった[18]。そこで、第一被告人は強盗を認めるものの殺意はなかったとし謀殺罪ではなく故殺罪（offence of manslaughter）の適用を主張し、第二被告人は強盗への関与を否定し、かつ被害者を第一被告人がロープで緊縛していた間、そもそも自らは気絶していたとして被害者の死因にいかなる関与もなさなかったことを主張した。下級審においてどちらの主張も却下され、いずれも謀殺と強盗の罪に問われ、謀殺罪に対して終身刑が、強盗罪に対して有期懲役刑が言い渡された[19]。そこで、被告人らは、終審法院に対して、謀殺といってもその内容には安楽死を施すことから残虐な殺人行為まで多岐に渡るのであり、すべての謀殺事件に対して一律的に終身刑を科すことを規定する当該条文は、裁判官の自由裁量を奪い、かつ香港基本法 28 条および香港人権条例 5 条 1 項の人身の自由、香港基本法 25 条および香港人権条例 10 条の法の下の平等、香港人権条例 11 条の無罪推定原則に違反するため違憲であると申し立てたものである[20]。

この事件において終審法院は、「評価の余地」理論を適用した。終審法院は、立法・行政機関に対する裁判所の「敬意」について述べたイギリスの判例である R v. DPP, Ex p Kebilence 事件および類似する概念としてヨーロッパ人権裁判所における「評価の余地」理論を挙げた[21]。そして終審法院は「評価の余地」理論を本事件に適用し、「憲法問題を審理するとき、問題の文脈によっては、法院は立法によって採用された見解および政策を特に重視することが適切な場合がある[22]。」とし、謀殺に対して他に選択の余地がない（絶対的な義務としての）刑罰として終身刑を規定した立法の判断は、尊重されるべきである、とした[23]。

ところで、法院が政策決定者の見解に「敬意」を払わねばならない一方で、法院は憲法上保障された権利が侵害されていないかどうかを判断するという究極の責任を持ち、この点では法院の義務を放棄してはならないとされる。この点、Kwok Hay Kowng[24]事件において、香港控訴院は「評価の余地」理論について触れ、「強調しなければならないのは、『評価の余地』理論に照らして法院が立法に最大限の自由度を与えることが期待されている領域においても、法院は自身の憲法上の職務を自覚していることである[25]」と述べた。この事件は、医師の広告活動に対する規制に関するもので、香港の医師である Kowk Hay Kowng が、医師

131

会が制定した「医師に関する行動ガイドライン」に規定される医師の広告活動への制限（特に、新聞、雑誌その他活字メディアを利用した広告活動の禁止）が、香港基本法27条、自由権規約および香港人権条例16条が保障する表現の自由（のなかの広告の自由）を侵害していると申し立てたものである[26]。

　問題となっている権利が憲法上非常に重要であるか、あるいはその権利を保護する必要性を審査するにあたりとりわけ法院が適している場合、法院はその審査において「敬意」的な態度をとってはならない。たとえば、人種や性別にもとづく差別的な取扱いがある場合、法院はその差別的な取扱いが正当化されうるかどうかを重点的に審査し、かつその取扱いを正当化するための十分かつ詳細な理由の提出を政策決定者側に要求しなければならない[27]。これを明らかにしたのが、Yau Yuk Lung and another[28]事件である。この事件においては、同性愛行為をプライベートな空間外で行うことを犯罪とする香港刑法の条文が、香港基本法25条、自由権規約26条および香港人権条例22条が保障する法の下の平等の権利を侵害し差別にあたり違憲であると申し立てられた。2人の被告人は、インターネットを通じて知り合い、公道脇に停車させた自家用車内で同性愛行為を行ったことから香港刑法違反として下級審にて有罪判決が下された[29]。終審法院季首席裁判官は、「人種、性別あるいは性的指向に基づいて差別的な取扱いがなされるとき、法院はその差別的取り扱いが正当化されるかどうかについてかなりの重きを置いて精密に審査を行う[30]。」としている。そして、季首席裁判官は、法院は法の下の平等を保障し差別的法律からの保護を保障する義務があるとし、同性愛者はマイノリティーであり、したがってそれをターゲットとした香港刑法の条文は違憲であると判断した[31]。

　同様に William Leung[32]事件においては、男性の同性愛者間で行われるソドミー行為を禁止する香港刑法の条文が、香港基本法25条、香港人権条例1条、14条及び24条が規定する法の下の平等およびプライバシー権に違反するとして申し立てられた[33]。控訴院は、「人種、性別あるいは性的指向に基づく明らかな権利の侵害が存在するとき、法院は『正当化事由とされる理由』をかなりの重きを置いて精査する[34]。」と述べ、この事件において、当該刑法条文による基本的権利の制限は「評価の余地」理論の範囲を超えており、法院が審査するところ、その制限を正当化する事由も見いだせないとして、違憲であるとした[35]。

　上記とは対照的に、事件の争点がとりわけ政策決定者の憲法上の責任の範囲内

第 4 章　香港基本法の解釈基準としての国際人権法

にあり、法院の憲法上の責任範囲内ではないとき、法院には「敬意」が要求される[36]。Chan Hei Ling Helen[37]事件は、申立人である Chan 医師が、『東方日報』紙の広告において、彼女が財政的関係を持つ健康食品会社の健康食品を「ドクターズ・チョイス」として紹介したために、医師の名前、肩書、写真および推薦文を広告に記載することを適切に防止せず、商業的な健康関連製品に推薦文を付しその販売を促進することを禁止する医師会の規則に違反したとして、医師登録を 2 か月間抹消され、その抹消命令がそのまま 2 年間維持された事件である[38]。Chan 医師は、医師会の規則は香港基本法 27 条および香港人権条例 16 条 2 項の規定する言論の自由および表現の自由に違反するため違憲であると申し立てた[39]。控訴院は「評価の余地」理論に関して、「医師会がその構成員および奉仕する公衆にとって最善の活動とはなにかを決定する行為には、『評価の余地』あるいは『敬意』が与えられねばならない[40]。」と述べた。

さらに、公共の利益についての解釈の結果として差別的な取扱いが生まれる場合、政策決定者にはより広範な選択の余地が与えられている。特に、限られた予算の再配分を含む経済社会政策に関して、法院は「敬意」的な態度をとっている[41]。Kong Yun Ming[42]事件においては、香港政府の社会保障支援制度の被支援条件としての 7 年間の香港居住の要件が、香港基本法 25 条（法の下の平等）、36 条（社会福祉を享受する権利）および 145 条（返還以前の社会福祉制度の維持）、香港人権条例 22 条、自由権規約 26 条に違反し違憲であることが申し立てられた[43]。原告の Kong Yun Ming（孔允明）は 1940 年代に中国大陸で出生した中国人で、以来中国大陸に居住していた。2003 年に、香港政府の社会保障支援を受けていた香港永住性居民である夫と二度目の婚姻をし、2005 年 10 月に中国大陸から香港に移住したが、その翌日夫が逝去した。Kong は、夫の香港公共住宅の賃借人としての地位を継承できず、メイドの仕事も失業したため、失業とシングル・ペアレント（前夫との間に 2 人の息子がいた。息子達は中国大陸に在住していた。）であることを理由に香港政府に社会保障支援を申請したが、社会福祉省から却下されたものである[44]。第一審裁判所は「不公平あるいは差別的な理由が含まれていないことから、そして論争の主題が社会的経済的政策を含むことから、政府に相当程度の『敬意』が与えられねばならない[45]」とし、Kong の主張を却下した。

「評価の余地」理論の香港法院における援用に対しては、学説の評価が分かれている。これを擁護するのが、メーソン[46]であり、「『評価の余地』理論が、香

133

港域内で用いられる場合がある。これは、立法機関および行政機関の決定者に対して、目的達成にあたっての適切な手段を決定する自由裁量を、法院が与えるものである。言いかえると、政府機関や行政機関の決定者が下した判断への敬意が、法院に要求されるものである。この概念を用いることによって、比例テストの適用を緩やかなものとすることができる。」[47]と、その適用の利点を主張する。

これに対し、陳文敏[48]は、「『評価の余地』理論は、理論的には国内法には適用されえないはずだが、香港法においては、立法機関の情報収集上の優位な立場および政策的な役割に敬意がはらわれるべきだとの理論に修正されて適用されている。」[49]と「評価の余地」理論を香港域内で用いることを批判する。そして、「理論上、すべての法律は、立法機関の思慮と調整のたまものであるから、法院が立法機関に敬意を示しすぎるのであれば、法院の役割は大幅に制限されてしまう。」[50]とする。さらに陳文敏は、次のように「評価の余地」理論の危険性を指摘している。「立法機関が社会的ニーズの評価をするのに適した立場にあることから、法院はある場面においては、立法機関に敬意を示さねばならないことは確かである。しかし、これが適切にチェックされないのなら、自由主義を破壊する源泉になりかねない。」[51]

第2節　法概念の援用（2）
―― 比例テスト ――

1　比例テスト

比例テストは、干渉の目的とその目的を達成するための手段に均衡性が保たれているかどうかという視点で、権力の行使に制限を課する概念をいう。この比例テストもヨーロッパ司法裁判所およびヨーロッパ人権裁判所が、権力行使の合法性を図るテストとして採用している。たとえば、ヨーロッパ人権裁判所の事例として、北アイルランド刑法のソドミー行為処罰規定が人権侵害であると争われたDudgeon事件[52]等がある[53]。

人権分野における比例テストの適用は、これらのほかにも、アメリカ、カナダおよび多くのヨーロッパ大陸諸国といった多くの司法管轄において行われている[54]。ただし、比例テストの概念を反映する具体的基準については、司法管轄ごとに多様性に富んでいる[55]。

第4章　香港基本法の解釈基準としての国際人権法

イギリスは、当初、違法性判断の根拠としての比例テストの援用に反対していた。というのも、イギリスで用いられてきた伝統的なウェンズバリ原則と比較して、比例テストを用いた場合、裁判所が政策や少なくとも政策の適用について審査することになると考えられ、これは伝統的に裁判所に禁止された分野だったからである[56]。しかし、1998年イギリス人権法の制定以降、イギリスは比例テストに対する立場を変更し、現在では人権分野において、違法性判断の根拠の一つとしての地位を確立している[57]。

2　香港法院における比例テストの援用

香港においても、返還以降[58]、人権への制限に対する違法性診断の方法として比例テストの適用が急速に増大している[59]。たとえば、Bahadur[60]事件においては、終審法院は、「比例テストが旅行の権利および入境の権利への制限を審査するにあたって適用されねばならない。」[61]と明確に人権への制限に対する比例テストの適用を認めた[62]。

香港において比例テストが適用された代表的な事例として、公共秩序条例事件として知られる Leung Kwok Hung 事件[63]がある。この事件は、著名な香港人政治活動家・立法会議員の Leung Kwok-hung（梁國雄）らが企画したデモが公共秩序条例に違反したとして起訴された事件である。この事件においては、公共秩序条例が規定するデモの事前告知制度、とりわけ警視総監に与えられた「公共の秩序」の観点から平和的なデモ開催を制限する権限が、広義かつ不明瞭であり、香港基本法27条の規定する言論の自由および集会・行進・デモの自由、香港人権条例16条の規定する平和的な集会の権利を侵害することが主張された[64]。

この事件の概要は以下の通りである。Leung らは、政治活動家仲間へ下された公務執行妨害罪および公務員侮辱罪による有罪判決への抗議デモを企画し、他の参加者らとともにチャーター・ガーデンに集合した。当時チャーター・ガーデンでは居留権事件関連のデモが行われていたため、警察官もそこに居合わせた。デモ行進の前に、警察官は Leung に公共秩序条例が定める事前告知制度に従い警視総監に届け出を行うよう通告したが、Leung はこれを拒否した。と同時にこの制度に従わない場合の法的効果について警察官から告知を受けた。デモ行進は40数名でチャーター・ガーデンを出発し、クイーンズ・ウェイ沿いをアーセナル・ストリートの警察本部へと向かった。警察官の歩道を通行せよとの通告を無

視し、デモ参加者は車道を通行した、警察本部では、狭隘な北口を使わないようにとの通告を無視して、デモ参加者は北口に進んだうえに演説のため1時間その場を占拠した。デモには途中参加者も含めて最終的に96名が参加するにいたった。ただしデモは平和的に行われた65)。終審法院は、公共秩序条例における事前告知制度は合憲と判断するものの66)、条例の立法目的である「公共秩序（ordre public）」は曖昧にすぎるとの判決を下した67)。

この事件において、終審法院は比例テストの適用について明言し68)、「平和的な集会の権利を制限する法律上の自由裁量の行使に対する審査基準として、比例テストが適用されなければならない。」69)と述べた。また、この事件において、香港における比例テストの詳細な基準が次の二段階の基準として定式化された。それらは、①制限が、立法の目的の一つかそれ以上と合理的に関連していること。②基本的権利を制限する手段は、立法の目的を達成するために必要以上のものではないこと、である。終審法院は、次のように述べた。「(警察は) 規制が条文の正当な目的の一つかそれ以上に合理的に関連しているかどうか、および規制が問題となっている正当な目的を達成するのに必要最低限のものであるのか、を考慮しなければならない。」70)

次に、Ng Kung Siu71)終審法院判決がある。この事件においては、故意に破損された中国国旗および香港区旗の使用を有罪とする国旗条例および区旗条例が香港基本法27条の保障する表現の自由に違反しているかどうかが争われた。終審法院は「表現の自由への制限が、その制限によって達成される目的と比例しているかどうかを、法院は審査しなければならない。」72)とし、比例テストの適用を認めた。

さらに、Fok Chun Wa and Another73)事件がある。この事件においては、「双程証」保持者の身分で香港人男性と婚姻し香港で生活していた中国大陸出身の女性が、香港の公立病院で出産する場合、その出産費用が、香港政府からの補助金支出を受ける香港居留権を有する女性よりも高いことが、香港基本法25条および香港人権条例22条の保障する法の下の平等等に違反し、差別にあたるかどうかが争われた。

香港において、公立病院の利用者は有資格者（Eligible Persons, EPs）と無資格者（Non-Eligible Persons, NEPs）に分類され、有資格者は政府補助金を受給できるが、無資格者はそれができない。香港居民の配偶者は従来有資格者とされてきたが、

第4章　香港基本法の解釈基準としての国際人権法

2003年4月の香港政府決定により無資格者に再分類された[74]。

本件の申立人は香港居民である夫と大陸出身の妻であり、妻は香港に定住が可能な「単程証（One-Way Permit）」を中国大陸の関係機関へ申請中に、1回の渡港につき90日間までの滞在が許される「双程証（Two-Way Permit）」保持者の身分で、香港の公立病院で出産した[75]。香港の公立病院での出産を希望するが、無資格者用に設定された出産費用を支出する経済的余裕のなかった申立人らは、上記政府決定は、香港基本法25条、香港人権条例22条の法の下の平等、香港基本法36条の社会福祉を享受する権利、香港基本法37条、香港基本法19条の婚姻と家族の権利、香港人権条例20条の子どもの権利等に違反すると主張したものである[76]。第一審裁判所は、香港基本法および香港人権条例によって保障される権利が侵害されているかどうかを審査するにあたって、「法院は、権利への制限が正当化されるかどうかを審査するにあたって、比例テストを適用する。[77]」と述べた。

また、Lam Kwong Wai[78]事件がある。この事件においては、武器及び弾薬条例が規定する挙証責任転換の規定が、無罪推定の原則（香港基本法87条2項、香港人権条例11条1項および自由権規約14条2項）および公平な聴聞を受ける権利（香港基本法87条2項、香港人権条例10条および自由権規約14条1項）に違反するかどうかが争われた。武器及び弾薬条例20条はイミテーションの武器を携行することを犯罪とし懲役刑を科す一方で、被疑者が同条例20条3項に定める特定事項（15歳以下であること、商品として取り扱っていること等）に該当することを法院に対して立証できれば、犯罪を免れるという挙証責任転換の規定を置いていた[79]。終審法院は、上述したLeung Kwok Hung事件において定式化された要件に従い、「法院は、挙証責任転換という採用された手段が、立法目的を達成するのに必要なものかを審査する（「比例テスト」）[80]。」として、比例テストの適用を明確に指摘した。

同様に、Hung Chan Wa and another[81]事件においては、危険薬物条例47条の挙証責任転換の規定が無罪推定原則（香港基本法87条、香港人権条例11条1項および自由権規約14条1項）および公平な聴聞を受ける権利（香港基本法87条、香港人権条例10条および自由権規約14条1項）に違反するかどうかが争われた[82]。危険薬物条例47条は、危険薬物を保持していることが証明あるいは推定された場合、被疑者はその所持品が危険薬物であったことを知っていたと推定される、との挙

証責任転換の規定を置いている。第一被告人であり、逮捕当時35歳のHungは、香港九龍のホテルにて知人からヘロイン500gの入った包みを受け取り、タクシーで帰宅する途中に警察に逮捕された。Hungは、裁判において、長年の友人であるAu Shuiにイギリスのサッカー試合が録画されているビデオテープを渡されただけで、それが危険薬物であったとは知らなかったと一貫して主張したものである[83]。

Hung Chan Wa and another事件のもう一人の被告人は日本人男性浅野篤（Asano Atsushi）である。浅野は1981年に日本で生まれ、逮捕時に22歳と若く、かつこの香港渡航以外に海外渡航経験がなかった。浅野は香港国際空港のドラゴン航空チェックイン・カウンターでチェックインを行いスーツケースとリュックサックを預けた。不審を感じた警察がその場で捜査したところ、リュックサックから末端価格2,550,000香港ドル（日本円にして約2,500万円相当）、6.85kgのメタンフェタミン・ヒドロクロリドが発見されたものである。下級審においては、陪審員の全員一致により懲役20年の刑罰が言い渡された。

浅野の主張によると、彼は大学卒業間際に、タカシ（Takashi）という男と知り合い、香港への無料旅行に招待するかわりに合法薬物を持ち帰ってくれないか、自分のパスポートは有効期限が切れているのでそれを取りに行くことができない、と誘われた。香港に到着すると、浅野は日本への航空券を取り上げられ香港で立ち往生することになった。携帯電話で日本にいるタカシに連絡するものの、うまく話をはぐらかされるばかりだった。数日後、彼はリュックサックとともに日本行の航空券をある男から渡された。このような経過であるので、リュックサックに何等かの薬物はあるがそれは違法ではないと考えていたと、一貫して無罪を主張したものである[84]。

終審法院は、挙証責任転換の規定が、香港基本法および香港人権条例の保障する無罪推定の原則、公平な聴聞受ける権利に反するかどうかを審理するにあたって、「(a) 立法目的と合理的な関連があるかどうか（合理性テスト）、および (b) 立法目的を達成するのに必要以上の制限を加えていないか（比例テスト）[85]」の観点をあげ、「本件に対して比例テストの適用は欠くことができない[86]。」としている。

最後に、法輪功事件として知られるYeung May-wan and others（香港特別行政區對楊美雲及其他人士）事件[87]がある。この事件は、中央政府駐香港連絡弁公室[88]

第 4 章　香港基本法の解釈基準としての国際人権法

の前で、中国政府、特に当時の国家主席であった江沢民による法輪功信者への迫害に反対して、平和的なデモを継続的に行っていた Yeung May Wan（楊美雲）ら16人の法輪功信者が、デモの解散を命じる警察官に抵抗したかどで、簡易犯罪条例 4 条 (a)、4 条 28 項が規定する公共の場所占拠罪および人身侵害条例 36 条 (b) が規定する公務執行妨害罪で逮捕・起訴された事件である[89]。平和的なデモを行っていた被告人らに対して上記の刑罰を科すことは、言論、集会、デモ行進の自由（香港基本法 27 条、香港人権条例 16 条、17 条および自由権規約 19 条、21 条）に違反するかどうかが争われた[90]。

　事件の詳細は以下の通りである。中央政府駐香港連絡弁公室付近において繰り返しデモを行っていた被告人らは、事件当日、警察との場所的取り決めの範囲を超えて、連絡弁公室正面玄関前の一般道で、「江沢民、殺人をやめろ！」との横断幕をかざしながらデモを行った。連絡弁公室警備員からの要請を受けた警察官の繰り返しの警告にもかかわらず、デモ参加者らは、従来の場所に戻ること拒否した。そこで、警告は効果がないと考えた警察官はデモ参加者を逮捕した。逮捕時および警察署に連行される間、路上およびパトカーの車内にて警察官に対して激しく抵抗したことから、公共の場所占拠罪に加えて公務執行妨害罪で起訴されたものである。一審のマジストレート裁判所においては、被告人全員が公共の場所占拠罪として、一部が公務執行妨害罪として罰金刑を科された。控訴院においては、公共の場所占拠罪は棄却されたが、公務執行妨害罪については引き続き認定された[91]。

　終審法院は、控訴院の判断を棄却し、公務執行妨害罪も成立しないとし、被告人すべての無罪が確定した。終審法院は次のように判断した。「逮捕時に、被告人らが平和的なデモに従事していたということは、本事件には憲法上保障されたデモを行う権利が含まれていることを意味する。そのような基本的人権が含まれる場合、公務執行妨害罪として被疑者を逮捕する警察の権限の範囲は変化する[92]。」そして、次のような論旨を展開し、無罪判決を下した。すべての香港居民には人身の自由がある。もともとの逮捕が違法であるから、その後の警察官による拘束行為は警察官の職務と関係しない。したがって、警察官が拘束行為を行うにあたって、妨害や侮辱を受けたとしても、警察官はその職務の間にそのような行為を行われたわけではないので公務執行妨害罪は成立しない。かつ、違法に拘束された人は、自由を獲得するために合理的な実行力を行使する権利があ

る[93]）。

　この法輪功事件については、香港法の置かれた文脈から、以下の二点が香港法学界から評価されている。第一に、法輪功の置かれた政治的文脈と香港の司法の独立の関係である。法輪功は、中国大陸では禁止された団体だが、香港では合法な団体である。終審法院は法輪功の団体としての地位は考慮にいれず、そのメンバーの香港居民として付与された権利の憲法的な保護を重視した。陳文敏は「この事例は、きわめて政治的な文脈のなかで香港の司法の独立性を示した事例と言えよう[94]）。」と評価する。また、Peterson は「香港社会の人々に対して、この事例は、中国大陸においては禁止されている法輪功の信者が、香港においては一般の人々と同様に集会の権利を持つことを再確認した事件として知られている[95]）。」と指摘する。陳文敏[96]）も、「この画期的な判決は香港法の力強さと人権の精神を要約しており、さらに『一国二制度』の深層の意味を明らかにしている[97]）。」と評価している。

　第二に、諸外国の判例を積極的に指針とした点である。この事件において、終審法院は諸外国の多くの判例を参照した。香港の警察官による被告人達の逮捕は適切な職務の執行ではなかったとの結論を導くにあたって、イギリスおよびヨーロッパ人権裁判所の事例のみならず、カナダ、南アメリカといった諸外国の判例、シラクサ原則、香港政府が国連人権委員会へ提出した第二次定期報告書等を審査した。これらの外国判例は、終審法院が、被告人らが非合法的な逮捕に抵抗するためには実力行使をもって抵抗する権利があるとの結論を導くにあたって、重要な役割を形成した[98]）。

　こうした比例テストの適用は、従来のウェンズバリ原則と比べて詳細な審査を必要とし、その結果として法院により「価値選択」を迫るものとなっている[99]）。陳文敏によると、「控訴院と終審法院の違いは、表面的には技術的なものに見えるが、深層にある違いは基本的人権へのかかわり方である。基本的人権へのかかわり方が弱いと、権利は公共の秩序・安全といった諸要素によって簡単に置き換えられてしまう[100]）。」そして、終審法院は基本的人権の保護においてより強い保護の立場に移行しつつあると指摘する。終審法院と控訴院の立場の違いはかなり明確になりつつあり、終審法院にて判断が覆される事例が増加している。それは控訴院が法律を誤って適用したからではなく、終審法院が控訴院とは異なる価値選択を行ったことの結果であるとする[101]）。

第4章　香港基本法の解釈基準としての国際人権法

おわりに

　香港法院は、どのような国際人権法・比較法を受容してきたのか。本章においては特に、ヨーロッパ大陸法ひいてはヨーロッパ人権裁判所判例からイギリスのコモン・ローに導入され、その後香港法においても主流となっていった法概念である「評価の余地」理論および比例テストを取り上げ検討してきた。本章の考察結果は以下の通りである。

　まず、「評価の余地」理論は、ヨーロッパ人権裁判所判例に由来し、イギリスにおいては、「評価の余地」理論は、国際法の概念であるため、イギリス国内法においては適用されない、と理解されている。しかし、どのような名前であれ、イギリスの裁判所は、ときに、「評価の余地」理論と極めて類似した自由裁量の領域を省庁や議会に与えており、香港法院においても同様に、「評価の余地」理論は、ときには敬意あるいは判決の自由裁量の領域の概念としても表現されながら援用されている。香港においてこの「評価の余地」理論が援用された代表的な事例に Lau Cheong 事件[102]がある。本来、国際法上の概念である「評価の余地」理論を香港法院が用いることについて、学者らの批判はあるものの、Kwok Hay Kowng[103]事件等多くの事例によって、香港における「評価の余地」理論の詳細な内容が確定しつつある。

　次に、比例テストは、干渉の目的とその目的を達成するための手段に均衡性が保たれているかどうかという視点で、権力の行使に制限を課する概念をいい、このテストもヨーロッパ司法裁判所とヨーロッパ人権裁判所に由来する。と同時に、人権分野における比例テストの適用は、このほかにも、アメリカ、カナダおよび多くのヨーロッパ大陸諸国といった多くの司法管轄において行われている[104]。ただし、比例テストの概念を反映する具体的基準については、司法管轄ごとに多様性に富んでいる[105]。イギリスは、当初、違法性判断の根拠としての比例テストの援用に反対していたが、1998年イギリス人権法の制定以降、イギリスは比例テストに対する立場を変更し、現在では人権分野において、違法性判断の根拠の一つとしての地位を確立している[106]。香港においても、返還以降、人権への制限に対する違法性診断の方法として比例テストの適用が急速に増大している[107]。代表的な事例として、公共秩序条例事件として知られる Leung Kwok

第 1 部　香港における人権保障の国際化

Hung 事件108)がある。香港法院における比例テストの適用は、その内容とあいまって、法院に基本的人権へのかかわり方を通じて「価値選択」を迫るものとなっている。

　以上、本章の内容を簡潔に振り返った。最後に、香港法院が国際人権法・比較法を積極的に受容する背景にある理由はなにか。これを本書第一部の各章と関連して触れる。筆者は以下の 2 点に分けて、検討を行った。第一に、法的・制度的要因として自由権規約を国内法化した香港人権条例がいかに香港における国際人権法の積極的な受容を促進したのかを、返還後に焦点を当てて、第 3 章「返還後における香港人権条例の発展過程についての一考察」において検討した。第二に、第 1 章「香港終審法院の外国籍裁判官 ―― 国際人権法受容の観点から ――」において、香港法を取り巻く環境として香港の裁判所・裁判官制度におけるイギリス法制度の遺産およびコモン・ロー適用諸国出身の外国人裁判官の存在と役割に着目することで、香港法院と国際人権法との親和性を明らかにした。

1) たとえば、Sir Mason, Anthony, "The Place of Comparative Law in Developing the Jurisprudence on the Rule of Law and Human Rights in Hong Kong", (2007) 37 H.K.L.J. 299. Chan, Johannes S.C., "Basic Law and Constitutional Review: The First Decade", (2007) 37 H.K.L.J. 407.
2) たとえば、第 3 章を参照されたい。
3) 香港基本法 8 条は、返還以前の法（つまりイギリス植民地期に構築された制定法および判例法）の維持について憲法上の保障を与えている。
4) Sir Mason, Anthony, op.cit., 308.
5) 西村幸次郎編著『グローバル化の中の現代中国法［第 2 版］』成文堂、2009 年。
6) 江島晶子「ヨーロッパ人権裁判所における『評価の余地』理論の新たな展開」『明治大学大学院紀要』第 29 集、1992 年 2 月、58 頁。
7) 江島晶子、前掲論文、58 頁。Barnett, Hilaire, *Constitutional & Administrative Law* (9th ed.) (London: Routledge, 2011), p.408. Alder, John, *Constitutional and Administrative Law* (8th ed.) (Hampshire: Palgrave Macmillan, 2011), p.475.
8) Sir Mason, Anthony, op.cit., 314.
9) White, Robin C. A. and Claire Ovey, *The European Convention on Human Rights* (5th ed.) (Oxford: Oxford University Press, 2010), pp.78-81.
10) 江島晶子、前掲論文、58 頁。
11) White, Robin C. A. and Claire Overy, op.cit., pp.78-81.
12) Alder, Alder, op.cit., p. 475. Barnett, Hilaire, op.cit., p.408.

第4章　香港基本法の解釈基準としての国際人権法

13) Ramsden, Michael and Oliver Jones, *Hong Kong Basic Law: Annotations and Commentary* (Hong Kong: Sweet & Maxwell, 2010), p.84.
14) Ramsden, Michael and Oliver Jones, op.cit., p.84
15) *Lau Cheong v. HKSAR*（2002）4 HKCFAR 415.
16) 人身侵害条例2条「殺人を犯したいかなる者も終身刑とする。」
17) *Lau Cheong v. HKSAR*（2002）4 HKCFAR 415 at para.1.
18) *Lau Cheong v. HKSAR*（2002）4 HKCFAR 415 at para.2.
19) *Lau Cheong v. HKSAR*（2002）4 HKCFAR 415 at para.2-8.
20) *Lau Cheong v. HKSAR*（2002）4 HKCFAR 415 at para.69.
21) *Lau Cheong v. HKSAR*（2002）4 HKCFAR 415 at para.102-103.
22) *Lau Cheong v. HKSAR*（2002）4 HKCFAR 415 at para.102.
23) Sir Mason, Anthony, op.cit., 314.
24) *Dr. Kwok Hay Kowng v. Medical Council of Hong Kong*［2008］3 HKLRD 524.
25) *Dr. Kwok Hay Kowng v. Medical Council of Hong Kong*［2008］3 HKLRD 524 at para.25.
26) *Dr. Kwok Hay Kowng v. Medical Council of Hong Kong*［2008］3 HKLRD 524 at para.1,6.
27) Ramsden, Michael and Oliver Jones, op.cit., p.85.
28) *Secretary for Justice v. Yau Yuk Lung Zigo and another*［2007］HKCFA 50.
29) *Secretary for Justice v. Yau Yuk Lung Zigo and another*［2007］HKCFA 50 at para.3-4.
30) *Secretary for Justice v. Yau Yuk Lung Zigo and another*［2007］HKCFA 50 at para.21.
31) *Secretary for Justice v. Yau Yuk Lung Zigo and another*［2007］HKCFA 50 at para.29.
32) *Leung T. C. William Roy v. Secretary for Justice*［2006］4 HKLRD 211.
33) *Leung T. C. William Roy v. Secretary for Justice*［2006］4 HKLRD 211 at para 1. 事件の事実について、廣江倫子「性行為合意年齢の差異——ウィリアム・リョン対香港司法省」（谷口洋幸、齊藤笑美子、大島梨沙編著『性的マイノリティ判例解説』信山社、2011年）を参照されたい。
34) *Leung T. C. William Roy v. Secretary for Justice*［2006］4 HKLRD 211 at para.53.
35) *Leung T. C. William Roy v. Secretary for Justice*［2006］4 HKLRD 211 at para.53.
36) Ramsden, Michael and Oliver Jones, op.cit., p.86.
37) *Chan Hei Ling Helen v. Medical Council of Hong Kong*［2009］HKCA 167.
38) *Chan Hei Ling Helen v. Medical Council of Hong Kong*［2009］HKCA 167 at para.1-6.
39) *Chan Hei Ling Helen v. Medical Council of Hong Kong*［2009］HKCA 167 at para.34.
40) *Chan Hei Ling Helen v. Medical Council of Hong Kong*［2009］HKCA 167 at para.58.
41) Ramsden, Michael and Oliver Jones, op.cit., p.86.
42) *Kong Yun Ming v. Director of Social Welfare*［2009］4 HKLRD 382.
43) *Kong Yun Ming v. Director of Social Welfare*［2009］4 HKLRD 382 at para.1, 10.
44) *Kong Yun Ming v. Director of Social Welfare*［2009］4 HKLRD 382 at para.2-6.
45) *Kong Yun Ming v. Director of Social Welfare*［2009］4 HKLRD 382 at para.117.
46) 香港終審法院非常任裁判官、前オーストラリア高等裁判所長官。

47) Sir Mason, Anthony, op.cit., 314.
48) 香港大学法学部教授。
49) Chan, Johannes S.C., op.cit., 425.
50) Chan, Johannes S.C., op.cit., 425.
51) Chan, Johannes S.C., op.cit., 425.
52) *Dudgeon v. United Kingdom*（1981）4 EHRR 149.
53) Barnett, Hilaire, op.cit., p.596.
54) Barnett, Hilaire, op.cit., p.596. コモン・ロー適用地域に関していうと、メーソンによれば、比例テストは、コモン・ロー適用地域のなかで発展段階にあり、一つかそれ以上の裁判管轄における発展がその他地域の発展に影響を及ぼす可能性がある。影響の度合いは、当該裁判管轄における立法・行政・司法といった三権の役割、外国判例を取り入れることへの社会的コンセンサス、司法発展の安定性に依拠している。(Sir Mason, Anthony, op.cit., p.313.)
55) Sir Mason, Anthony, op.cit., p.311.
56) Sir Mason, Anthony, op.cit., p.312. Barnett, Hilaire, op.cit., pp.598-599.
57) Barnett,Hilaire, op.cit., p.596-600.
58) 返還以前の事例として、たとえば、Ming Pao Newspapers Ltd 事件（*Ming Pao Newspapers Ltd v. A-G of Hong Kong*［1996］AC 907.）がある。この事件は、『明報』紙及び同紙編集主幹らが、賄賂防止条例に違反して、同条例違反容疑の犯罪に関する捜査情報を、暴露したとして起訴されたものである。1991年に制定された香港人権条例により、同条例は法的効力を持たないのかどうかが争われた。イギリス枢密院司法委員会は、香港立法評議会が、香港人権条例の規定にもかかわらず、賄賂防止条例の当該条項を汚職犯罪捜査の統一性を図るために必要であると決定していることを指摘したうえで、これは政策決定なのであり「評価の余地」から外れることはない、とし、賄賂防止条例の規定は「決して獲得されようとしている重要な目的と不均衡なものではない。(*Ming Pao Newspapers Ltd v. A-G of Hong Kong*［1996］AC 907, at para.27.)」と述べた。
59) Chan, Johannes, S.C., op.cit., 445. 注54において述べたように、コモン・ロー適用諸国間での比例テストの発展が相互に影響を及ぼしあっている状況から、香港の比例テストもまた諸外国のものとの類似性が指摘されている。香港において採用された比例テストに類似する事例として、以下がある。ヨーロッパ人権裁判所の判例としてHandyside 事件（*Handyside v. United Kingdom*（1979-1980）1 EHRR 347.）、Sunday Times 事件（*Sunday Times v. United Kingdom* (No 1)（1979-1980）2 EHRR 245.）、Norris 事件（*Norris v. Ireland*（1991）13 EHRR 186.）。カナダの判例として Oakes 事件（*R v. Oakes*（1986）26 DLR (4th) 200.）、イギリス枢密院司法委員会の判例として、De Freitas 事件（*De Freitas v. Permanent Secretary of Ministry of Agriculture, Fisheries, Lands and Housing*［1999］1 AC 69.）、南アフリカの判例として Makwanyane 事件（*S v. Makwanyane*（1995）3 SA 391.）。

第 4 章 香港基本法の解釈基準としての国際人権法

60) *Gurung Kesh Bahadur v. Director of Immigration*（2002）5 HKCFAR 480.
61) *Gurung Kesh Bahadur v. Director of Immigration*（2002）5 HKCFAR 480 at para.33.
62) *Gurung Kesh Bahadur v. Director of Immigration*（2002）5 HKCFAR 480 at para.4. 事件の事実について、第 3 章を参照されたい。
63) *Leung Kwok Hung v. HKSAR*［2005］3 HKLRD 164.
64) *Leung Kwok Hung v. HKSAR*［2005］3 HKLRD 164 at para.1-4.
65) *Leung Kwok Hung v. HKSAR*［2005］3 HKLRD 164 at para.6-7.
66) *Leung Kwok Hung v. HKSAR*［2005］3 HKLRD 164 at para.65.
67) *Leung Kwok Hung v. HKSAR*［2005］3 HKLRD 164 at para.95-96.
68) *Leung Kwok Hung v. HKSAR*［2005］3 HKLRD 164 at para.33.
69) *Leung Kwok Hung v. HKSAR*［2005］3 HKLRD 164 at para.33.
70) *Leung Kwok Hung v. HKSAR*［2005］3 HKLRD 164 at para.96.
71) *HKSAR v. Ng Kung Siu*（1999）2 HKCFAR 442.
72) *HKSAR v. Ng Kung Siu*（1999）2 HKCFAR 442 at para.60.
73) *Fok Chun Wa and Another v. The Hospital Authority and Another*［2008］HKCFI 1143.
74) *Fok Chun Wa and Another v. The Hospital Authority and Another*［2008］HKCFI 1143 at para.1-2.
75) *Fok Chun Wa and Another v. The Hospital Authority and Another*［2008］HKCFI 1143 at para.6-11.
76) *Fok Chun Wa and Another v. The IIospital Authority and Another*［2008］HKCFI 1143 at para. 13.
77) *Fok Chun Wa and Another v. The Hospital Authority and Another*［2008］HKCFI 1143 at para 125.
78) *HKSAR v. Lam Kwong Wai*（2006）2 HKCFAR 574.
79) *HKSAR v. Lam Kwong Wai*（2006）2 HKCFAR 574 at para.5-7.
80) *HKSAR v. Lam Kwong Wai*（2006）2 HKCFAR 574 at para.40.
81) *HKSAR v. Hung Chan Wa*（2006）9 HKCFAR 614.
82) *HKSAR v. Hung Chan Wa*（2006）9 HKCFAR 614 at para. 37-38.
83) *HKSAR v. Hung Chan Wa*（2006）9 HKCFAR 614 at para.46-48.
84) *HKSAR v. Hung Chan Wa*（2006）9 HKCFAR 614 at para.53-56.
85) *HKSAR v. Hung Chan Wa*（2006）9 HKCFAR 614 at para.39.
86) *HKSAR v. Hung Chan Wa*（2006）9 HKCFAR 614 at para.77.
87) *Yeung May-wan and others v. HKSAR*（2005）8 HKCFAR 137.
88) 香港における国務院の出先機関。
89) *Yeung May-wan v. HKSAR*（2005）8 HKCFAR 137 at para.1-9.
90) *Yeung May-wan v. HKSAR*（2005）8 HKCFAR 137 at para.33-34.
91) Yeung May-*wan v. HKSAR*（2005）8 HKCFAR 137 at para.10-30.
92) *Yeung May-wan v. HKSAR*（2005）8 HKCFAR 137 at para.31.

第 1 部　香港における人権保障の国際化

93) *Yeung May-wan v. HKSAR*（2005）8 HKCFAR 137.
94) Chan, Johannes S.C., op.cit., p.443.
95) Petersen, J. Carole, "Embracing Universal Standards?: The Role of International Human Rights Treaties in Hong Kong's Constitutional Jurisprudence" in Hualing Fu, Lison Harris, and Simon N. M. Young (eds), *Interpreting Hong Kong's Basic Law: The Struggle for Coherence* (New York: Palgrave Macmillan, 2007), p.37.
96) 香港大学法学部教授。
97) Chen, Albert H. Y., "The Rule of Law under "One Country, Two Systems": The Case of Hong Kong 1997-2010", (2011) 6 *National Taiwan University Law Review*, 287.
98) Petersen, J. Carole, op.cit., pp. 37-38.
99) Sir Mason, Anthony, op.cit., p.312.
100) Chan, Johannes S.C., op.cit., p.427.
101) Chan, Johannes S.C., op.cit., p.426.
102) *Lau Cheong v. HKSAR*（2002）4 HKCFAR 415.
103) *Kwok Hay Kowng v. Medical Council of Hong Kong* [2008] 3 HKLRD 524.
104) Barnett, Hilaire, op.cit., p.596. Sir Mason, Anthony, op.cit., p.313.
105) Sir Mason, Anthony, op.cit., p.311.
106) Barnett, Hilaire, op.cit., pp.596-600.
107) Chan, Johannes, S.C., op.cit., 445.
108) *Leung Kwok Hung v. HKSAR* [2005] 3 HKLRD 164.

第 2 部

香港基本法解釈権の展開

第5章　香港基本法解釈権の発展
―― 終審法院判決の累積 ――

はじめに

「一国二制度」を条文化した香港基本法のなかでも、とりわけ、香港基本法解釈権に関する規定が、返還後に議論を巻き起こしてきたことには異論がない[1]。

返還後20年間を通して、5回の全人代常務委による香港基本法解釈が行われた。このうち、終審法院が全人代常務委に香港基本法解釈を自ら要請した事例は1回にとどまっている。しかし終審法院が審理した多くの事例において、全人代常務委に香港基本法解釈を要請すべきことが訴訟当事者から提案され、その可否が丁寧に検討されてきた。したがって、終審法院の側においては、香港基本法解釈権の細則が次第に確定されつつある。

上述した状況に立脚して、本章においては、以下を試みる。つまり、終審法院はいかに香港基本法解釈権を理解し、その運用における細則を打ち立てたのか。終審法院判例をもとに明らかにする。

本章の構成と概要は次の通りである。まず第1節において、返還後の5回の全人代常務委の香港基本法解釈を紹介したうえで、全人代常務委に香港基本法解釈を要請すべきかどうかが終審法院において検討された主な判決を明らかにする。次に第2節において、返還後の終審法院判決を通じて明らかになった香港基本法解釈権の詳細を明らかにする。ここでは終審法院は香港基本法解釈権をいかに理解しているかについて検討を行う。具体的には、以下の各点につき考察を加える。それらは、(1) 終審法院の香港基本法解釈権の範囲、(2) 香港基本法解釈の原則、(3) 外部文書の位置づけ、(4) 全人代常務委への解釈要請の要件、(5) 全人代常務委の香港基本法解釈における権限、(6) 全人代常務委への解釈要請の方法、(7) 全人代常務委の解釈の効果の各点である。

第 2 部　香港基本法解釈権の展開

第 1 節　香港基本法解釈権の実践

1　全人代常務委の香港基本法解釈

2017 年末までに、全人代常務委による香港基本法解釈は以下の 5 回の事例に対して行われた。

（1）　居留権事件に関する解釈（香港基本法 22 条 4 項および 24 条 2 項 3 号に関する解釈、1999 年 6 月 26 日、第 9 回全国人民代表大会常務委員会第 10 回会議採択）

返還後初めて行われた全人代常務委による香港基本法解釈である。香港居留権を享有する者の範囲に関して解釈が行われた。ここでの全人代常務委による香港基本法解釈は、実質的に居留権事件に対する終審法院判決を変更する効果を持った。

〔事件の概要〕

居留権事件においては、終審法院において、中国から香港への移民を制限する香港基本法 22 条 4 項を根拠とする入境条例が、香港居民から出生した子どもは香港居留権を享有することを規定する香港基本法 24 条 2 項 3 号に違反し違憲かどうかが争われた。改革開放政策以来、香港居民が中国で設けた子どもが増加していた。ただし入境条例によると、そのような子どもは香港に定住する権利を有さなかった。しかし、香港基本法 24 条 2 項 3 号は、香港居民と中国人間に出生した多くの子どもにも居留権取得が可能、と理解しうる規定を置いた。このため、特に香港居民と中国人間で出生した香港居留権を持たない子どもが香港返還前後にいわゆる「小人蛇2)」として密入境を企てるなど、社会問題化の様相を呈していた。そして、返還直後に、子どもの香港居留権を求める父母が香港入境事務所所長を提訴、居留権事件が展開された3)。

終審法院は、香港居留権は中国の香港入境管理制度には影響されないと判断した。そして、中国からの移民に制限を設ける入境条例を違憲であるとした。また、両親が香港居留権を取得する以前に生まれた子どもであっても香港居留権が認められると判断した。この判決に対して、香港政府は国務院を通じて全人代常務委へ香港基本法解釈を要請した。要請を受けた全人代常務委が香港基本法解釈を行い、終審法院判決は実質的に覆され、従来の移民制限が復活することになった4)。

（2）　行政長官および立法会の普通選挙に関する解釈（香港基本法付属文書 1 の

第 5 章　香港基本法解釈権の発展

7 条および付属文書 2 の 3 条に関する解釈、2004 年 4 月 6 日、第 10 回全国人民代表大会常務委員会第 8 回会議採択）

　2 回目の香港基本法解釈は、香港基本法付属文書 1 および付属文書 2 が規定する行政長官および立法会の選挙制度について行われた。特筆すべきは、上述した居留権事件とは異なり、香港法院においてこの問題をめぐって訴訟が提起されていなかった点である。香港基本法 23 条立法化に反対する 2003 年の大規模デモの流れから、香港において普通選挙実施への要求が高まるなかで、全人代常務委によって自発的に香港基本法の解釈がなされた。

〔事件の概要〕
　香港の選挙制度は、間接選挙と直接選挙を組み合わせた独特の方式が採用されている。行政長官は親中派を中心とする業界団体や全人代代表で組織される選挙委員会による間接選挙によって選出され、中国政府が任命する。立法会議員は直接選挙枠と職能代表枠に分けて選出される。香港基本法ではこれらの選挙制度について 2007 年以降、「必要があれば」改正できると規定している。
　香港においては、香港基本法 23 条立法化に反対する大規模デモ後、民主化要求がかつてない高まりを見せていた。勢いを得た民主派は、2007 年行政長官選挙と 2008 年立法会選挙での議員全員に対する普通選挙の導入を要求した。これに対し、全人代常務委は香港基本法解釈を行い、結果として現存制度の存続が確定し、民主化をめぐる対立は現在に続いている[5]。

（3）　行政長官の任期に関する解釈（香港基本法 53 条 2 項に関する解釈、2005 年 4 月 27 日、第 10 回全国人民代表大会常務委員会 15 回会議採択）

　行政長官が任期途中で辞職した場合の後継者の任期に関して、香港基本法解釈が行われた。行政長官の任期は香港基本法 53 条 2 項が規定しているが、新行政長官は新規の任期とするのか、前任者の残りの任期とするのかが争われた。上述した事例と同じく、香港においてこの論点をめぐって訴訟は提起されていなかった。今回も香港政府が国務院を通じて全人代常務委に香港基本法の解釈を要請する形となった。

〔事件の概要〕
　2005 年 3 月、かねてから香港居民からその行政手腕に対する疑問が投げかけられていた董建華行政長官が辞職願を提出、正式に国務院に受理された。行政長官が空席となった場合について、香港基本法 53 条によると、6 ヶ月以内に行政

151

長官が選出されねばならない。さらに、行政長官選挙条例によると、選挙は空席になった日から120日以内に行われねばならない。

　香港と中国の見解の相違から、新行政長官の任期についての議論が生じた。新行政長官の任期について、香港の民主派は香港基本法46条が規定する新規5年の任期を主張した。他方で、中国においては早い段階より中国式の「剰余任期」つまり前任者の予定されていた任期の残りの任期である2年の任期が主張された。このため、香港政府は国務院に報告書を提出し、全人代常務委に、新行政長官の任期について香港基本法53条2項の解釈を行い2年の任期を確定させることを要請した。香港において任期を確認するための訴訟が民主派から提起される直前に、全人代常務委の香港基本法解釈が行われた。この結果、中国が予定していた「剰余任期」が確定した[6]。

　(4)　コンゴ事件に関する解釈（香港基本法13条1項および19条に関する解釈、2011年8月26日、第11回全国人民代表大会常務委員会第22回会議採択）

　香港法院で訴えられた外国政府に対して香港法院が適用する主権免除の種類が争われた。この事件において、初めて、終審法院が香港基本法条文に従って、自ら全人代常務委に香港基本法解釈の要請を行った。ここに至り、香港基本法158条が規定する本来の香港基本法の解釈手続が初めて用いられたことになる。

　〔事件の概要〕

　被告であるコンゴ民主共和国は、原告である米投資会社により、パリとチューリッヒの仲裁法廷で得られた仲裁裁定の債務履行を、香港において求められた。というのも同時期に、コンゴは中国と大規模開発契約を締結していた。契約によると、コンゴが中国に採鉱権を与えるのと引き換えに、中国はインフラ建設支援を行い、またコンゴは多額の入場料を受け取るところだった。

　コンゴは、主権免除を享有するために香港の司法管轄権外であると主張した。このため終審法院は、返還後の香港における主権免除の種類について、香港基本法158条2項にのっとって全人代常務委に解釈を要請した。全人代常務委の香港基本法解釈の結果、主権免除に関して、絶対免除主義が適用されることが明らかになった。主権免除についていえば、香港は返還以前の制限免除主義から、中国と同じ絶対免除主義に変更したことになる[7]。

　(5)　立法会宣誓事件に関する解釈（香港基本法104条に関する解釈、2016年11月7日、第12回全国人民大会常務委員会第24回会議採択）

第 5 章　香港基本法解釈権の発展

立法会における宣誓の内容と方法について全人代常務委が香港基本法解釈を行った。全人代常務委の香港基本法解釈よると、香港基本法 104 条が規定する宣誓とは、法定の手続と条件にのっとり、法定の形式と内容に合致する宣誓を指し、宣誓を拒絶した場合には公職資格を失う。この結果、中国に侮辱的な宣誓を行った本土派・民主派の立法会議員 6 名が次々と失職した。なお、この香港基本法解釈は香港において同じ問題を第一審裁判所が審理している最中に行われた。

〔事件の概要〕

2014 年の「雨傘運動」後初めて実施された 2016 年 9 月の立法会選挙では、「雨傘運動」の流れを汲んだ中国からの独立も視野に入れる本土派と呼ばれる急進的な若者の台頭が顕著となった。立法会議員として当選した彼らは、立法会での職務を開始する初日の宣誓において、中国を侮辱する言葉を使うなどして自身の立場を表明した独自の宣誓を行った。これに対し、香港政府は宣誓を無効とし、第一審裁判所にこれら議員の資格剥奪を求める訴訟を相次いで起こしていた。第一審裁判所における審理と並行した形で、全人代常務委の香港基本法解釈が行われ、これら議員の宣誓は無効となった。そして、立法会の宣誓において中国に敵対する発言、行為を行った議員は続く第一審裁判所での審理を経て失職することとなった[8]。

2　全人代常務委解釈の要請が検討された主な終審法院判決

　全人代常務委の香港基本法解釈は返還後 5 回行われた。このうち、終審法院が全人代常務委に香港基本法解釈を要請するのが妥当と判断し、香港基本法 158 条の手続にのっとって香港基本法解釈を要請した事例は、コンゴ事件のみである。しかし、この他にも終審法院において全人代常務委へ香港基本法解釈を要請すべきかどうかが検討された事例は数多い。以下に代表的な終審法院判決を挙げる。

①居留権事件[9]

前述した初めての全人代常務委による香港基本法解釈に至った香港基本法 24 条が規定する香港居留権を享有する者の範囲に関する訴訟。終審法院は全人代常務委への解釈要請を検討し、その必要はないと判断した。しかし前述の通り、終審法院判決後に全人代常務委の香港基本法解釈が行われた。

②劉港榕事件[10]

香港永住性居民である両親のもとから中国で生まれた子どもが居留権事件と同

じく香港基本法24条2項3号にのっとって香港居留権を持つかどうかが争われた事件。香港基本法158条3項によると、全人代常務委が解釈を加えた香港基本法条文を香港法院が引用する場合、全人代常務委の解釈に準拠しなければならない。終審法院は、24条2項3号の解釈について、全人代常務委の解釈に沿った見解へと軌道修正した[11]。

③談雅然事件[12]

香港基本法24条2項3号の規定に、香港永住性居民が中国において中国法にのっとって合法的に養子縁組をした中国人養子が含まれるかどうかが争われた事件。24条2項3号には前述のとおり全人代常務委による解釈がなされているが、この解釈は養子の場合について明らかにしていない。そこで全人代常務委への解釈要請が検討された。しかし、終審法院はこれを退け、24条2項3号の文言が両親から「出生した」とあることから、養子は24条2項3号の対象とはなりえず、居留権が与えられないと判断した[13]。

④5000人訴訟事件[14]

居留権事件終審法院判決時において、訴訟当事者ではないが勝訴した当事者と同じ立場にあったものが全人代常務委解釈の対象外となるのかどうか（例外的に香港居留権を付与されるのかどうか）が争われた事件。居留権事件では、当事者のほかに同じ法的立場にあるものが約5000人に上っていた。このため当事者すべてが訴訟を提起することはできないとして、法律扶助署も、個々の申請者に訴訟を始める必要がないことを通知していた。しかし、終審法院はこれらの人々は、居留権事件の当事者ではないため、全人代常務委解釈に従って香港居留権は付与されないと判断した[15]。

⑤荘豊源事件[16]

中国人の両親が、中国から「双程証」（一時的な香港滞在許可証）をもって香港の親族を訪問していた期間中に、香港で出生した子どもに香港居留権が与えられるのかどうかが争われた事件。全人代常務委への香港基本法解釈要請が検討されたが、終審法院は、香港基本法を検討した結果、終審法院で判断しうるとした。そして、両親が香港に定住しておらず、香港居留権を有していない場合でも、香港で出生した子どもには、香港基本法24条2項1号に従って、香港居留権が与えられると判断した[17]。

⑥コンゴ事件[18]

第 5 章　香港基本法解釈権の発展

事件の詳細は前述したとおりである。全人代常務委へ香港基本法解釈を要請すべきかどうかが検討された結果、香港基本法 158 条の手続にのっとって、終審法院が全人代常務委に香港基本法解釈を初めて要請した。

⑦外国人メイド事件[19]

香港基本法 24 条 2 項 4 号は中国国籍以外の者が香港居留権を取得する方法について「香港に通常連続 7 年以上居住」することを挙げているが、外国人メイドの居住形態がこれに合致し、香港居留権を取得できるのかが争われた事件。全人代常務委への香港基本法解釈要請が検討されたが、終審法院はこれを却下し、外国人メイドの居留形態に課された制限を考慮すると、これは「通常居住」とは質的にかけ離れたものであると判断し、香港居留権の付与を認めなかった[20]。

【表1】全人代常務委解釈要請が検討された主な終審法院判決

年月	事件名	終審法院での審理の存否	全人代常務委解釈の存否	全人代常務委解釈の要請主体	テーマ
1999 年 6 月 26 日【全人代常務委解釈】	居留権事件	○（1999 年 1 月 29 日判決）	○	香港政府	移民
1999 年	劉港榕事件	○	×	ー	移民
2001 年	談雅然事件	○	×	ー	移民
2001 年	荘豊源事件	○	×	ー	移民
2002 年	5000 人訴訟事件	○	×	ー	移民
2004 年 4 月 6 日【全人代常務委解釈】	行政長官および立法会の普通選挙に関する解釈	×	○	なし	民主化
2005 年 4 月 27 日【全人代常務委解釈】	行政長官の任期に関する解釈	×	○	香港政府	民主化
2011 年 8 月 26 日【全人代常務委解釈】	コンゴ事件	○（2011 年 9 月 8 日）	○	終審法院	中国のアフリカ投資
2013 年	外国人メイド事件	○	×	ー	移民
2016 年 11 月 7 日【全人代常務委解釈】	立法会議員宣誓事件	×	○	なし	民主化

（出所）筆者作成。

155

第 2 部　香港基本法解釈権の展開

　以上、全人代常務委への香港基本法解釈要請が検討された主な終審法院判決を紹介した。【表 1】は全人代常務委への香港基本法解釈要請が検討された終審法院判決を時系列に並べている。また、それぞれの事件につき、終審法院での審理の存否、全人代常務委の解釈の存否および全人代常務委解釈の要請主体につき比較を試みている。これまでの 5 回の全人代常務委の香港基本法解釈のうち、同じ事件を終審法院と全人代常務委が検討したものは居留権事件とコンゴ事件の 2 件のみである。そのうち居留権事件においては、終審法院ではなく香港政府が解釈を要請している。その他の 3 件は、終審法院の審理を経ないで、直接全人代常務委が香港基本法解釈を行っている。かつ、この 3 件はいずれも民主化問題にかかわるという特徴を有している。

第 2 節　香港基本法解釈権の発展
――返還後 20 年間の終審法院判決を通して――

　終審法院においても、数多くの判例を通じて香港基本法解釈について検討されてきた。返還後 20 年間の裁判実践を経て、少なくとも終審法院の側においては、香港基本法解釈権の細則は次第に確定されつつある。本節では、返還後 20 年間に蓄積した終審法院判例の検討を通じて、終審法院はいかに香港基本法解釈権を理解し、運用における細則を打ち立てたのかを明らかにする。それらは、以下の 7 点である。すなわち、(1) 終審法院の香港基本法解釈権の範囲、(2) 香港基本法解釈の原則、(3) 外部文書の位置づけ、(4) 全人代常務委への解釈要請の要件、(5) 全人代常務委の香港基本法解釈における権限、(6) 全人代常務委への解釈要請の方法、(7) 全人代常務委の解釈の効果、各点である。

1　終審法院の香港基本法解釈権の範囲
(1)　香港基本法 158 条における解釈権の分割
　158 条は香港基本法における解釈権の基準であると理解されている。外国人メイド事件において馬首席裁判官は次の通り、158 条の意義について述べる。

　「158 条は香港基本法の解釈について統括する特別の条文である。香港基本法解釈にたずさわるのは、全人代常務委と香港法院のみである。本条文は全人代常務委の香港基本

法解釈およびその効果について明確な文言で規定する。また、香港法院に委任された香港基本法の解釈権および終審法院の全人代常務委への香港基本法解釈要請義務を規定する[21]。」

(2) 終審法院の解釈権限と司法審査

香港基本法11条2項は「香港特別行政区の立法機関が制定するいかなる法律も、本法と抵触してはならない。」と香港基本法の最高法規性を規定する。そうであれば、香港基本法と抵触する法律に対する違憲審査を行う機関が必要であるが、香港基本法にはそれが特定されていない。この点について終審法院は、終審法院が当該権限を行使するものと結論付けている。根拠とするのは、香港基本法158条が終審法院に付与する解釈権および香港基本法上の不文の原則である権力分立である。早くも1999年の居留権事件終審法院判決において、李首席裁判官は次の通り述べ、終審法院が司法審査の権限を有することを明らかにしている。

「他の憲法と同様に、香港基本法に違反する法律は効力を持たず無効である。香港基本法のもとで、香港法院は、香港に付与された高度の自治の範囲内で独立の司法権を持つ。法律が違反あるいは無効かどうかの問題が生じた場合、決定するのが、香港法院である。この権限を通じて、香港法院は香港基本法が規定する行政と立法への監督を行うのであり、憲法上の役割を果たす[22]。」

司法審査の権限を創出したという点において、居留権事件終審法院判決はアメリカのマーベリー対マジソン事件[23]と同様の効果を持つと指摘される。周知のようにマーベリー対マジソン事件において、アメリカ連邦裁判所は、憲法上の明確な条文がないにもかかわらず、自らを法律が憲法に適合するかどうかを決定する責任がある機関であると位置づけた。居留権事件において、香港終審法院もまた、自らをそうした機関であると断言した[24]。

(3) 終審法院の解釈権に対する制限

香港基本法158条は、香港法院の解釈権の範囲を「自治範囲内の条文」に明確に制限している。法院が自治範囲外の条文（「中央が管理する事務」あるいは「中央と地方の関係」に関する条文）を解釈する必要があるとき、かつその解釈が事件の判決に影響するとき、香港法院は、終審法院を通じて、関連する条文の解釈を全人代常務委に要請しなければならない。（158条3項）

要するに、香港法院が香港基本法を解釈する際には二つの制限がある。一つは、

事件を審理する過程においてのみ解釈できる。二つは、事件の解決において香港基本法条文の「中央が管理する事務」あるいは「中央と地方の関係」に関する条文を解釈する必要があるときのみ解釈できる。馬首席裁判官の言葉を借りると、それは以下のようにまとめられる。

> 「香港法院に課せられている本当の制限は二つである。一つは、香港法院は、事件を審理する過程においてのみ香港基本法の解釈を行いうる。言いかえると、香港法院の役割は紛争の解決であり勧告的意見を与えることではない。二つは、158条3項が規定するように、事件の解決において香港法院が香港基本法条文の『中央が管理する事務』あるいは『中央と地方の関係』に関する条文を解釈する必要があるとき、香港法院は、上訴できない終局的判決を下す前に、終審法院を通じて全人代常務委に対し、関連する条文の解釈を要請する。」[25]

2 香港基本法解釈の原則

(1) コモン・ローの原則

香港基本法は中国の「一国二制度」を具体化すると同時に、コモン・ローの継続適用が認められた香港における「憲法」でもある。そこで、実際の運用において、香港基本法の解釈には中国法あるいはコモン・ローの原則のいずれを用いるのかが問題となる。香港法院は香港基本法の解釈においてコモン・ローの原則のみを用いることを、多くの判例で明らかにしている[26]。

(2) 「生きている文書」としての香港基本法

香港基本法は静的で固定された法であるとは理解されていない。早くも居留権事件終審法院判決において、李首席裁判官は香港基本法を「生きている文書（living instrument）」として、次のように述べている。香港基本法は、

> 「生きている文書（living instrument）であり、変化するニーズと環境に適合することが意図されている[27]。」

香港基本法の条文において、たとえば第3章の基本的人権に関連するものには、

> 「香港居民に完全な基本的権利と自由を付与するために……寛大な解釈（generous interpretation）が与えられなければならない[28]。」

この「生きている文書」という文言はカナダの憲法判例から引用された。Edwards v. Attorney-General for Canada29)ではイギリス北アメリカ法（British North America Act）を「生きている木で自然な限界まで成長可能」であるため、「広く自由な解釈」が与えられるべきであると述べている30)。

(3) 目的に従った柔軟な解釈

香港基本法の解釈は、個々の条文の目的に従って柔軟な方法で行われる。居留権事件終審法院判決において、李首席裁判官は次のように述べている。

「香港基本法のような憲法の解釈において、目的的解釈（purposive approach）が適用されることは、一般的に受け入れられている。目的的解釈の適用は、憲法が、詳細な内容を明らかにすることなく、一般的な原則を規定し目的を表現していることから、必要である。不一致や曖昧さが必ずあり、それらを解決するために、法院はそこに表明された原則と目的に、効果を与える義務、および憲法や関連する外部文書を用いて確認するという義務がある。そして、文書の真実の意味を確認するにあたり、法院は文書の目的と関連する条文を、文脈、つまり憲法の解釈に特に重要となる文脈に照らして考慮しなければならない31)。」

では目的は何かが問われるが、香港基本法全体の目的は中国の主権回復と密接不可分であると解されている。居留権事件終審法院判決において、李首席裁判官は次の通り述べている。つまり、香港基本法の目的は、

「中英共同声明に規定された香港に関する中国の基本政策に従って、高度の自治を保障する一国二制度の原則のもとで、中華人民共和国の不可分の一部である香港特別行政区を設立することである。個々の条文の目的は、その性質や香港基本法の他の条文、あるいは共同声明を含む外部文書から確定される32)。」

上記の全体の目的を前提として、個別の条文には異なる目的が存在する。条文の目的は、中英共同声明、香港基本法、国連自由権規約、国連自由権規約から派生する原則等によって確定される。居留権事件終審法院判決において、李首席裁判官は次の通り述べる。

「個別の条文の目的は、中英共同声明を含む外部文書ばかりか香港基本法それ自体にも見出される。用いられている文言に意味を与えるいかなる伝統や用法も手助けとなり得る33)。」

さらに、

第 2 部　香港基本法解釈権の展開

「基本的人権の解釈においてとりわけ関係が深いのが香港基本法 39 条に基づき香港に引き続き適用される国連自由権規約の条文や国連自由権規約から派生する原則である34)。」

と述べている。

(4)　香港基本法起草者の意図

憲法解釈における「生きている木」というアプローチ35)においては、「立法意図」を明らかにすることが解釈のために必要となる。終審法院によると、「立法意図」は香港基本法起草者の意図ではない。終審法院が考える「立法意図」とは、個々の条文に表現された意図であり、個々の条文の目的に照らして確定される。李首席裁判官は以下の通り述べる。

解釈にあたっての法院の義務は、

「文言が何を意味するのかを明らかにし、文言として表現される立法意図に効力を与えることである36)。」

「解釈は、法院が、文脈と目的に照らして条文を理解するときに、その文言によって生じる意味を明らかにすることである。これは事実に基づく解釈である。法院が文字のみの、技術的、狭義あるいは厳格なアプローチを避けねばならない一方で、法院は、文言にそれが持ちえない意味を与えてはならない37)。」

要するに、香港基本法の解釈においては、用いられている文言の意味、全体としての香港基本法の目的、問題となっている特定の条文の目的、および香港社会の変化するニーズを考慮しなければならない。「生きている木」というアプローチはコモン・ロー適用法域における解釈方法と同じであり、香港司法界からも普遍的な賛同を得ている。これは、全人代常務委の香港基本法解釈の方法と対照的である。終審法院がコモン・ローの解釈原則に依拠し解釈を行う一方で、司法機関というより政治的機関である全人代常務委は、何が正しい解釈かを、どのようにその決定に至ったのかへの道筋をほぼ示さずに、「宣言」している38)。

3　外部文書の位置づけ

外部文書は特定の条文の内容を明らかにする際に有用であり、法院がその背後にある原則と目的を確認する際の手がかりになる。李首席裁判官は次の通り述べる。

第 5 章　香港基本法解釈権の発展

「外部文書で香港基本法や個別の条文の内容と目的に言及しているものは、香港基本法解釈の手がかりとして用いられうる39)。」

(1)　外部文書使用の限度
外部文書は条文の意味に曖昧さがある場合に限って使用される。李首席裁判官は次の通り述べる。

「外部文書は、性質や（香港基本法の）制定以前か以降かに関わらず、法院が文言の意味に到達したときには、解釈に影響を及ぼすことができない。…文言の意味に曖昧なところがなく明らかであれば、他の解釈を用いる必要はない40)。」

(2)　全人代常務委解釈により言及された外部文書の地位
全人代常務委解釈によってひとたび立法意図が反映されていると言及された文書は、その後、文書全体として特別の地位を持ち、文書全体が立法意図を反映していると見なされるのか。終審法院判決はこれを否定している。
　荘豊源事件41)における論点の一つが、1996 年の準備委員会意見（「香港基本法 24 条 2 項の解釈に関する意見」、以下、1996 年準備委意見）が立法意図を反映したものとみなされるべきかどうかだった。1999 年 6 月の居留権事件における全人代常務委解釈は次の通り述べている。

「本解釈で述べる立法意図は、香港基本法 24 条 2 項の各号の立法意図とともに……『香港基本法 24 条 2 項の解釈に関する意見』に反映されている」42)。」

1999 年の全人代常務委解釈は香港基本法 22 条 4 項と 24 条 2 項 3 号の解釈のみにとどまっているが、続く荘豊源事件で問題となったのは 24 条 2 項 1 号の解釈であった。入境事務所所長は、1999 年の全人代常務委解釈そして 1999 年の全人代常務委解釈が言及する 1996 年準備委意見は、外部文書として 24 条 2 項 1 号の解釈に関する立法意図を反映しているものとして扱われるべきと主張した。しかし終審法院は、24 条 2 項 1 号の文言には、立法意図の観点から曖昧なところがないと結論づけ、外部文書の使用を拒否した。荘豊源事件において、李首席裁判官は次の通り述べる。

「1996 年準備委意見はあるものの、文言が持ちえない意味を採用することによって、24 条 2 項 1 号の文言の明確な意味を逸脱することはできない43)。」

1996年準備委意見が、文書全体として立法意図を体現し、その結果として香港法院に対し拘束力を持つのかについては、その後も裁判で争われた。外国人メイド事件44)において、入境事務所所長は、1996年準備委意見が解釈の有効な一部として（つまり1999年の全人代常務委解釈の一部として）法院に対して拘束力を持つのかどうかを明らかにするために、終審法院が全人代常務委に解釈を要請することを要求した。これに対し法院は「必要条件」が満たされていないことから、これを棄却した。馬首席裁判官は次の通り述べる。

　「結論を導き出す過程において、本法院は24条2項4号の真実の解釈にいたったので、全人代常務委への解釈要請は不要である45)。」

(3) 香港基本法制定以前の外部文書の価値

様々な外部文書の利用の可能性があり、その中でも、香港基本法の制定以前に存在する文書は、制定以降の文書よりも高い価値があると理解されている。李首席裁判官は次の通り述べる。

　「外部文書には、中英共同声明および1990年4月4日の香港基本法採択の直前に示された1990年3月28日の全人代の香港基本法草案の説明が含まれると考えられる。同時期および中英声明発表時の国内立法も香港基本法の解釈の手助けになるだろう。なぜなら、香港基本法は1997年7月1日に効力を発したが、香港基本法の内容と目的は1990年の制定の時期に確立されたのであり、その解釈に関連する外部文書は、一般的に言って、香港基本法制定以前の文書、つまり香港基本法の制定以前あるいは同時代にあった文書であるからだ46)。」

4　全人代常務委への解釈要請の要件

全人代常務委の香港基本法解釈がなされる場合として香港基本法158条が予定するのは、終審法院が自ら全人代常務委に香港基本法解釈を要請する場合のみである（158条3項）。しかし返還後長らく、終審法院は、これに対して、消極的な姿勢を示してきた。たとえば居留権事件において、終審法院は、香港基本法を自ら解釈する権限は「香港に与えられた高度の自治の本質的な部分である47)。」と述べ、あえて全人代常務委の香港基本法解釈を排除する姿勢をとった。このように、全人代常務委への香港基本法解釈要請の忌避は顕著であったといえよう48)。

こうした全体的傾向が指摘されるが、では終審法院は全人代常務委への解釈要

第 5 章　香港基本法解釈権の発展

請をどのように捉え、解釈要請にあたりどのような要件を作り出してきたのか。以下に検討を加える。

(1)　終審法院の義務としての全人代常務委への解釈要請

終審法院は、全人代常務委への解釈要請は終審法院の権限ではなく、特定の状況下においてのみ行使されうる義務であると理解している。馬首席裁判官は次の通り述べる。

「終審法院による解釈要請は…158条3項によって厳格に規定された義務であり、強制的な性格を持つ。つまり香港基本法の除外条項への適用のみに制限されており、特定の状況にのみ適用される。それは、分類要件、必要要件および曖昧さが存在する場合である。このようにして、そしてこのような時にのみ、終審法院は全人代常務委に解釈を要請しなければならない49)。」

馬首席裁判官はさらに次の通り述べる。

「終審法院が全人代常務委に解釈を要請する権限を有すると示唆する根拠はどこにもない。これは以下の点から導き出される。(a) 終審法院が、司法権行使の一つの要素として、終局的に判断する権限を行使しているということ。(b) 158条3項における香港特別行政区法院の『自ら』事件を解決する責任は、158条における強制的な解釈要請の手続および同条文における全人代常務委の解釈の適用に従属していること。(c) コモン・ロー裁判所はその司法的機能を他のいかなる機関へとも放棄してはいけないという歴史ある確立された原則50)。」

(2)　終審法院の解釈要請における2要件 ——「分類要件」および「必要要件」——

終審法院は、居留権事件において、158条3項が、終審法院が全人代常務委に解釈を要請すべきかを判断する場合に、2要件を課しているとし、「分類要件」と「必要要件」を創出した51)。

「分類要件」および「必要要件」の2要件が満たされた場合に、法院は全人代常務委に解釈要請する義務がある52)。「分類要件」を満たすには、当該条文が「中央が管理する事務」または「中央と地方の関係」に関する条文であることが必要である。「必要要件」を満たすには、法院が事件の審理において判決を下すために当該条文を解釈する必要があり、法院の解釈が判決に影響することが必要である。そして終審法院はこの2要件に適合しているかどうか決定する責任がある。居留権事件において李首席裁判官は次の通り述べる。

163

「事件の審理において、2要件が満たされているかどうかを決定するのは終審法院でありそして終審法院のみである。全人代ではなく本法院が、分類条件が満たされているかどうか、つまり当該条文が除外条項であるかどうかを決定する53)。」

2要件を考慮するとき、法院はまず「分類要件」を検討し、次に「必要要件」の検討に移る。この順序については、法曹界より異論が呈されており54)、法院はこの異論について認識していることを荘豊源事件において明らかにしている55)。

2要件の根底にあるのが「曖昧さ」の必要性である。つまり条文を解釈するにおいて、それが曖昧であれば2要件に照らして解釈要請すべきかどうかを検討する。外国人メイド事件において馬首席裁判官は以下の通り述べる。

「解釈要請の運用の統一性を保障するために、158条3項には曖昧さを必要とするという要素が潜在的に含まれている。さもなければ、潜在的な濫用のリスクがある。つまりあらゆる気まぐれな議論が、全人代常務委の解釈を求めるためだけにつくられるという事態だ56)。」

(3) 「分類要件」適合性の決定 —— 問題となる条文の性格

終審法院は、当該条文が「分類要件」に合致しているのかどうかを決定する際に、法院が、解釈がもたらす「実質的な影響」を考慮すべきだという主張を却下した57)。「実質的な影響」テストとは、解釈が中央政府の権限内にある事項に影響をおよぼすなら、「分類要件」に適合していると考えるテストである。このテストの却下理由として、法院は、「分類要件」は条文の性格のみを考慮しなければならず、さもなければ「香港基本法の多くの条文が潜在的に除外条項になりうる。」と注意点を述べた58)。

(4) 「主要条項テスト（predominant provision test）」 —— 複数条文の事例に限定した適用 ——

複数条文の解釈が必要とされるが、必ずしもすべての条文が「分類要件」に合致する場合ではないとき、法院は、どの条文が「実質的な問題として」解釈されねばならない「主要な条文」なのかを決定する。そしてたとえ関連する条文が「分類要件」に合致していても、それが法院が判決を下すうえで優越的に考慮すべき条文でないなら、全人代常務委に解釈を要請しないこともあると考えている。これが「主要条項テスト」である59)。

第 5 章　香港基本法解釈権の発展

「主要条項テスト」は、香港基本法の文言にはない要件である。香港基本法の解釈に高度な目的的解釈を適用、すなわち香港の「高度の自治」を最大化し、全人代常務委への解釈要請の可能性を最小化した結果、法院はこの要件を作り出すに至った。居留権事件において、158 条 3 項をもとに、「主要条項テスト」を作り出したことはまた、初期における終審法院の全人代常務委へ解釈を要請することへの消極性を表しているとの指摘もある[60]。

居留権事件終審法院判決で生み出された「主要条項テスト」の詳細は、以降の終審法院判決において次第に明らかとなってきた。まず、「主要条項テスト」は問題となる香港基本法条文が一つのみの場合は、適用されない[61]。さらに、複数条文が関係するが、すべての条文が「分類要件」に合致するときも関係しない。たとえば、コンゴ事件において陳常任裁判官、リベイロ常任裁判官、メーソン非常任裁判官は次の通り述べる。

> 「(「主要条項テスト」は) 本件には関係しない。…本件で問題となる二つの香港基本法条文は両方ともに除外条項である。まず、13 条は中央の管理する事務に関わる香港基本法条文である。次に、19 条は明らかに中央と地方の関係に関わっている。したがって主要条項テストを適用する必要はない[62]。」

(5)　条文の性質分類の決定における終審法院の権限

終審法院は、問題となる条文が香港あるいは中央の権限内にあるのかを決定する責任を持つのが終審法院であると主張している。居留権事件において、李首席裁判官は以下の通り述べる。

> 「我々の見解において、事件を審理するときに、2 要件に合致しているかどうかを決定するのは終審法院であり、終審法院のみである。全人代ではなく、本法院が、『分類要件』に合致しているかどうか、つまり、当該条文が除外条項であるかどうかを決定する[63]。」

しかし、この主張の効果は、現在では限定的だと考えられている[64]。

(6)　「分類要件」、「必要要件」の将来

「分類要件」、「必要要件」という 2 要件が、終審法院の 158 条 3 項の解釈によって創出されたものであれば、同時にこれらは、全人代常務委が有する制限のない解釈権により、将来的に否定される可能性も暗に含まれている[65]。実際に、

第 2 部　香港基本法解釈権の展開

終審法院は、全人代常務委が 2 要件に反対しているかのように見えることに言及している。劉港榕事件において、李首席裁判官は以下の通り述べる。

> 「（1999 年の）全人代常務委解釈の序文は、判決を下す前に本法院が 158 条 3 項の規定に従って、関連する条文の全人代常務委の解釈を求めなかったとの見解を表明している。この見解は、本法院が居留権事件で適用したものとは異なる 158 条 3 項の解釈をとっているため、本法院は『分類要件』、『必要要件』そして『主要条項テスト』を適切な事例において再検討する必要があるだろう66)。」

同様に、コンゴ事件においても、法院はテストの再検討の可能性について言及した。しかし、再検討することは、その事例が適切な事例ではないという理由から再び却下している67)。

「必要要件」の運用は特に議論を醸し出しており、特に、香港基本法が関係するときは常に「必要要件」に合致することになるのかという論点がある。コンゴ事件において、終審法院の多数意見は、13 条と 19 条が関係していることから、「必要要件」にただちに合致していると判断した。コンゴ事件において多数意見である陳常任裁判官、リベイロ常任裁判官、メーソン非常任裁判官は次の通り述べる。

> 「我々の見解によると、コンゴ民主共和国は主権免除を放棄していない。したがって本件は、香港基本法 13 条と 19 条の意味に影響する解釈をせずに解決することができない。特に、『防衛と外交などに関する国家行為』という文言に関係する部分である。したがって、『必要要件』は満たされている68)。」

しかし、上記の見解に異議を唱える終審法院裁判官もいる。コンゴ事件において、ボカリー常任裁判官は以下の反対意見を述べる。

> 「主権免除の問題が香港の法院で解決されるかどうかは、現在では商業的取引にも拡大しているのであり、終審法院が解決できる。そして解決しなければならないコモン・ローの問題である。それを決定することは、香港基本法のいかなる解釈をも含まないし、ましてや全人代常務委からいかなる解釈が求められるものでもない。…香港基本法が本件で関係しているのであれば、それは解釈の問題ではなく単に適用の問題である。条文の意図は明らかであり、解釈すべきものはない69)。」

さらに、モルティメア非常任裁判官は反対意見として次の通り述べている。

第 5 章　香港基本法解釈権の発展

「指摘したように、私はパニック卿が提起した、13 条は中央人民政府と香港特別行政区行政機関それぞれの外交問題に関する責任に関係している、という見解に賛同している。いかなる 13 条の解釈もこの事件の判決に影響しない70)。」

「法院の司法管轄は 19 条に規定されており、注目したいのは 19 条である。しかし、19 条の明確な目的と意味に関する私の結論が正しいのなら、証明書が必要とされる国家行為に関する事実はないし、そればかりか本件判決に影響を及ぼすいかなる香港基本法条文も存在しない71)。」

5　全人代常務委の香港基本法解釈における権限

終審法院によると、全人代常務委は解釈を行うにあたって無制限の権限がある。たとえ終審法院が当該条文を香港の自治範囲内にあると結論づけても、全人代常務委はその条文に関する解釈を行う自由がある。居留権事件において、李首席裁判官は以下の通り述べる。

「158 条 1 項は香港基本法の解釈権を全人代常務委に付与している。法院が事件を審理する際に香港基本法を解釈する司法管轄は、158 条 2 項および 158 条 3 項に基づく全人代常務委の権限から導かれる。1999 年 1 月 29 日の終審法院の判決において、終審法院は、終審法院の香港基本法を執行し解釈する司法管轄は香港基本法の条文から導かれ、そして香港基本法の条文に服すると述べた。1999 年 1 月 29 日の終審法院の判決は、全人代常務委の 158 条を根拠とする解釈権限に疑問を呈するものではない。終審法院は、その権限は疑いもないものであると認める。ましてや、終審法院の判決は、全人代あるいは全人代常務委が、香港基本法の条文に従って行ういかなる行為と手続に疑問を呈するものではないし、疑問を呈することができないことを認めている72)。」

したがって、終審法院によると全人代常務委は、完全な解釈権をもつ。そして、解釈は訴訟時以外でも行使されうる。劉港榕事件において、李首席裁判官は以下の通り述べる。

全人代常務委の解釈権は、

「中国憲法 67 条 4 項から導き出される全般的で制限のない権限である。158 条において、香港法院の権限との関係で用いられる『自ら』という語句は、いかなる方法においても、全人代常務委の解釈権を制限しない73)。」

続けて、李首席裁判官は以下の通り述べる。

167

第 2 部　香港基本法解釈権の展開

「その権限と行使は 158 条 2 項と 158 条 3 項により制限されあるいは条件が課されるものではない。158 条 2 項によって、香港法院は、自治範囲内にある条文を、事件の解決において自ら解釈する権限が与えられている。この『自ら』という語句は、158 条 3 項では除外条項には強制的に解釈を要請することが規定されているのとは対照的に、全人代常務委への解釈を要請する義務がないことを強調している。当該条項は、香港の自治範囲内にはない条文も、法院が解釈することを可能にしているが、規定の条件が満たされると、終審法院に除外条項を解釈せずに、全人代常務委から解釈を求めるように義務付けている。したがって、158 条 3 項が、158 条 1 項の全人代常務委の全般的な権限を制限していることには疑問がない。当該条項は予定された状況において、除外条項の解釈を要請することで、終審法院の権限を制限しようとしている[74])。」

6　全人代常務委への解釈要請の方法

　全人代常務委はいかなるときにも解釈を行う権限を持つ一方で、香港基本法に規定される香港基本法解釈の方法は、終審法院からの解釈要請に基づくもののみである[75])。実際には、頻繁に行われている香港政府から全人代常務委へ解釈を要請するという方法は、香港基本法には規定されていない。この方法は居留権事件を契機として確立された。居留権事件では、香港政府は全人代常務委に、香港基本法 24 条の真の意味についての解釈を要請した。この方法は実際の効果において香港政府に特別の上訴権限（かつこの権限は訴訟の相手方には与えられない）を与えているため、これは例外的な行為であると考えられねばならないとの指摘が根強い[76])。

7　全人代常務委の解釈が有する効果

　香港法院は全人代常務委により香港基本法解釈がなされた場合、この解釈に従う義務がある。外国人メイド事件において馬首席裁判官は以下の通り述べる。

「158 条 1 項に基づき全人代常務委により香港基本法の解釈がなされたとき、これはもちろん香港法院を拘束する。……158 条 3 項にもとづく要請において、全人代常務委による関連条文の解釈がなされたとき、これはすべての香港法院を拘束することが特筆されねばならない。158 条 1 項に基づく解釈権の行使の場合においても、同様の拘束力を持つ。つまり、香港法院は、158 条 1 項または 3 項にもとづくものであろうと、全人代常務委による解釈に従う義務がある[77])。」

第5章　香港基本法解釈権の発展

終審法院判決と全人代常務委の解釈が異なるとき、解釈は事件の当事者あるいはその判決から利益を受けるであろう同様の立場の人々には影響しない。他の人々が、自分たちの事件が香港法院の判決に拘束されるであろうという合理的な期待を持つとき、その人たちは158条3項の制限から除外される[78]。この点、終審法院の判決と異なる全人代常務委解釈は、判決の予測性という価値を損なう点が指摘されている。好例が居留権事件と、それに対する1999年6月の全人代常務委の解釈、その後の劉港榕事件である。全人代常務委の解釈が、終審法院の居留権事件判決の結果を覆したにもかかわらず、居留権事件の当事者は終審法院の勝訴判決における恩恵を享受することができた。しかしながら、後の事件の当事者は、全人代常務委の解釈が以降の終審法院判決に拘束力を持つために、同様の権利、つまり香港居留権を獲得することができなかった[79]。

おわりに

本章では、返還後20年間の終審法院判例の検討を通じて、終審法院はいかに香港基本法解釈権を理解し、その運用における細則を打ち立てたのかを明らかにした。具体的には、香港基本法158条の規定に関して、細則が確立されつつある以下の7点を検討した。それらは、(1) 香港基本法158条における終審法院の解釈権、(2) 香港基本法解釈の原則、(3) 外部文書の位置づけ、(4) 全人代常務委への解釈要請、(5) 全人代常務委の香港基本法解釈の権限、(6) 全人代常務委への解釈要請の方法、(7) 全人代常務委の解釈の効果である。以下、上記7点を簡単に振り返る。

第一に、香港基本法158条における終審法院の解釈権について、終審法院は、158条は香港基本法における解釈権の基準であると理解する。そして、香港基本法158条が終審法院に付与する解釈権および不文の香港基本法上の原則である権力分立を根拠として、自らを香港基本法と抵触する法律に対する違憲審査を行う機関であると位置付けている。さらに、香港法院が香港基本法を解釈する際の二つの制限をも158条から導出した。二つの制限とは以下である。一つは、事件を審理する過程においてのみ解釈できること。二つは、事件の解決において香港基本法条文の「中央が管理する事務」あるいは「中央と地方の関係」に関する条文を解釈する必要があるときのみ解釈できること、である。

第 2 部　香港基本法解釈権の展開

　第二に、香港基本法解釈の原則について、終審法院によると、コモン・ローの原則のみが用いられる。そして、香港基本法は変化する社会のニーズと環境に適合していくことが意図されている「生きている文書（living instrument）」と理解され、広く自由な解釈が許容される。香港基本法の各条文は、個々の条文の目的に従って柔軟な方法で行われる。目的の大前提は、一国二制度の下で中華人民共和国の不可分の一部である香港特別行政区を設立することであるが、個別の条文の目的は、中英共同声明、香港基本法、国連自由権規約、国連自由権規約から派生する原則等によって確定される。さらに、終審法院によると、「立法意図」は香港基本法起草者の意図ではない。終審法院が考える「立法意図」とは、個々の条文に表現された意図であり、個々の条文の目的に照らして確定される。

　第三に、外部文書の位置づけについて、終審法院の理解によると、それは条文の意味に曖昧さがある場合に限って使用される。全人代常務委解釈によってひとたび立法意図が反映されていると言及された文書が、その後、文書全体として特別の地位を持ち、文書全体が立法意図を反映していると見なされることはない。外部文書の中でも、香港基本法の制定以前に存在する文書は、制定以降の文書よりも高い価値があると理解されている。

　第四に、全人代常務委への解釈要請について、終審法院は、それは終審法院の権利ではなく、特定の状況下においてのみ行使されうる義務であると理解している。そして、終審法院は、158条3項は、終審法院が全人代常務委に解釈を要請すべきかを判断するにおいて、2要件を課しているとした。それらは、「分類要件」と「必要要件」である。「分類要件」を満たすには、当該条文が「中央が管理する事務」または「中央と地方の関係」に関する条文であることが必要である。「必要要件」を満たすには、法院が事件の審理において判決を下すためにその条文を解釈する必要があり、法院の解釈が判決に影響することが必要である。そして終審法院はこの2要件に適合しているかどうか決定する責任がある。2要件を考慮するとき、法院はまず「分類要件」を検討し、次に「必要要件」の検討に移る。だだし、この2要件については、全人代常務委が否定的な見方を示しており、終審法院は2要件の再検討の可能性について度々言及している。さらに、複数条文の解釈が必要とされるが、必ずしもすべての条文が「分類要件」に合致する場合ではないとき、法院は、どの条文が「実質的な問題として」解釈されねばならない「主要な条文」なのかを決定する。これは「主要条項テスト」と呼ばれる。

第 5 章　香港基本法解釈権の発展

そしてたとえ関連する条文が「分類要件」に合致していても、それが法院が判決を下すうえで優越的に考慮すべき条文でないなら、全人代常務委に解釈を要請しないこともある。

　第五に、全人代常務委の香港基本法解釈の権限について、終審法院によると、全人代常務委は解釈を行うにあたって無制限の権限がある。たとえ終審法院が当該条文を香港の自治範囲内にあると結論づけても、全人代常務委はその条文に関する解釈を行う自由がある。そして、解釈は訴訟時以外でも行使されうる。

　第六に、全人代常務委への解釈要請の方法について、香港基本法に規定される香港基本法解釈の方法は、終審法院からの解釈要請に基づくもののみだが、実際には、香港基本法の規定にはない、香港政府から全人代常務委へ解釈を要請する方法が頻繁に行われている。

　第七に、全人代常務委の解釈の効果について、全人代常務委により香港基本法解釈がなされた場合、香港法院は、この解釈に従う義務がある。

　全人代常務委の香港基本法解釈権行使事例は 5 回のみにとどまり、十分な細則が確立されたとは言い難い。他方で、返還後少なくとも終審法院の側では、議論の尽くされた数多くの裁判例を通じて香港基本法解釈権の細則は次第に確立されつつあると言える。

1) The Hon Sir Mason, Anthony, "The Rule of Law in the Shadow of the Giant: The Hong Kong Experience" 33 *Sydney L. Rev.* 623, 627.
2) 不法入境児童を指す。
3) 居留権事件の詳細について、詳しくは廣江倫子『香港基本法の研究──「一国両制」における解釈権と裁判管轄を中心に──』成文堂、2005 年、80 - 87 頁を参照されたい。
4) The Hon Sir Mason, Anthony, op.cit., 633.（事件の詳細について第 6 章を参照されたい。）
5) The Hon Sir Mason, Anthony, op.cit., 634.（事件の詳細については第 7 章を参照されたい。）
6) The Hon Sir Mason, Anthony, op.cit., 635.（事件の詳細については第 7 章を参照されたい。）
7) The Honourable Mr Justice Bokhary GBM NPJ, Michael Ramsden and Stuart Hargreaves (eds), *Hong Kong Basic Law handbook* (Hong Kong: Thomson Reuters, 2015), p.438.（事件の詳細については第 9 章を参照されたい。）

8) 事件の詳細については第10章を参照されたい。
9) *Ng Ka Ling v. Director of Immigration*（1999）2 HKCFAR 4.
10) *Lau Kong Yung v. Director of Immigration*（1999）2 HKCFAR 300.
11) 廣江倫子、前掲書、107-109頁。
12) *Tam Nga Yin v. Director of Immigration*（2001）4 HKCFAR 251.
13) 廣江倫子、前掲書、111-112頁。
14) *Ng Siu Tung v. Director of Immigration*（2002）5 HKCFAR 1.
15) 廣江倫子、前掲書、112-114頁。
16) *Director of Immigration v. Chong Fung Yuen*（2001）4 HKCFAR 211.
17) 廣江倫子、前掲書、110-111頁。
18) *Democratic Republic of the Congo v. FG Hemisphere Associates LLC（No 1）*（2011）14 HKCFAR 95.
19) *Vallejos v. commissioner of Registration*（2013）16 HKCFAR 45.
20) 事件の詳細については第9章を参照されたい。
21) *Vallejos v. Commissioner of Registration*（2013）16 HKCFAR 45 at para.100.
22) *Ng Ka Ling v. Director of Immigraion*（1999）2 HKCFAR 4 at para. 64.
23) *Marbury v. Madison* 5 US 137（1803）
24) The Honourable Mr Justice Bokhary GBM NPJ, Michael Ramsden and Stuart Hargreaves（eds）, op.cit., p.426.
25) *Vallejos v. Commissioner of Registration*（2013）16 HKCFAR 45, at para. 103.
26) たとえば、以下の判例がある。*Chan Kam Nga v. Director of Immigration*（1999）2 HKCFAR 82, *Ng Ka Ling v. Director of Immigration*（1999）2 HKCFAR 4, *Lau Kong Yung v. Director of Immigration*（1999）2 HKCFAR 300, *Director of Immigration v. Chong Fung Yuen*（2001）4 HKCFAR 211.
27) *Ng Ka Ling v. Director of Immigration*（1999）2 HKCFAR 4 at para.73.
28) *Ng Ka Ling v. Director of Immigration*（1999）2 HKCFAR 4 at para.77.
29) *Edwards v. Attorney-General for Canada*［1930］AC 124.
30) The Honourable Mr Justice Bokhary GBM NPJ, Michael Ramsden and Stuart Hargreaves（eds）, op.cit., p.427.
31) *Ng Ka Ling v. Director of Immigration*（1999）2 HKCFAR 4 at para.74.
32) *Ng Ka Ling v. Director of Immigration*（1999）2 HKCFAR 4 at para.75.
33) *Ng Ka Ling v. Director of Immigration*（1999）2 HKCFAR 4 at para.76.
34) *Ng Ka Ling v. Director of Immigration*（1999）2 HKCFAR 4 at para.78.
35) 憲法解釈における「生きている木（living tree）」というアプローチは、「オリジナリスト（originalist）」や「文言主義者（textualist）」のアプローチと対比される。後者の二つは、憲法を解釈する方法は起草者と同時代のものと合理的に理解される意味であると考える。
36) *Director of Immigration v. Chong Fung Yuen*（2001）4 HKCFAR 211 at para. 6.3.

第 5 章　香港基本法解釈権の発展

37) *Director of Immigration v. Chong Fung Yuen*（2001）4 HKCFAR 211 at para. 6.3.
38) The Honourable Mr Justice Bokhary GBM NPJ, Michael Ramsden and Stuart Hargreaves (eds), op.cit., p.429.
39) *Ng Ka Ling v. Director Immigration*（1999）2 HKCFAR 4 at para. 74-75, *Director of Immigration v. Chong Fung Yuen*（2001）4 HKCFAR 211 at para. 6.3.
40) *Director of Immigration v. Chong Fung Yuen*（2001）4 HKCFAR 211 at para.6.3.
41) *Director of Immigration v. Chong Fung Yuen*（2001）4 HKCFAR 211.
42)「全國人民代表大會常務委員會關於《中華人民共和國香港特別行政區基本法》第二十二條第四款和第二十四條第二款第（三）項的解釋」（1999 年 6 月 26 日第九屆全國人民代表大會常務委員會第十次會議通過）（http://www.basiclaw.gov.hk/gb/basiclawtext/images/basiclawtext_doc17.pdf）
43) *Director of Immigration v. Chong Fung Yuen*（2001）4 HKCFAR 211 at para. 8.3.
44) *Vallejos v. Commissioner of Registration*（2013）16 HKCFAR 45.
45) *Vallejos v. Commisioner of Registration*（2013）16 HKCFAR 45 at para.111.
46) *Director of Immigration v. Chong Fung Yuen*（2001）4 HKCFAR 211 at para6.3.
47) *Ng Ka Ling*（1999）2 HKCFAR 4, at 32.
48) Gittings, Danny, *Introduction to the Hong Kong Basic Law*（Hong Kong: Hong Kong University Press, 2013）, p.252.
49) *Vallejos v. Commissioner of Registration*（2013）16 HKCFAR 45 at para.105-106.
50) *Vallejos v. Commissioner of Registration*（2013）16 HKCFAR 45 at para.106.
51) Gittings, Danny, op.cit., p.252.
52) *Ng Ka Ling v. Director of Immigration*（1999）2 HKCFAR 4 at para.89.
53) *Ng Ka Ling v. Director of Immigration*（1999）2 HKCFAR 4 at para. 90.
54) Chan, A., "The Court of Final Appeal's Ruling in the Illegal Migrant Children Case: A Critical Commentary on the Application of Article 158 of the Basic Law" in Chan, J. *et al*, (eds), *Hong Kong's Constitutional Debate: Conflict over Interpretation*（Hong Kong: Hong Kong University Press, 2000）
55) *Chong Fung Yuen*（2001）4 HKCFAR 211 at para.7.5.
56) *Vallejos v. Commissioner of Registration*（2013）16 HKCFAR 45 at para.104.
57) The Honourable Mr Justice Bokhary GBM NPJ, Michael Ramsden and Stuart Hargreaves (eds), op.cit., p.433.
58) *Director of Immigration v. Chong Fung Yuen*（2001）4 HKCFAR 211 at para.7.4. *Tam Nga Yin v. Director of Immigration*（2001）4 HKCFAR 251 at 257. *Vallejos v. Commissioner of Registration*（2013）16 HKCFAR 45 at para.103.
59) *Ng Ka Ling v. Director of Immigration*（1999）2 HKCFAR 4 at para. 103.
60) Gittings, Danny, op.cit., pp.253-254.
61) *Director of Immigration v. Chong Fung Yuen*（2001）4 HKCFAR 211.
62) *Democratic Republic of the Congo v. FG Hemisphere Associates LLC*（*No 1*）（2011）14

HKCFAR 95 at para. 397, 403, 406.
63) *Ng Ka Ling v. Director of Immigration*（1999）2 HKCFAR 4 at para.91.
64) The Honourable Mr Justice Bokhary GBM NPJ, Michael Ramsden and Stuart Hargreaves (eds), op.cit., p.434.
65) The Honourable Mr Justice Bokhary GBM NPJ, Michael Ramsden and Stuart Hargreaves (eds), op.cit., p.434.
66) *Lau Kong Yung v. Director of Immigration*（1999）2 HKCFAR 300 at para. 64.
67) *Democratic Republic of the Congo v. FG Hemisphere Associates LLC*（*No 1*）（2011）14 HKCFAR 95 at para.405.
68) *Democratic Republic of the Congo v. FG Hemisphere Associates LLC*（*No 1*）（2011）14 HKCFAR 95 at para.406.
69) *Democratic Republic of the Congo v. FG Hemisphere Associates LLC*（*No 1*）（2011）14 HKCFAR 95 at para.84.
70) *Democratic Republic of the Congo v. FG Hemisphere Associates LLC*（*No 1*）（2011）14 HKCFAR 95 at para.520.
71) *Democratic Republic of the Congo v. FG Hemisphere Associates LLC*（*No 1*）（2011）14 HKCFAR 95 at para. 522.
72) *Ng Ka Ling v. Director of Immigration*（*No 2*）（1999）2 HKCFAR 141, 142.
73) *Lau Kong Yung v. Director of Immigration*（1999）2 HKCFAR 300 at para. 57.
74) *Lau Kong Yung v. Director of Immigration*（1999）2 HKCFAR 300 at para. 57.
75) The Honourable Mr Justice Bokhary GBM NPJ, Michael Ramsden and Stuart Hargreaves (eds), op.cit., p.436.
76) The Honourable Mr Justice Bokhary GBM NPJ, Michael Ramsden and Stuart Hargreaves (eds), op.cit., p.436. 廣江倫子、前掲書、127－128頁。
77) *Vallejos v. Commissioner of Registration*（2013）16 HKCFAR 45 at para.107.
78) *Ng Siu Tung v. Director of Immigration*（2002）5 HKCFAR 1.
79) The Honourable Mr Justice Bokhary GBM NPJ, Michael Ramsden and Stuart Hargreaves (eds), op.cit., p.437.

第6章　居留権事件をめぐる全人代常務委の解釈

はじめに

　返還直後に初めて香港基本法解釈権が大きな関心を集めたのが居留権事件である。居留権事件を契機として、香港基本法解釈権が「一国二制度」における香港法と中国法の接点であることが明確に認識されることとなった。と同時に、香港基本法解釈権が初めて終審法院において本格的に議論され、そして初めて香港基本法解釈権が全人代常務委によって行使された居留権事件では、その後に続く香港基本法解釈権の原型が形成された。

　本章では、居留権事件終審法院判決および居留権事件に対する全人代常務委の香港基本法解釈を通じて、終審法院が示した香港基本法解釈権に対する理解、そして全人代常務委の香港基本法解釈権行使の特徴を明らかにすることを目的とする。

　筆者の先行研究との関連で、本章の位置づけを示す。筆者は拙著[1])において居留権事件の意義を以下の4点より検討した。第一に、香港基本法が予定する香港基本法解釈体制を中国の法律解釈制度との対比をもふまえて概説し問題点を明らかにした。第二に、一連の居留権事件がなぜ香港で問題となるのかについて、戦後から返還後にいたるまでの香港の移民問題とからめて概説した。第三に、居留権事件で示された香港終審法院と全人代常務委それぞれの香港基本法解釈権に対する見解を、居留権事件終審法院判決および全人代常務委の香港基本法解釈の検討を通じて明らかにした。また居留権事件終審法院判決から全人代常務委解釈にいたる一連の流れをも明らかにし、居留権事件訴訟の結末について述べた。第四に、中国と香港の法律界の意見が二分されることとなった全人代常務委の解釈権行使および解釈の方法について対立する双方の法律界の議論を検討した。

175

第2部　香港基本法解釈権の展開

上述の先行研究をもとに、本章では新たに次の検討を行う。第一に、居留権事件において確定し現在へと続く終審法院および全人代常務委それぞれの香港基本法解釈を整理し確認する。第二に、居留権事件で初めて示された終審法院の香港基本法解釈権に対する理解を把握し、さらに全人代常務委の香港基本法の解釈の方法を検討することでその特色と課題を明らかにする。本章の構成と概要は以下の通りである。まず第1節において、居留権事件の概要について簡単に述べる。次に第2節において、居留権事件において示された終審法院の香港基本法解釈権に対する理解を把握し、さらに全人代常務委の香港基本法の解釈の方法について検討を加える。最後に第3節において、居留権事件で明らかとなった香港基本法解釈権の特色と課題について論じる。

第1節　居留権事件の概要

1　居留権事件の契機
（1）背　景

1979年に始まった中国の改革開放政策により香港人が仕事などで中国に赴く機会が増加した。この結果、当時の香港と中国の経済的格差を背景として、主に香港人男性と中国人女性との間に出生する子どもが増加したと言われる。ところが入境条例によると、返還以前、香港居民が中国内地で中国人の配偶者との間に設けた子どもは香港に定住する権利を有さなかった[2]。

香港基本法24条2項3号は、しかしながら、香港居民と中国人の間に出生した子どもにも香港居留権取得が可能、と理解しうる規定を突如として置いた。返還以前からこの規定の解釈は分かれ、特に香港居民が中国内地で設けた香港居留権を持たない子どもたちが香港返還前後に密入境を企てるなど、それは単なる解釈問題にとどまらず社会問題化の様相を呈していた。中国で出生した子どもたちは香港基本法発効後、つまり1997年7月1日以後、香港で居留権が付与される可能性に賭けて密入境するのである[3]。

香港返還に関する祝日が明けた1997年7月3日に、密入境した子どもおよびその家族数百人が入境事務所へ請願に現れた[4]。この現象に対し、臨時立法会は、返還直後、入境条例を二度改正し、児童流入を阻止する規定を置いた。そこでの条例は香港基本法24条が保障する香港居留権を剥奪し、香港基本法違反であ

第 6 章　居留権事件をめぐる全人代常務委の解釈

るとして、子どもの居留権を求める父母が香港入境事務所所長を提訴、ここに一連の居留権事件が展開された。

(2)　香港居民および香港居留権とは

「一国二制度」の特色の一つとして、香港は中国の一部分だが、独自に「香港居民」(つまり市民権) の範囲を定めることができる。香港基本法 24 条は香港居民として、香港永住性居民と香港非永住性居民を規定している5)。香港永住性居民は、香港居留権を持つものと定義される。香港永住性居民は中国公民や外国籍のものも取得できる。

香港では数々の移民政策が導入されてきたが、香港永住性居民と香港居留権は比較的新しい概念である。中英共同声明を受けて 1987 年の入境条例が香港永住性居民と香港居留権の二元的概念を初めて導入した。香港永住性居民は、以下の権利を持つ。香港に入境する権利、香港滞在にいかなる条件も課されない権利、域外追放命令を受けない権利、移動命令を受けない権利。また香港基本法に規定される基本的人権や社会福祉を享受し、行政長官をはじめとする公職に就く権利を持つ6)。

2　関連条文

(1)　香港基本法 24 条 2 項 3 号

原告である密入境した子どもたちは、香港基本法 24 条 2 項 3 号により、香港居留権を享有することを主張した。この条文は基本的人権を定めた香港基本法第 3 章「居民の基本的な権利と義務」に位置し、香港居留権付与の範囲について以下の通り規定している7)。

> 24 条
> 　1 項　香港特別行政区の居民は香港居民と略称し、永住性居民と非永住性居民を含む。
> 　2 項　香港特別行政区の永住性居民は下記のものである。
> 　　(1) 香港特別行政区成立以前または以後に香港で生まれた中国公民。
> 　　(2) 香港特別行政区成立以前または以後に香港に通常連続 7 年以上居住する中国公民。
> 　　<u>(3) 第 1 号、第 2 号に記されている居民の、香港以外で生まれた中国籍の子女。</u>

(4) 香港特別行政区成立以前または以後に有効な旅行証明書を所持して香港に入り、香港に通常連続7年以上居住するとともに、香港を永住地とする非中国籍の人。
(5) 香港特別行政区成立以前または以後に第4号に記されている居民の、香港で生まれた満21歳未満の子女。
(6) 第1号から第5号までに記されている居民以外の、香港特別行政区成立以前に香港にだけ居留権を持つ人。
3項　以上の居民は香港特別行政区で居留権を享有し、香港特別行政区の法律に基づいてその居留権を明記した永住性居民身分証明書を取得する資格を持つ。
4項　香港特別行政区の非永住性居民は、香港特別行政区の法律に基づいて香港居民身分証明書を取得する資格を持つが、居留権を持たない人である。

(下線部は筆者追加。)

　同条2項3号によると、香港居民と中国人の間に出生した中国籍の子どもは香港居留権を享有し、それは子どもの出生以後に両親が香港永住性居民となった場合にも該当する、と解釈しうる。この規定は香港返還を憂慮して海外へ移民したものの子どもへの香港居留権付与を目的としていたと指摘される。返還決定と天安門事件によって香港の将来を悲観した人々の香港からのカナダ、アメリカ、オーストラリア等への移民数が急激に増加した。多くが中産階級に属する高学歴の専門職や企業家であり「頭脳流出」が危惧された。当初、多くの移民は外国籍を取得すると、妻子を現地に残して父親は経済的な理由から香港に戻った。返還後は、欧米諸国で高い教育を受けたこうした移民の子どもが、その労働市場における高い競争力を活かして、再入境のしやすさや人的ネットワークを利用し、香港の労働市場に多く戻っていることが報告されている[8]。香港基本法24条2項3号は上記子どもたちの再移民を意図した規定だったと指摘されるが、実際に訴訟となったのは中国内地で生まれた子どもがあてはまるかどうかだった[9]。

(2) 入境条例

　被告である入境事務所は、入境条例 (改正第二号)（以下、第二号条例と称する）(1997年7月1日採択) および入境条例 (改正三号)（以下、第三号条例）(1997年7月10日採択) を根拠として、中国で出生した子どもには香港居留権が付与されないと主張した。改正された入境条例は、香港居留権取得に以下のような制限を設けていた。

第6章　居留権事件をめぐる全人代常務委の解釈

　第一に、第二号条例は「両親の居留権取得」（付属文書１　２（c））および「婚外子の差別的取り扱い」（付属文書１　１（2））の規定を設けた。前者は香港以外の地域・国で出生した子どもが香港居留権を取得する場合、子どもの出生時の両親の香港居留権取得を要件とした[10]。後者は特に父親と非嫡出子の関係にあっては、後に両親が正式に結婚し、正式な子どもの地位が確定したときにのみ、その親子関係が認定されることを規定した[11]。

　第二に、第三号条例は「単程証」（one-way exit permit）と「居留権証明書」（certificate of entitlement）の取得（２AA条）および「条例の遡及力」（１条）を規定した。「単程証」とは中国公安部が香港、マカオに定住目的で赴く中国公民に発給する証書である[12]。「居留権証明書」とは、香港入境事務所が、香港に合法的に入境し、定住するものに発給する証書である。

　居留権事件直近の「単程証」取得者の香港定住人口と特徴を示すと【表１】の通りとなる。関係としては妻子が９割以上を占め、年齢構成としては、34歳までの若年層が約７割を占めることが分かる。

【表１】「単程証」取得者の香港定住人口と特徴（1990－1996年）

	1990年	1991年	1992年	1993年	1994年	1995年	1996年
関係							
子ども	47.4%	46.7%	43.9%	44.1%	45.1%	50.1%	51.9%
妻	36.8%	37.8%	39.2%	40.3%	43.9%	39.7%	40.5%
夫	3.7%	3.8%	3.8%	4.2%	3.7%	3.4%	2.7%
その他	12.1%	11.7%	13.1%	11.4%	7.3%	6.8%	4.9%
年齢							
0－14歳	30.1%	28.4%	27.7%	25.5%	29.2%	37.6%	41.2%
15－34歳	40.0%	41.2%	42.9%	43.2%	43.3%	37.4%	30.8%
35－64歳	27.8%	28.2%	27.4%	29.4%	26.1%	23.7%	27.0%
65歳以上	2.1%	2.1%	2.0%	1.9%	1.5%	1.3%	1.0%
不明	0.1%	0.1%	0.0%	0.1%	0.0%	0.0%	0.0%
総数	27,976人	26,782人	28,366人	32,909人	38,218人	45,986人	61,179人

（出所）鄭宏泰、黄紹倫『香港身分証透視』三聯書店（香港）有限公司、2004年、136頁をもとに筆者作成。

　２AA条は、血縁関係により香港永住性居民の身分を取得するには以下の文書

が必要である、との要件を追加した。それらは、「(a) 有効な旅行証書と有効な居留権証明書 (b) 有効な特別行政区パスポート (c) 有効な永住性居民身分証」である。(b) と (c) の要件である「有効な特別行政区パスポート」と「有効な永住性居民身分証」を持つ者の香港居留権はすでに確立されており、中国からの移民には影響しない13)。そこで、中国で出生した子どもの場合、特に問題となるのが、(a) の「有効な旅行証書」(「単程証」を指す) と「単程証」保持者にほぼ自動的に香港入境事務所から与えられる「有効な居留権証明書」の要件となる。このため、中国で出生した子どもの香港入境にとって「単程証」取得は死活的な意義を有した。

入境条例の遡及力の面では、条例は返還当日に溯ってその効力を有すると規定された。そのため、上述した証明書を持たない子どもは中国に送還され、所定の手続きを受けなければならない。

入境条例が規制の根拠とするのは、香港基本法 22 条 4 項である。22 条 4 項は、中国の「その他の地区の人」の香港への入境規制を定めている。この条文は香港基本法第 2 章「中央と香港特別行政区との関係」の章に位置し、以下の通り規定している。

> 22 条
> 4 項　中国のその他の地区の人は香港特別行政区に入る場合、認可の手続をとらねばならず、そのうち香港特別行政区に入って定住する人数は、中央人民政府の主管部門が香港特別行政区政府の意見を求めた後確定する。

この規定を根拠として、たとえ香港居民から出生した子どもであっても、中国で生まれた場合、香港基本法 22 条 4 項の中国の「その他の地区の人」にあたるので、「単程証」や「双程証」を申請せねばならないとされた。

第 2 節　終審法院および全人代常務委の香港基本法解釈

1　終審法院判決

終審法院は 1999 年 1 月 29 日に判決を下した。終審法院李國能 (Andrew Li) 首席裁判官は、居留権事件審理の前提として香港基本法解釈に関して、解釈方法についての原則的立場を述べた後、解釈権の帰属について言及し、居留権事件に判

第 6 章　居留権事件をめぐる全人代常務委の解釈

断を行った。終審法院が初めて香港基本法解釈に言及したこの居留権事件では、現在に至る終審法院における香港基本法解釈に関する原則が数多く確立された。

(1)　香港基本法解釈の方法

香港基本法の解釈方法について李首席裁判官は目的的解釈（purposive approach）を採用した。そして立法目的を「一国両制の原則の下で中華人民共和国と不可分の香港特別行政区を設立し、かつ高度の自治を行うことである[14]。」と解した。注目されるのは、香港基本法の立法目的を、香港で「高度の自治」を行うことであると解した点である。

そして香港基本法の憲法としての性質を、「生きている文書（living instrument）」であると次の通り述べる。

「憲法にしばしば見受けられるように、香港基本法は原則的で概略的な文言を用いている。それは変化する必要性と環境に適合することを意図した生きている文書（living instrument）である[15]。」

居留権事件において、問題となる香港基本法24条は香港基本法第3章「香港居民の基本的な権利と義務」に位置するが、第3章の解釈方法について以下の通り述べた。

「第3章は永住性居民と非永住性居民を含む香港居民の分類の定義で始まっている。そして、香港居民の権利と義務を明らかにし、その中には永住性居民の享有する居留権が含まれる。……これらの権利は『一国二制度』における香港の制度の中心となる概念である。香港居民の香港基本法が保障する各基本的権利と自由の十分な享有を保障するために、法院は第3章の権利と自由を保障する条文を解釈するとき、広い解釈を行われねばならない。」[16]

(2)　全人代常務委の解釈の要請主体

目的的解釈を採用するとの前提に立脚して、終審法院は全人代常務委に条文の解釈を提起すべきかどうかの問題に移った。まず、終審法院は香港基本法158条が規定する解釈体制について、以下の理解を示した。つまり、全人代常務委は特別行政区法院に「事件を審理するとき法院が香港特別行政区の自治範囲内の条文を自ら解釈する権限」を「授権」し（2項）、さらに香港基本法の「その他の条項に解釈を加えることができる」（3項）と考える。香港法院全体において、終

181

審法院の解釈権のみが一定の制限に服する。終審法院のみが「上訴できない終審判決」（4項）ができるので、終審法院は「中央が管理する事務」あるいは「中央と地方の関係」に及ぶ条文について解釈を行うときに全人代常務委に条文の解釈を要請しなければならない。終審法院は次のように述べた。

> 「上訴できない最終的な判決を下すことができるのは終審法院であるので、この条文は終審法院の裁判管轄を制限している。規定されている条件に合致するなら、終審法院は全人代常務委員会から関連する条文の解釈を求める義務を持つ17)。」

(3)　「分類要件」、「必要要件」および「主要条項テスト」

次に、全人代常務委に香港基本法解釈を要請する場合にクリアする要件として、まず、全人代常務委に解釈を要請するかどうかの判断基準（「分類要件」、「必要要件」）、および複数条文の解釈が関連する場合に全人代常務委に解釈を要請するかどうかの判断基準（「主要条項テスト」）、の二つに分けて整理した。

① 「分類要件」、「必要要件」

全人代常務委に香港基本法解釈を要請すべきか判断するにあたり、李首席裁判官は、「分類要件」(the classification condition) および「必要要件」(the necessity condition) の基準を導入した。これらの基準は以下の通り定義される。

> 「(1) 第一に香港基本法の条文が (a) 中央人民政府の管理する事務に及ぶか、あるいは (b) 中央と特別行政区の関係に及ぶとき（「分類要件」）。(2) 第二に、終審法院が事件を審理するとき、これらの条文を解釈する必要があり、かつこれらの条文の解釈が事件の判決に影響するとき（「必要要件」）18)。」

この二つの要件に合致した場合、終審法院が全人代常務委に解釈を求めねばならない。つまり、全人代常務委への解釈要請に当たっては、第一に、事件に関連する条文の「分類要件」への適合性が審査される。さらに「分類要件」に合致する場合であっても、第二に、事件の審理にあたり、当該条文の解釈の必要性、および当該条文の解釈の判決への影響性が考慮される。この二要件に合致してはじめて終審法院が全人代常務委に香港基本法解釈を要請する。「分類要件」および「必要要件」を図示すると【図1】の通りになる。この分類は基本的に香港基本法158条の文言に沿っている。

終審法院が問題となる香港基本法条文のこれら要件への適合性を決定するので

第6章　居留権事件をめぐる全人代常務委の解釈

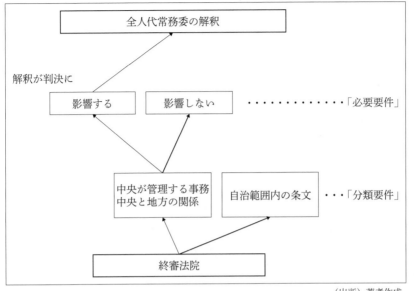

【図1】「分類要件」と「必要要件」

（出所）著者作成。

あり、これは全人代常務委の権限ではない。李首席裁判官は次のように述べる。

「終審法院が『自治範囲外の条文』が上述の二つの要件に合致すると考える場合、必ず全人代常務委に関連条文の解釈を要請しなければならない[19]。」

そして、全人代常務委へ解釈を要請するかどうか決定する権利は終審法院に存するとされた。李首席裁判官は次のように述べる。

「全人代常務委の解釈はこれらの特定の『自治範囲外の条文』についてであり、一般的な解釈ではない[20]。」

こうして、決定権が全人代常務委に属するならば、全人代常務委の解釈権は香港基本法全体に及ぶ一般的なものとなるが、これは李首席裁判官の香港基本法158条の理解と合致しないことも明らかにされた。

②　「主要条項テスト」

複数条文の解釈が一つの事件で同時に発生する場合について、全人代常務委および終審法院の解釈権区分を整理するために、李首席裁判官は「主要条項テス

【図２】「主要条項テスト」を用いて判断すべき場合

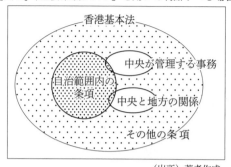

（出所）著者作成。

ト」（the predominant test）という基準を導入した。本件のように、一つの条文（24条）が明らかに自治範囲内の条文であり、他方の条文（22条）が「中央と地方の関係」に該当する場合、香港基本法からはその解釈権区分が明らかにされない。関連する場合すべてに全人代常務委の解釈権行使を認めるなら、その範囲は香港基本法全体に及びかねず、「高度の自治」実施のために解釈権区分を確定した意義が失われる。

この問題を解決するために、李首席裁判官が導入した「主要条項テスト」とは、複数条文の解釈が関係する場合、法院は中心として解釈を行う条文を確定し、それが香港法院の解釈権限内の条文であるなら、たとえ一部に全人代常務委が解釈権限を有する条文の解釈が関係しても香港法院が排他的解釈権を有する、とする基準である。李首席裁判官は以下のように説明する。

「実質において、法院が事件を審理するとき、最も解釈が必要であるのは、どの条文であるかを考える。それが『範囲外の条文』であるなら、本法院は、全人代常務委に提起しなければならない。解釈が最も必要であるのが、『範囲外の条文』でないなら、提起する必要はない。この状況において、『範囲外の条文』が『範囲外の条文ではない条文』の解釈に関係し、さらに『範囲外の条文ではない条文』を制限するとき、法院はこの問題を全人代常務委に提起する必要はない21)。」

【図２】は「主要条項テスト」を用いて判断すべき場合を示している。この基準によれば、香港法院は「中央が管理する事務」と「中央と地方の関係」に関係する条文も、「自治範囲内の条文」に関係する限りで解釈できることになった。

第 6 章 居留権事件をめぐる全人代常務委の解釈

こうして香港法院の香港基本法解釈の範囲を広く解した。
李首席裁判官は「主要条項テスト」導入について以下の通り評価した。

「この原則は 158 条の二つの主要な目的を実現する。つまり、全人代常務委に香港基本法、とりわけ『範囲外の条文』を解釈する権限を与えるが、同時に特別行政区法院に『範囲外の条文ではない条文』を解釈する権限を与え、特に自治範囲に属する条文を特別行政区法院が自ら解釈できることである22)。」

総括すると、1 月 29 日の終審法院判決は、香港基本法の解釈権区分に関して次のような画期的な意義を有するものであった。つまり終審法院判決は、香港の「高度の自治」に重点を置き、その解釈権の面での帰結として、香港法院は「高度の自治」範囲内の条項に関して、全人代常務委の解釈権が及ばないいわゆる排他的管轄権を有すると宣言したもの、と要約できよう。さらに李首席裁判官は次のように述べて、全人代常務委の香港基本法全体に及ぶ解釈権行使の可能性を否定したことからも、香港法院の排他的管轄権を肯定していることがわかる。

「重要な点は、158 条が『範囲外の条文』を解釈するときにのみ、全人代常務委に（解釈を）要請しなければならないと規定することである。多くの条文（『範囲外の条文』を含む）に事件を解決する際に及ぶ一般的な解釈問題が関連する場合、158 条は法院が全人代常務委に一般的な解釈を要請しなければならないと規定するものではない23)。」

(4) 居留権の付与

以上の前提に立って、終審法院は居留権の定義についての解釈を行った。それらは、第一に、「単程証」と「居留権証明書」を要求する第三号条例は香港基本法に違反するかどうか、第二に、子どもの出生時に既に親が香港永住性居民でなければならないと規定する第二号条例は香港基本法に違反するかどうか、である。

第一点目に関して、終審法院は、第三号条例は香港基本法違反であると判断した。終審法院は香港基本法が保障する基本的な権利を解釈する際に、目的的解釈を採用しなければならず、さらに、居留権は基本的な権利を取得する前提となる権利である、と考えた。李首席裁判官は以下の通り述べる。

「居留権は一つの核心的権利である。事実上、入境権は居留権の要素であり、居留権と入境権を有さないのであれば、申請者はその他の香港基本法が保障する権利と自由を享有できない。それはとりわけ選挙権と参政権である。……22 条 4 項が核心的権利の保

障を弱めるといういかなる論点も、より詳細に検討されねばならない24)。」

　つまり、香港基本法 22 条 4 項が 24 条 2 項 3 号を制限できるなら、永住性居民の身分を持ち、中国に居住している人々には、その居留権の保障が存在しない。この種の情況は同じように永住性居民の身分を持つ人を憲法上異なる立場に導くため、この情況を受け入れられない。すなわち、中国に居住する人々は 24 条 2 項 3 号の永住性居民の定義に合致しているにもかかわらず、22 条 4 項の制限を受け、しかし、同じ規定による永住性居民が中国以外に居住するなら、その居留権はこの制限を受けない。したがって、「22 条 4 項が指す『中国のその他の地区の人』は中国から特別行政区に定住する人を含むが、しかし、香港基本法がすでに居留権を付与した中国にいる香港永住性居民は含まれない25)。」さらに、「語句の一般的理解から言うと、香港基本法を根拠として、永住性居民の身分を持つ人は『中国のその他の地区の人』と称することができない。彼らは、中国にいる香港の永住性居民である。彼らを『定住かつ特別行政区に入境する人』と形容するのは正確でない。彼らは特別行政区に入境するが定住するためではない。彼らはもとから永住性居民なのであって、香港に入境し、香港に随意に逗留する権利を持つ26)。」このように判断することで、終審法院はかねてから論議を引き起こしてきた「単程証」および「居留権証明書」による入境制限を香港基本法違反と判断した。そして、以下の通り、香港の「高度の自治」に重点を置いてこの判断を擁護した。

　　「(この) 結論は香港基本法が設立する特別行政区の目的に合致する。すなわち、『一国二制度』の原則において、『高度の自治』を実行することである。香港特別行政区永住性居民以外の中国人の特別行政区への入境を批准し、および特別行政区に入境して定住する人数を決定するのはすべて中国の機関の責任である。特別行政区政府は異なる制度の下で『高度の自治』を行使し、ならびに責任をもって、香港基本法が擁護する居留権を持つ永住性居民を受け入れる責任がある27)。」

　第二点目の第二号条例の制限についても、終審法院は、香港基本法違反であると判示した。この制限は子どもの出生時に既に親が香港永住性居民でなければ子どもには 24 条 2 項 3 号の香港居留権が付与されないとの制限である。終審法院は 24 条 2 項 3 号の 1、2 号に記されている居民の、「香港以外で生まれた中国籍の子女」における「生まれた」という語句は、出生した子ども全体を対象としな

第 6 章　居留権事件をめぐる全人代常務委の解釈

ければならないと判断した。

　判断の理由として終審法院は、親とその親から生まれた子どもを仮定すると、両親が香港永住性居民である場合、その子どもが香港永住性居民から生まれた子どもであることは確かに肯定できるし、いつ両親が香港永住性居民となったかは問題とならない、と述べた。さらに、目的的解釈を用いて説明した。つまり、24条は香港居留権を持つ親を通じて居留権を子どもに付与し、香港での家族の統合を保障する。このような目的は香港人権条例（Hong Kong Bill of Rights Ordinance）[28]19条1項が引用する自由権規約23条1項の「家族は社会の自然で基本的な単位であり、社会と国家から保護を与えられる」との条文により保障される。香港基本法39条はこれら自由権規約で香港に適用される条文が引き続いて効力を有することを規定している。この目的からも、24条2項3号の子どもへの居留権付与において、両親の居留権が子どもの出生以前あるいは、以後に取得されたかは問題ではない。

2　全人代常委会の香港基本法解釈
(1)　『人民日報』紙上の終審法院判決批判

　終審法院判決は香港の民主派、法曹界から積極的に評価される。しかし、居留権付与について、緩やかな基準を採用した結果、香港居留権を取得する者の数の大幅な増加が予想され、さらに、香港の「高度の自治」に重きを置いた解釈権理解を展開したため、前者については香港の繁栄と安定の維持という観点から、後者に対しては中国側の見解との相違から、中国側からの反発が予想された。

　早くも1999年2月8日、『人民日報』紙上において、香港特別行政区基本法起草委員を務めた四人の中国法学者、肖蔚雲[29]、邵天任[30]、許崇徳[31]、呉建璠[32]が、終審法院判決に対する批判を展開した[33]。この終審法院判決批判は裁判管轄、香港法院の違憲審査権、香港基本法の解釈問題および子どもの居留権問題といった終審法院判決がとりあつかった論点すべてに批判を行ったが、特に、香港基本法解釈に対する批判を展開するのは呉建璠と肖蔚雲である。以下ではまず両者の批判を紹介する。

　呉建璠の批判は以下の通りである。

　「中国憲法によると、法律の解釈権は全人代常務委に属するのであり、香港基本法も

第 2 部　香港基本法解釈権の展開

明文で、香港基本法解釈権が全人代常務委にあることを規定する。特別行政区法院が事件を審理するときの香港基本法を解釈する権限は、全人代常務委が授与したものであり、制限がある。判決は特別行政区法院の香港基本法に対する部分的解釈権を任意に拡大し、また権限の源を転倒している34)。」

さらに、「主要条項テスト」の採用について、以下の通り述べた。

「この種の解釈は実際において、全人代常務委に解釈を請求する範囲を狭めるもので、誤りである35)」

肖蔚雲は以下の見解を示す。

「終審法院の香港基本法に対する解釈権は全人代常務委が授権したものであり、それ自身に固有ではない。解釈の範囲には制限がある。中央が管理する事務および中央と特別行政区の関係に及ぶとき、法に依拠して、全人代常務委に解釈を請求し、全人代の解釈を標準としなければならない36)。」

表現は若干異なるものの、両者の主張は次のように要約しうる。つまり香港基本法を含めた中国の法律解釈権はすべて全人代常務委に属し、香港法院の解釈権は全人代常務委から授権されたにすぎない。李首席裁判官の採用する「主要条項テスト」は全人代常務委が有する解釈権の範囲を狭める。

この四人の法学者による終審法院判決批判を皮切りに、中国側からは多くの批判が行われることになった。

(2)　終審法院による「澄清」

本来、域内の最高の裁判所で下された判決は、数々の批判に遭遇しようと同じ裁判所により再び審理されることはない。しかし、入境事務所所長は 1999 年 2 月 24 日に動議を提出し、終審法院判決の中で述べられた全人代および全人代常務委に関連する部分が重大な憲法問題に関係しかつ広範囲の市民に影響するとの理由から、終審法院にその部分を再び明らかにすることを求めた。終審法院李首席裁判官は 1999 年 2 月 26 日、「目下直面しているのは特殊な状況である。本法院の判決に対する動議が提起している部分は各界の人々が異なる解釈をし、大きな論争を引き起こしている37)。」との認識から「特殊な行動をとることとした。」として、異例の「澄清」38)という形で居留権事件の香港基本法解釈権区分に関する見解を再び判示した。李首席裁判官は 158 条に関して以下の通り述べた。

第6章　居留権事件をめぐる全人代常務委の解釈

「158条1項は、香港基本法の解釈権が全人代常務委に存在すると説明している。法院が事件を審理する際、その香港基本法解釈権限は158条2項および158条3項に従って全人代常務委から授権されたものである。1999年1月29日の判決の中では、法院が香港基本法を執行し、解釈する権限は香港基本法に由来し、上述の条文を含む香港基本法の条文に拘束されると述べた[39]）。」

　この「澄清」において、終審法院の香港基本法解釈権に対する認識には次の変化が認められる。つまり李首席裁判官は、1月29日の判決で言及した、一見終審法院の固有の権限とも理解できる、香港基本法自治範囲内の条項への解釈権行使を、全人代常務委からの授権として言い換えたことである。
　「澄清」について、中国では積極的に評価されるものの[40]）、香港では特に法曹界を中心に批判された[41]）。

(3)　香港政府の報告書

　香港基本法解釈に関する問題は「澄清」でひとまずの解決がなされたかのように見えた。しかし、居留権付与の範囲についても、1月29日の終審法院判決が実行されるなら、大量の中国人移民が香港に流入することが明らかになった。香港政府は1999年5月6日、終審法院判決実施に関する報告書を発表した[42]）。政府の報告書は、終審法院判決により香港居留権を取得する人の人数を推定し[43]）、中国人移民の香港流入がもたらす影響について[44]）、住宅、教育、職業訓練、医療、社会福祉、失業、就職指導、交通、環境の面から分析した。
　報告書によると膨大な数の移民が今後香港に流入することになった。つまり、香港居民から出生した子どもを「第一世代」とし、彼らの子どもが7年間の香港への通常居住という要件を満たしたとして香港永住性居となった場合を「第二世代」に分類すると、居留権を持つ第一世代では、婚姻による子どもおよび婚外子を合わせて69万2,000人、第二世代では、98万3,000人の居留権が認められ、合計で約167万5,000人が新たに居留権を取得することとなった[45]）。こうした急激な人口増が香港にもたらす負荷は計り知れない。
　香港政府は、行政会議において1999年5月18日に香港基本法の解釈を国務院を通じて全人代常務委に要請することが決定されたのをうけて、1999年5月29日、国務院へ報告書[46]）を提出し、香港基本法関連条文の解釈を求めた[47]）。香港政府は第一に、終審法院判決と政府の香港基本法関連条文への解釈が異なること、第二に、関連条文は「中央と香港特別行政区の関係」に関連するので全人代常務

第 2 部　香港基本法解釈権の展開

委に解釈を要請せねばならないことを理由とし、解釈を要請した。政府は国務院への要請において以下のように述べた。

> 「香港基本法の関連条文に関する終審法院解釈は、香港政府が考えるそれらの条項の意図する文言、目的および立法意図と異なる。……問題はどのように香港基本法が解釈されるべきかという原則の一つであり、また香港への中国居住者の入境制限は、中央と香港特別行政区の関係を生じさせるので、香港特別行政区はもはや独自にその問題を解決できない。したがって香港特別行政区政府は、全人代常務委に香港基本法関連条文の立法解釈を行うように要求するように、国務院に要請する。これは例外的な状況に直面することを強いられている状況における決定である。」48)

新移民の流入による社会的影響も強調されている。香港政府はその影響について、次のように述べた。

> 「終審法院の決定は以前の香港の移民管理制度を変化させ、香港社会に広範囲に広がる関心および議論を作りだした。香港特別行政区政府により行われた統計は、終審法院の判決により、香港で居留権を持つ資格のある中国に住む人々の数は少なくとも 167 万人（約 69 万人が第一世代であり、それらの人々が香港に 7 年間通常居住した後、98 万人の第二世代の人々が居留権を取得することになる。）であり、香港特別行政区政府の査定はこれらの追加的な人々を許すことは香港に巨大な圧力を生み出すということである。香港の土地と社会的資源はそのような多くの新移民が要求する教育、住宅、医療、社会福祉その他の必要を処理する能力がない。これは社会問題を引き起こし、香港の安定と発展に深刻で有害な影響を与え、香港に耐えられない結果を引き起こす。」49)

香港基本法に規定のない香港政府による解釈要請手続は、香港基本法 43 条 2 項および 48 条 1 項 2 号の「行政長官の職権」の中に含まれると解釈された。43 条 2 項、48 条 2 号は次のように規定している。

> 43 条
> 　2 項　香港特別行政区行政長官は、本法の規定に基づいて中央人民政府と香港特別行政区に対し責任を負う。
> 48 条
> 　1 項　香港特別行政区行政長官は下記の職権を行使する。
> 　　　　(2) 責任をもって本法および本法に基づいて香港特別行政区に適用されるその他の法律を執行する。

第6章　居留権事件をめぐる全人代常務委の解釈

43条2項は香港行政長官が中央人民政府と香港特別行政区に対して責任を負うとし、48条は行政長官の職権について香港に適用される法律を執行することを規定している。そこで、終審法院判決およびそれに伴う新しい入境条例が上述の理由によるため執行できないことから、国務院に対して、全人代常務委の解釈を要請する形となった。

(4)　全人代常務委の香港基本法解釈

1999年6月26日、第9回全人代常務委第10回会議において、居留権事件に関連する香港基本法条文の再解釈が全人代常務委により行われた[50]。全人代常務委は、第一に、関連条文は「中央と地方の関係」に該当し、第二に、終審法院判決における解釈は立法意図と符合しない、との二理由を述べた後、解釈を行った。全人代常務委は次のように述べた。

「(国務院からの)動議で生じた問題は、1999年1月29日の香港特別行政区終審法院の判決による香港特別行政区基本法の条文の解釈に関連するものである。関連条文は中央人民政府が管理する事務と中央と香港特別行政区の関係に及び、終審法院は判決を行う前に、香港基本法158条3項の規定に依拠して全人代常務委に解釈を請求せず、かつ終審法院の解釈は立法意図と符合しない。したがって、全国人民代表委員会常務委員会の下の香港特別行政区基本法委員会に諮問したのち、全国人民代表大会常務委員会は、中華人民共和国憲法67条4号および香港特別行政区基本法158条1項に依拠して、香港特別行政区基本法22条4項および24条2項3号の解釈を以下のように行う。」[51]

関連条文の解釈については、次の二点が示された。第一に、香港基本法22条4項の「中国のその他の地区の人」は香港永住性居民が中国で出生した中国籍の子どもを含む、と解釈された。全人代常務委によると、この条文は以下のことを意味する。

「香港永住性居民から香港以外で出生した中国国籍を持つ者が含まれる、省、自治区あるいは中央政府の直轄市の者で、香港特別行政区への入境を望む者は、関連する中国法および行政的規則に従って居住する地域の該当する機関に申請しなければならず、香港特別行政区に入境する以前に当該機関により発行された有効な文書を持っていなければならない。」[52]

これらの人々は、中国の法律および行政法規に依拠して批准を申請し、有効な旅行証書、つまり「単程証」を携行して香港に入境しない限り違法である。

第2部　香港基本法解釈権の展開

　第二に、香港基本法24条2項3号の規定する子女は、両親のいずれかが24条2項1号あるいは2号に適合し、永住性居民の資格を既に取得した者を指す、とされた。全人代常務委の解釈によると、24条2項3号の指すものは次のものである。

　「両親ともに、出生以前あるいは香港特別行政区設立以前、あるいは両親のどちらかが出生のときに、香港特別行政区基本法24条2項1号あるいは2号による条件を満たしている場合を指す。この解釈で述べられた立法意図は、香港特別行政区基本法24条2項の他の号の立法意図とともに、1996年8月10日に全国人民代表大会香港特別行政区準備委員会第4回会議で採択された『香港特別行政区基本法24条2項の実施に関する意見』に反映されている。」53)

　結果として、全人代常務委の解釈によって、入境条例が規定した「両親の居留権取得」および「『単程証』と『居留権証明書』の取得」の要件が復活した。したがって、居留権事件終審法院判決のこれらの点に関する判断が完全に変更されることとなった。なお、全人代常務委の解釈は1999年1月29日の終審法院判決の当事者には及ばないとされたので、これらの当事者には終審法院判決通りに居留権が付与されることとなった。

　中国側と香港政府は全人代常務委解釈の合法性を主張する54)。しかし、香港の終審法院が一度決定した判決を変更する形となった全人代常務委の香港基本法解釈に対し、香港の民主派や居留権を求める中国人らから激しい批判が起こった55)。

第3節　居留権事件における香港基本法解釈の特色と課題

　終審法院において初めて、全人代常務委へ香港基本法解釈を要請するかどうかが審理され、そして全人代常務委が初めて、香港基本法解釈権を行使した特筆すべき事例として、居留権事件は返還後香港基本法発展の歴史に大きな意義を有する。居留権事件における終審法院での議論は、以降の香港基本法解釈権の詳細が確立されていく上での基礎となった。

第6章　居留権事件をめぐる全人代常務委の解釈

1　特色

(1)　「分類要件」、「必要要件」および「主要条項テスト」の導入

特筆すべきが、終審法院による「分類要件」、「必要要件」および「主要条項テスト」の導入である。終審法院は、全人代常務委に香港基本法解釈を要請する場合に判断すべき要件として、①全人代常務委に解釈を要請するかどうかの判断基準（「分類要件」、「必要要件」）、および②香港が解釈権を有する「自治範囲内の条文」と全人代常務委が解釈権を持つ「中央が管理する事務」および「中央と地方の関係」が入り混じった複数条文の解釈が必要となる場合に、全人代常務委に解釈を要請するかどうかの判断基準（「主要条項テスト」）を導入した。これらの判断基準は以後定着し、現在に至る。

(2)　香港政府による解釈要請

居留権事件においては、香港基本法条文には予定されていない全人代常務委への香港解釈権行使の要請主体が浮上した。それが香港政府である。香港基本法158条は、香港法院が「中央が管理する事務」または「中央と地方の関係」に関する条項に解釈を行う必要があるとき、「香港終審法院は全人代常務委に関連する条文について解釈を求めなければならない（3項）」と規定するため、当初、解釈要請主体は終審法院のみであると考えられていた。しかし、居留権事件において、行政長官は香港基本法43条、48条2号の規定する行政長官の職権に従い、国務院に報告書を提出し、全人代常務委に香港基本法解釈権を行使するように要請するという方法をとった。居留権事件を契機として、香港政府による解釈要請という方途が発案され、以後頻繁に用いられるようになった。

2　課題

全人代常務委による初めての香港基本法解釈に対しては、それが香港に適用されるコモン・ローとは異質の原理を背景としてなされたものであるために、香港法曹界から大きな批判がなされた。それは言いかえると、全人代常務委による香港基本法解釈の特色ともいえる。以下、各点を紹介する。

(1)　香港基本法解釈と改正

全人代常務委による香港基本法解釈は香港基本法改正に匹敵するのではないか、との批判がある。そうであれば全人代常務委は、香港基本法159条に規定される改正手続に拘束されることなく、解釈権行使という方法で自由に香港基本法の実

第 2 部　香港基本法解釈権の展開

質的改正を行うことができる。

　香港基本法の改正手続について規定する 159 条は次の通り規定している。まず、1 項は本法の改正権は全国人民代表大会に属するとし、2 項で、改正提案権の所在が規定される。2 項によると「本法の改正提案権は全国人民代表大会常務委員会、国務院、香港特別行政区に属する。香港特別行政区の改正議案は、香港特別行政区の全国人民代表大会代表の 3 分の 2 の多数、香港特別行政区立法会議全議員の 3 分の 2 の多数と、香港特別行政区行政長官の同意を得てのち、全国人民代表大会に出席する香港特別行政区代表団が全国人民代表大会に提出する。」また、香港基本法の改正議案は全国人民代表大会の議事日程に入れる前に、香港特別行政区基本法委員会が検討し、意見を提出しなければならない（3 項）。

　159 条からは以下が分かる。まず、香港基本法の改正案を採択するのは全人代である（1 項）。改正提案権は、全人代常務委、国務院、香港特別行政区に属する（2 項）。このうち、全人代常務委、国務院についての要件は香港基本法に規定されていない。他方で、香港特別行政区が改正を提案する場合、香港特別行政区の全人代代表の 3 分の 2 の多数、立法会議員の 3 分の 2 の多数を獲得した後、行政長官の同意を得て、全人代に提出する（2 項）。このように、少なくとも香港側から香港基本法を改正する場合には厳格な要件が課せられている。

　こうした改正手続に比較して、全人代常務委による香港基本法解釈は、より容易になしうる。つまり、居留権事件の場合、世論の反響を背景として、香港政府が国務院を通じて全人代常務委に解釈を要請するという形であった。

　両者を比較するならば、改正については、直接・間接選挙を経た香港立法会の議員の 3 分の 2 の多数の同意が必要とされているのに対し、解釈については、少なくとも手続的には、香港人の民意が全く反映されない形となっている。しかし、効果について見れば、全人代常務委の香港基本法解釈は、居留権事件においては、改正と同じような効果をもたらしたと言えよう。

　香港基本法解釈という形での改正を容認するのか、あるいは改正に準じた手続を構築するのかは、香港基本法の将来的なあり方を構築するうえで、重要な分岐点となろう。

　(2)　香港政府による解釈要請

　香港政府による再解釈要請の公平性に対する批判がある。上述のように、政府は香港基本法 43 条および 48 条 2 項の「行政長官の職権」に立脚して、国務院に

第 6 章　居留権事件をめぐる全人代常務委の解釈

終審法院判決の実施困難性を理由に、国務院へ関連条文の再解釈を要請し、最終的に全人代常務委の解釈権の行使に至った。香港政府が、終審法院判決を修正するために、これらの規定を用いることについて、次のような批判がある。香港大学法学部教授（当時）ヤシュ・ガイは、上記の規定は行政長官の解釈要請の根拠とはなりえない、と主張する56)。つまり、香港基本法 158 条が予定するのは、終審法院が全人代常務委に解釈を求めることであって、その場合、実際の事件に付随して終審法院は、対立する当事者の論点を客観的な形で全人代常務委に提示することが予想される。香港政府による解釈の要請が認められるとするなら、裁判以前、裁判途中あるいは裁判終了後に、または潜在的に訴訟の可能性がある論点について解釈を求めることができ、これは利益の競合する当事者からの公平な聴聞を排除する結果となる57)。

香港大学法学部教授陳文敏も、これを司法権の独立への脅威と位置づける。陳文敏によれば、政府は移民流入がもたらす否定的な経済的社会的影響を強調するが、移民吸収のための具体的政策については提示しないまま全人代常務委へ解釈要請を行い、結果として香港終審法院の決定が最終的な判断とならないという先例をもたらした。しかも居留権事件のように香港政府が終審法院の判決に全人代常務委への香港基本法再解釈要請という手段で異議を申し立てることは、政府が終審法院判決を変更する手段を持つことを意味する58)。

(3)　全人代常務委の審理手続

全人代常務委の審理手続についても疑問が呈された。陳文敏は、終審法院と異なり、全人代常務委がいかなる関連文書、証拠および当事者双方の主張への聴聞なしに解釈を下した点を公平性、不偏性の点から疑問視する59)。

(4)　社会的影響の重視

前述のように、居留権事件関連条文の全人代常務委再解釈がなされた背景には、移民流入のもたらす経済的社会的負担への危惧が存在した。言いかえると、社会的影響に鑑みて全人代常務委による再解釈がなされたのであるが、この点について陳文敏は、純粋に法的考察に基づくのではない社会的影響の重視は特別行政区法院の政治機関化を招くと指摘した60)。また、ヤシュ・ガイは、個人の居留権取得およびそれに伴う香港における諸権利の付与といった権利の保護よりも、香港社会の負担の軽減ないしは繁栄と安定の保証が重視されたこと、を問題視している61)。

195

(5)　「自治範囲内の条文」に対する全人代常務委の解釈

　香港居留権を享有する者の範囲について規定する香港基本法 24 条について、終審法院は香港特別行政区の「自治範囲内の条文」と捉え、全人代常務委へ解釈を要請する必要がないと判断した。他方で、全人代常務委は同条文を「中央と地方の関係」に属すると捉え、解釈を行い終審法院の判断を変更した。しかし、全人代常務委は香港基本法 24 条が「中央と地方の関係」に及ぶ理由を説明していない[62]。なにが「自治範囲内の条文」にあたるのかは香港に付与された「高度の自治」の範囲に直結するだけに、慎重な判断が求められよう。

おわりに

　本章では、居留権事件の終審法院判決および全人代常務委の香港基本法解釈を通じて、居留権事件を通して浮かび上がった終審法院の香港基本法解釈権に対する理解、そして全人代常務委の香港基本法解釈権の特徴と課題を明らかにした。

　初めて香港基本法解釈権が終審法院において本格的に議論された事件として、居留権事件が返還後の香港基本法解釈権に関する判例形成に及ぼした影響は計り知れない。そして同じく、初めて香港基本法解釈権が全人代常務委によって行使された事件として、居留権事件における全人代常務委の香港基本法解釈権は、中国が、香港基本法解釈権を「一国二制度」運用の核心的手段と位置付けるその萌芽が見られた事件であった。

1 ）廣江倫子『香港基本法の研究――「一国両制」における解釈権と裁判管轄を中心に――』成文堂、2005 年、73 - 132 頁。
2 ）香港人男性と中国内地に居住する中国人女性との婚姻および家族の統合についての研究は数多くみられる。たとえば以下の研究が挙げられる。Nicole Dejong Newendorp, *Uneasy Reunions: Immigration, Citizenship, and Family Life in Post-1997 Hong Kong* (Stanford: Stanford University Press), 2008.
3 ）陳弘毅「香港回帰前後的違憲審査制度」『廣角鏡月刊』1998 年 8 月、26 頁。
4 ）『星島日報』1997 年 7 月 3 日。
5 ）Chan, Johannes, 'Nationality and Permanent Residence' in Johannes Chan SC (Hon) and C.L. Lim (eds), *Law of the Hong Kong Constitution* [*Second Edition*] (Hong Kong: Thomson Reuters, 2015), p.163.
6 ）Chan, Johannes, op.cit., pp.172 - 175.

第6章　居留権事件をめぐる全人代常務委の解釈

7）もっとも、香港基本法24条2項をめぐっては、香港特別行政区成立準備の際からすでに問題視されていた。このため香港特別行政区準備委員会第4次全体会議においては「『中華人民共和国香港特別行政区基本法』第24条第2項の実施に関する意見」が採択された。この意見は、香港基本法24条2項3号が規定するところの香港以外で出生した中国籍の子女とは、本人が出生した際にその父母の双方あるいは一方が香港基本法24条2項1号あるいは2号に従ってすでに香港永住性居民の身分を取得している人である、と指摘した。全人代第5次会議は1997年3月14日に、「全国人民代表大会香港特別行政区準備委員会活動報告に関する決議について」を採択する方法によってこれを肯定した。

8）Salaff, Janet, Angela Shik, and Arent Grave, 'Like Sons and Daughters of Hong Kong: The Return of the Young Generation' in Helen F. Siu and Agnes S. Ku (eds), *Hong Kong Mobile: Making a Global Population* (Hong Kong: Hong Kong University Press, 2008), pp.202-222. に詳しい。

9）Chan, Johannes, op.cit., p.175.

10）付属文書1第2段は、香港特別行政区永住性居民について次のように規定する。「いかなる人も、以下の一つに該当するなら、香港特別行政区永住性居民である。(a) 香港特別行政区成立以前あるいは以後に香港で出生した中国公民であり、かつ出生時あるいはその後に、その父親あるいは母親が既に香港に居住しており、香港居留権を持つもの。(b) 香港特別行政区成立以前あるいは以後に、香港に通常連続して7年以上居住する中国公民。(c)(a) あるいは (b) の香港特別行政区居民が香港以外でもうけた中国籍の子女で、この子女が出生時、その父親あるいは母親がすでに香港居留権を享有していたもの。」香港基本法24条2項3号との関係で問題となるのは、(a) と特に (c) の条項である。香港基本法24条2項3号によると、香港永住性居民ではないものの香港に既に居住する人が中国で出産した子女にも香港居留権が付与されると理解できるのに対し、この定義はそれらの人の香港居留権取得の可能性を排除した。

11）母親と子どもの場合、嫡出子、非嫡出子のいずれも親子関係が認定される。

12）「単程証」について、以下の論文に詳しい。Ho Hei Wah, 'One-Way Permit' in Professor Johannes Chan SC and Dr Bart Rwezaura (eds), *Immigration Law in Hong Kong: An Interdisciplinary Study* (Hong Kong: Sweet & Maxwell Asia, 2004), pp.89-93. Chan, Johannes, SC, 'The Evolution of Immigration Law and Policies: 1842-2003 and Beyond' in Professor Johannes Chan SC and Dr Bart Rwezaura (eds), op.cit., pp.15-17. M. M., Chan, Johannes, 'Immigration Policies and Human Resources Planning' in Helen F. Siu and Agnes S. Ku (eds), op.cit., pp.162-163. Siu, Helen F., 'Positioning "Hong Kongers" and "New Immigrants"' in Helen F. Siu and Agnes S. Ku (eds), op.cit., p.121.

13）「有効な永住性居民身分証」の定義は、「香港居留権を持つ人」の字句がある身分証、であり、パスポート申請の条件の一つは申請者が必ず香港永住性居民の身分証を持つことである。

14）*Ng Ka Ling & Others v. Director of Immigration* [1999] 1 HKLRD 315 at 340.

第 2 部　香港基本法解釈権の展開

15) *Ng Ka Ling v. Director of Immigration*（1999）2 HKCFAR 4 at 28.
16) *Ng Ka Ling & Others v. Director of Immigration*［1999］1 HKLRD 315 at 340.
17) Id. at 341.
18) Id. at 342.
19) Id. at 342.
20) Id. at 342.
21) Id. at 344.
22) Id. at 345.
23) Id. at 345.
24) Id. at 346.
25) Id. at 346.
26) Id. at 346.
27) Id. at 348.
28)「市民的及び政治的権利に関する国際条約」（自由権規約）を香港の国内法として取り込んだもの。詳しくは第 3 章第 1 節 1（3）を参照されたい。
29) 北京大学教授（当時）
30) 北京大学客員教授（当時）
31) 中国人民大学教授（当時）
32) 中国社会科学院法学研究所教授（当時）
33)『人民日報』1999 年 2 月 8 日。
34) 同上。
35) 同上。
36) 同上。
37) *Ng Ka-ling（an infant）v. Director of Immigration*［1999］1 HKC 425.
38) Ibid.
39) *Ng Ka Ling v. Others v. Director of Immigration*（No 2）［1999］HKLRD1 575 at 576.
40)『人民日報』1999 年 2 月 28 日など。
41) たとえば、法曹界代表立法会議員マーガレット・ンは、法院が政府の干渉を拒絶しなかったことは遺憾であると述べ、前線（香港の政党）は終審法院が香港政府の「澄清」の要求を受け入れたことは、法院が政治的圧力に屈したとの印象を与えると表明した。『蘋果日報』1999 年 2 月 27 日。
42)「關於提請中央人民政府協助解決實施《中華人民共和國香港特別行政區基本法》有關條款所遇問題的報告」（1999 年 5 月 20 日）（http://www.basiclaw.gov.hk/gb/materials/doc/1999_05_20_c.pdf）
43)「居留權を有する中国人の推定（Estimates of the Number of Mainlanders with Right of Abode）」
44)「立法会に議案が上程された終審法院の居留権問題についての判決に関連する社会サービスに関する査定（Assessment of Service Implication in Relation to the Judgments

第 6 章　居留権事件をめぐる全人代常務委の解釈

　　of the Court of Final Appeal on the Right of Abode Issue Tabled at the Legislative Council)」
45）詳しくは、廣江倫子、前掲書、104 頁。
46）「中華人民共和国香港特別行政区基本法実施において遭遇した問題を解決するために中央人民政府に助言を求める報告書」（Report on Seeking Assistance from the Central People's Government in Solving Problems Encountered in the Implementation of the Basic Law of the Hong Kong Special Administrative Region of the People's Republic of China The Chief Executives Report to the State Council Concerning the Right of Abode）（http://www.basiclaw.gov.hk/en/materials/doc/1999_05_20_e.pdf）
47）また、これに先立つ 1999 年 5 月 10 日には司法長官梁愛詩および保安局局長葉劉淑儀が北京を訪問し、中国側と香港基本法の改正あるいは解釈の程度について相談したという。『星島日報』1999 年 6 月 11 日。
48）http://www.basiclaw.gov.hk/en/materials/doc/1999_05_20_e.pdf
49）http://www.basiclaw.gov.hk/en/materials/doc/1999_05_20_e.pdf
50）「全国人民代表大会常務委員会の『中華人民共和国香港特別行政区基本法』第 22 条第 4 項と第 24 条第 2 項第 3 号に関する解釈」1999 年 6 月 26 日第 9 回全人代常委会第 10 回会議採択（http://www.basiclaw.gov.hk/en/basiclawtext/images/basiclawtext_doc17.pdf）
51）http://www.basiclaw.gov.hk/en/basiclawtext/images/basiclawtext_doc17.pdf
52）http://www.basiclaw.gov.hk/en/basiclawtext/images/basiclawtext_doc17.pdf
53）http://www.basiclaw.gov.hk/en/basiclawtext/images/basiclawtext_doc17.pdf
54）国家副主席胡錦濤は、全人代常務委の解釈は中国憲法と香港基本法の規定を根拠とし、特別行政区政府、中央政府と全人代常務委は憲法と香港基本法の規定する権限と手続に厳格に従って事務を行ったと述べた。『星島日報』1999 年 7 月 1 日。
55）全人代常務委の解釈が採択された後、各政治党派や香港居留権を求める人々、香港法曹会の著名な弁護士（バリスタ）らが抗議活動を行った。詳しくは廣江倫子、前掲書、107 頁。
56）Ghai, Yash, "Litigating the Basic Law: Jurisdiction, Interpretation and Procedure" in Chan, Johannes M. M., H. L. Fu, Yash Ghai（eds）, *Hong Kong's Constitutional Debate: Conflict over Interpretation*（Hong Kong: Hong Kong University Press, 2000）, p.28.
57）Ghai, Yash, "The NPC Interpretation and Its Consequences" in Johannes M. M., Chan, H. L. Fu, Yash Ghai（eds）, op.cit., p.205.
58）Chan, Johannes M. M., "Judicial Independence: A Reply to the Comments of the Mainland Legal Experts on the Constitutional Jurisdiction of the Court of Final Appeal" in Johannes M. M. Chan, H. L. Fu and Yash Ghai（eds）, op.cit., p.69.
59）Chan, Johannes M. M., op.cit., pp.69-70.
60）Chan, Johannes M. M., op.cit., p.68.
61）Ghai, Yash, op.cit., p.208.
62）同様の指摘が数多くなされている。たとえば、陳弘毅「回帰後香港与内地法制的互

第 2 部　香港基本法解釈権の展開

動解雇与前景」劉兆佳『香港 21 世紀藍図』中文大学出版社、2000 年、52 頁。

第7章　普通選挙および行政長官任期をめぐる全人代常務委の解釈

はじめに

　香港基本法解釈権は、一国二制度の法的側面からの実施を担保する役割をもつ。香港基本法158条は、中国と香港における法律解釈制度が異なることに鑑みて、香港基本法解釈に関して独特の規定を置いている。つまり、香港基本法解釈権は全人代常務委の権利であるが、香港法院は「中央が管理する事務」および「中央と地方の関係」に及ぶ条文を除き、自ら解釈することができる。だが、解釈権行使に関わる細則については、香港基本法の原則的な規定のみからでは明確ではなく、その詳細は、解釈権行使の先例の蓄積を待つほかはなかった。返還以降、第一に香港への移民の範囲に関する居留権事件に関して解釈が行われたのを皮切りに（1999年6月24日）、第二に香港行政長官と立法会の普通選挙実施の可否に関して（2004年4月6日）、第三に香港行政長官辞職に伴う後任行政長官の任期に関して（2005年4月27日）と矢継ぎ早に解釈が行われた。以上の事例を検討することが本章の目的である。

　本章の検討において中心となる資料は、(1) 普通選挙に関する全人代常務委の解釈[1]、(2) 行政長官の任期に関する全人代常務委の解釈[2]である。本章の構成と概要は次の通りである。まず、第1節において、普通選挙に対する返還後の法的枠組みおよび普通選挙要求が顕在化することになった香港基本法23条の立法化について述べる。次に、第2節、第3節において、行政長官および立法会の選出方法に関する解釈、および行政長官の任期に関する解釈を、解釈がなされた背景を含めて検討する。最後に、第4節において、2004年と2005年の香港基本法解釈権の行使事例によって明らかにされた細則について検討を行うこととする。

第2部　香港基本法解釈権の展開

第1節　立法会と行政長官に対する普通選挙要求
—— 香港基本法23条の立法化を契機として ——

1　中英共同声明と香港基本法

　香港返還を約定した1984年の中英共同声明には、香港政治の未来図として、立法会議員が選挙によって選出されること、および行政長官が選挙あるいは諮問によって香港から選出されることが規定されている[3]。これを受けて香港基本法45条と68条、および付属文書1と2は中英共同声明の規定を具体化した。

　香港基本法は、返還後の選挙制度について、次のように規定する。香港基本法45条2項は「行政長官の選出方法は、香港特別行政区の実際の状況と順序を追って漸進する原則に基づいて規定され、最終的には広範な代表性をもつ指名委員会が民主的手続により指名したのち普通選挙で選出するという目標に至る。」と規定し、具体的な方法が付属文書1に規定されることを明らかにする（45条3項）。68条2項は、「立法会の選出方法は、香港特別行政区の実際の状況と、順序を追って漸進する原則に基づいて規定し、最終的には全議員が普通選挙によって選出されるという目標に達する。」と規定し、具体的な方法が付属文書2に規定されることを明らかにする（68条3項）。

　付属文書1「香港特別行政区行政長官の選出方法」では行政長官について、付属文書2「香港特別行政区立法会の選出方法および表決手続」では立法会について、それぞれ、「2007年以降」の選出方法を改正できると規定している（付属文書1　7条[4]、付属文書2　3条[5]）。このために、付属文書1に規定される改正手続の最終的な目標は45条2項の実現、つまり普通選挙による選出である。同様に立法会の選挙も最終的に普通選挙の実現が目標とされる。そして、改正の基準と考えられるのが、「香港特別行政区の実際の状況と、順序を追って漸進する原則」（45条2項、68条2項）である[6]。

　香港基本法の香港政治に関する規定は次の通り要約できる。つまり香港の政治発展の究極の目的は行政長官と立法会議員全員が普通選挙で選出されることである。しかしまた、そうした政治発展は香港の実情および順序を追って漸進する原則に基づく[7]。言いかえると、香港基本法に規定される政治制度の重要な特徴は、第一に、静止している制度ではなく発展的な制度である点である。そして発展の

202

第7章　普通選挙および行政長官任期をめぐる全人代常務委の解釈

順序と仕組みについては香港基本法に規定されている。すなわち、普通選挙の究極の目標、順序を追って漸進する原則および順次増やす直接選挙枠が規定されている。第二に、2007年以降の変化に対して開かれていることである。付属文書1および2は、行政長官と立法会の選出方法は2007年以降変化しうることを明確に規定している[8]。

2　香港基本法23条の立法化に関する諮問文書の公開

　返還後数年は、行政長官と立法会選挙は香港基本法に規定された通り運用されていた。大きなターニングポイントが、香港基本法23条の立法化である。2002年7月1日の香港返還5周年記念式典において、中央政治局委員兼副総理である銭其琛がスピーチを行い、香港で香港基本法23条の立法化がなされるべきことを訴えた[9]。これを受けて2002年9月24日に、香港政府は香港基本法23条の実施に関する諮問文書を公表し、3ヶ月の期間を設けて広く香港居民から意見を徴収した。2002年12月24日までの3ヶ月の諮問期間終了時に、香港政府は、9万件以上の意見書を受け取り、その中には、3万以上の署名を含んだ。その後、2003年1月28日に、諮問期間中に提出された諸意見をまとめた『意見書集』(Compedium of Submissions) が発行され、従来の提案についての9つの修正および説明がなされた[10]。

　香港基本法23条は、国家安全を脅かす行為について、これを禁止する立法を香港特別行政区自らが行うことを規定している[11]。香港基本法23条が立法化を義務付ける犯罪類型は、反逆、分裂、反乱扇動、転覆、国家機密窃取ならびに外国政治団体との連携である。このうち、分裂と転覆は、コモン・ロー上にはない概念、つまり従来の香港法には存在しなかった犯罪類型である。

3　国家安全条例草案の公表

　2003年2月11日には、国家安全条例草案 (National Security (Legislative Provisions) Bill) が行政会議において採択され、2月14日にガゼットに掲載された。2月26日には香港立法会において、条例草案の第一読会および第二読会の作業が開始された。2003年2月28日には、国家安全条例草案委員会が設立された。草案委員会が、その後、条例草案の審議を重ねることとなった。

　2003年2月14日に、国家安全条例草案が公表され、2月26日には、立法会

に審議のために提出されることになった。この条例草案公表の背景には、香港政府と中国政府の間における密接な連携が指摘されている。保安局局長が「基本法23条諮問文書意見集」を公布した2003年1月28日の午前に、新華社は、中国当局は国家安全条例草案は一週間以内に立法会の審議に提出され、今年7月の立法会の休会以前に立法手続が完成されることを希望する、と公表していた[12]。

香港の立法手続は以下のようになっている。それぞれの法案は、立法会に提出される以前に、まず行政会による審議を経なければならない。法務省が法案を起草し、行政会における審査に付託する。行政会において採択された後、草案は法案（bill）と呼ばれ、香港のガゼットに掲載される。ガゼットに掲載された後、一週間後に、立法会の審議に提出される。立法会は法を制定するにあたって、三読の手続を行う。まず、第一読会では、この法案に関係のある委任議員が法案の表題を読み上げる。争いがなければ二読に進み、議員による審議、弁論、質疑が行われる。弁論を経た後、必要な修正を行い、最後に三読が終了する。その後、行政長官によって批准され、再びガゼットに掲載されて条例となる[13]。

4 香港基本法23条立法化反対の50万人デモ

香港返還6周年にあたる2003年7月1日のデモは香港基本法23条立法反対と関連して返還後最大規模かつ最高度に政治的なものとなった[14]。

親中派が過半数を占める立法会においては、国家安全条例草案が立法会に上程されれば、二読、三読の手続を経て、採択されることが確実と見られていた。また、香港市民や世論の根強い反対にもかかわらず、香港政府は7月9日の立法会において、国家安全条例草案の二読、三読手続を終了し、採択にもちこむことを意図し、またそれは立法会の議席配分から見ても確実であると見られていた。このため、デモに香港市民の強い関心が集まることとなった。

2003年7月1日、「民間人権陣線」によるデモが開催された。このデモのスローガンは「反対23 還政於民」であり、「還政於民」とは、行政長官の直接選挙ならびに立法会議席すべての直接選挙を要求する意味である[15]。

50万人が参加したとされるデモの後、香港の政局は大きく変化した[16]。結局7月7日に法案の立法会提出の延期を発表した。

国家安全条例の立法会提出は、見送られることとなった。当初、7月の段階では、董建華行政長官は、今会期への条例草案の提出を見送ることと発言した。次

第 7 章　普通選挙および行政長官任期をめぐる全人代常務委の解釈

の会期における法案提出を否定してはいなかった。しかし、9月には法案の撤回が正式に発表された[17]。このため、従来の国家安全立法の草案は撤回され、再度、立法化が図られることとなった。

5　行政長官と立法会の普通選挙要求

2003年7月1日の国家安全条例に反対する50万人デモをきっかけに、香港の政治をとりまく環境は大きく変化した。7月1日のデモに続いて7月9日、7月13日、2004年1月1日には相次いで大規模抗議行動が発生し、2003年11月の地区評議会選挙では、民主派が圧勝した。勢いにのる民主派の要求の焦点は2007年行政長官選挙と2008年立法会議員全員に対する普通選挙の導入となり、香港政府に政治制度の全面的な再検討および2007年の第3期行政長官選挙および2008年の第4期立法会選挙までに普通選挙を導入することを要求した。民主派のスローガンは「二つの普通選挙（double universal suffrage）」つまり2007年行政長官選挙と2008年立法会選挙の普通選挙の導入となった[18]。

香港の選挙制度は、間接選挙および直接選挙を組み合わせた独特の方式が採用されている。行政長官は親中派を中心とする業界団体や全人代代表でつくる選挙委員会による間接選挙によって選出され、中国政府が任命する。第一期行政長官選挙の選挙委員は400人、第二期は800人である。立法会議員は60議席を直接選挙枠、職能代表枠に分けて選出し、2003年9月の選挙では直接選挙枠が24議席から30議席に増えた。香港基本法ではこれらの選挙制度について2007年以降、「必要があれば」改正できると規定している。

ところで、香港の現行選挙制度において、1990年代から民主派は一貫して、直接選挙枠で多数を獲得しており、行政長官と立法会に普通選挙が導入されるのであれば、民主派から行政長官が選出され立法会においても民主派が多数を獲得することが予想された。しかも民主派は、天安門事件追悼集会の組織、香港基本法23条の立法化への反対などを行い、反中姿勢を堅持してきた。

普通選挙導入への要求の高まりを受けて、2004年1月7日、香港行政長官董建華（Tung Chee-hwa）は、立法会への施政報告において、政務司司長曽蔭権（Donald Tsang Yam-kuen）が指導し、法務省長官梁愛詩と政制事務局局長林瑞麟（Stephen Lam Sui-lung）の3人で構成される政治制度発展専門グループを設立し、香港居民などから意見を募ることとした[19]。

第 2 部　香港基本法解釈権の展開

第 2 節　普通選挙をめぐる全人代常務委の解釈

1　2004 年の全人代常務委解釈

　民主化運動は北京の強い干渉にあった。全人代常務委は 2 か月に一度という通常の会合頻度を離れて、2004 年に 4 月に連続して会議を行った[20]。

　2004 年 3 月 26 日に、4 月に開催される全人代常務委の議題として、行政長官と立法会議員の選挙制度を定めた香港基本法付属文書の解釈案が提出されることが明らかにされた。突然の発表は香港社会を驚かせた。同日夜には董建華行政長官と曽蔭権政務長官らが緊急記者会見を開催し、全人代常務委が政治改革問題に関して香港基本法の解釈を行うことを正式に発表した[21]。

　2004 年 4 月 6 日、第 10 期全人代常務委員会第 8 回会議は、「香港基本法付属文書 1 第 7 条および付属文書 2 第 3 条に関する解釈草案」を可決した[22]。これは返還以降 2 回目の全人代常務委による香港基本法解釈となる。「解釈」によると、行政長官の選出方法と立法会の選出方法に改正が必要かどうかは、まず行政長官が全人代常務委に報告を提出し、全人代常務委が確定する。2004 年 4 月 15 日、董建華行政長官が、「解釈」を受けて、段階的に穏やかな改革を求めるとの報告[23]を常務委に提出した[24]。

全国人民大会常務委員会の「中華人民共和国香港特別行政区基本法」付属文書 1 第 7 条と付属文書 2 第 3 条に関する解釈（2004 年 4 月 6 日）[25]

　全人代常務委の解釈では、まず、解釈を行うにあたって、中国憲法 67 条 4 項[26]と香港基本法 158 条 1 項[27]を根拠とすることが述べられた。次に、本解釈の対象となる条文が示された。それらは、香港基本法付属文書 1「香港特別行政区行政長官選出方法」7 条、および付属文書 2「香港特別行政区立法会議の選出方法と採択手続」3 条である。

　最後に解釈が、次のように定められた。(a)「2007 年以降」の行政長官と立法会の選出方法に修正を加える必要があるとき、「2007 年以降」とは、2007 年も含む。(b) 2007 年以後の各行政長官の選出方法、立法会議の選出方法を修正する「必要がある時」とは、修正する場合を含み、また修正しない場合も含む。(c) 選出手続の改正の必要性は、行政長官が全人代常務委に報告書を提出した後、全

第 7 章　普通選挙および行政長官任期をめぐる全人代常務委の解釈

人代常務委が香港基本法 45 条および 68 条、香港の順序を追って漸進する原則に依拠して、決定する。また、改正案は香港政府が立法会に提出する。(d) 選挙方法が改正されない場合は、現行の規定が適用される。なお、上記の解釈にいたった理由は示されていない。

「解釈」の結果、行政長官と立法会の選出方法を変更する場合、行政長官が全人代常務委に報告書を提出した後に、全人代常務委が決定することとなった。このため引き続いて全人代常務委がこの問題につき決定を行うことになった。

2004 年の「解釈」によれば、行政長官と立法会の選出方法に修正を加えるには以下の 5 段階を経る必要がある[28]。

① 行政長官が全人代常務委に報告を提出し、選出方法に修正を加えるべきかどうかを全人代常務委が決定するように要請する。
② 全人代常務委が選出方法に修正を加えるべきかどうかを決定する。
③ 全人代常務委が選出方法に修正を加えるべきと決定したなら、香港政府は立法会に選出方法の修正に関する議案を提出し、立法会全体の議員の 3 分の 2 の多数で採択される。
④ 行政長官が立法会が採択した議案に同意する。
⑤ 行政長官が法案を全人代常務委に報告し、全人代常務委が批准し記録に留める。

2　2004 年の全人代常務委決定

4 月 26 日、全人代常務委は香港行政長官の提出した報告書の審議結果を受けて「香港特別行政区 2007 年行政長官、2008 年立法会の選出方法の関連問題に関する決定」を採択した[29]。「決定」は、以下の二点を明らかにした。(a) 2007 年香港特別行政区第 3 期行政長官の選挙は、普通選挙による選出方法を実行しない。(b) (a) に違反しない前提の下、2007 年行政長官、2008 年立法会の具体的な選出方法は順序を追って漸進する原則に符号して適当な改正を行う。

全国人民代表大会常務委員会の香港特別行政区 2007 年行政長官と 2008 年立法会の選出方法に関連する問題に関する決定（2004 年 4 月 26 日）[30]

「決定」は、香港の選挙制度をめぐる現状について、次のように分析した。つまり、「香港特別行政区が成立して以来、香港居民の民主的権利は以前に享有し

ていなかったものである31)。」具体的には、行政長官は第1期行政長官は400人で構成される推薦委員会の選挙によって選出され、第2期は800人によって選出された。立法会では60議席の直接選挙枠は第1回立法会の20議席から第2回の立法会では24議席に増えて、2004年9月の第3回立法会では30議席に達する。このように「香港が選挙を実行した歴史は長くなく、香港居民が特別行政区行政長官の推薦に参加する民主的権利を行使したのは、現在に至って7年にみたない32)。」したがって、選挙がもたらす「香港社会全体の運用に対する影響、とりわけ行政主導体制に対する影響は実戦経験を待たねばならない33)。」

次に、香港社会の普通選挙に対する反応を次のように指摘する。「目下の香港社会各界の2007年以後の行政長官と立法会の選出方法をいかに確定するかには大きな分岐が存在しており、広範なコンセンサスをいまだ形成していない34)。」このため、45条の規定する行政長官の普通選挙、68条の規定する立法会議員全体の普通選挙を行う条件を満たしていないと判断した。つまり、「45条の規定する行政長官を広範な代表性を持つ指名委員会によって民主的な手続における指名のもと普通選挙で選出し、そして68条の規定する立法会議員すべてが普通選挙で選出されるという条件にはまだ不備がある35)。」

「決定」は2007年の行政長官と2008年の立法会の選出方法に以下のような決定を行った。(a) 2007年第3期行政長官の選挙は普通選挙を実行しない。2008年第4期立法会選挙は、すべてに普通選挙を実行せず、職能別団体枠と直接選挙枠がそれぞれ半数を占める割合を維持する。(b)(a)に違反しない前提の下、2007年第3期行政長官の具体的選出方法と2008年第4回立法会の具体的選出方法は、45条、68条の規定と付属文書1第7条、付属文書2第3条の規定を根拠として順序を追って漸進する原則に符号する適当な改正を行う。

最後に、今後の発展の方向性について、「決定」は次のように述べた。「実際の状況に照らして、順序を追って漸進的に民主を発展することは、中央の確固たる一貫した立場である36)」。したがって、香港基本法が規定する「行政長官が広範な代表性を持つ指名委員会によって民主的な手続に照らして選出され、立法会全部の議員が普通選挙によって選出される目標に到達する37)。」

「決定」は、行政長官および立法会選挙における普通選挙を実施しないこととし、両者の選挙制度ともに、現在の制度存続をも明らかにした。とともに、将来

的には普通選挙を容認する方向性を示した。

「解釈」および「決定」によって 2007 年の行政長官と 2008 年の立法会について、普通選挙を実施しないことが決定された。

第 3 節　行政長官任期をめぐる全人代常務委の解釈

1　「剰余任期」をめぐる議論
（1）　背　景

　2003 年 7 月 1 日の香港基本法 23 条立法化に反対する大規模デモは、普通選挙要求とともに、董建華行政長官辞職への要求をも一気に顕在化させた。董建華行政長官については、香港におけるばかりか、北京においても、その行政手腕に対する疑問があったとの指摘もある[38]。そして香港居民の不満を表すように、2003 年 7 月 1 日の大規模デモ以来、大規模抗議行動が香港において継続的に行われてきた。

　2005 年 3 月 10 日に董建華が辞職願を提出、3 月 12 日に正式に国務院に受理された。董建華の辞職に伴い、政務司司長の曽蔭権（Donald Tsang）が行政長官代行として任命された。

　行政長官が空席となった場合について、香港基本法 53 条によると、6 ヶ月以内に行政長官が選出されねばならない。行政長官選挙条例[39]によると、選挙は空席になった日から 120 日以内に行われねばならない。このため、新行政長官の任期についての議論が始まった。

　新行政長官の任期について、民主派は 5 年の任期を主張したが、中国においては早い段階より 2 年の任期が主張された[40]。5 年の任期は香港基本法 46 条が規定する行政長官の任期であり、2 年は「剰余任期」[41]、つまり董建華の予定されていた任期の残りの任期を主張した。

　当初、中国が香港基本法解釈を行う意思を示さなかったために、香港政府はまず行政長官選挙条例を改正し、新行政長官の任期を前行政長官の任期の「剰余任期」であると規定することとした[42]。3 月 24 日、香港政府は行政長官選挙条例草案改正の立法手続を開始し、これに対して民主派の陳偉業（Albert Chan）立法会議員は高等法院に違憲審査を提起することを表明した[43]。訴訟の結果を待つ

第2部　香港基本法解釈権の展開

のであれば、予定された選挙日までに、新行政長官選挙を行えない。しかも、再選の手続が延期された場合の条項がないため、新行政長官が予定日までに選出されない場合、行政長官不在となる。このため、香港政府は国務院に報告書を提出し、全人代常務委に新行政長官の任期について香港基本法53条2項の解釈を行い2年の任期を確定させることを要請した[44]。

2005年4月6日、香港政府が、国務院に報告書を提出し、全人代常務委の香港基本法解釈を要請した。これを受けて、国務院は4月10日、全人代常務委に53条2項の解釈に関する議案を提出した[45]。4月27日、全人代常務委第15回会議は、「『中華人民共和国香港特別行政区基本法』第53条第2項に関する全人代常務委員会の解釈」を可決した[46]。

「解釈」は新行政長官の任期は2年であると、明確に示した。これに伴って民主派の立法会議員陳偉業が以前に提出した違憲審査は取り下げられた[47]。「解釈」の結果、予定通りに行政長官選挙が行われ、6月21日に曽蔭権行政長官代行が行政長官に就任した[48]。

(2)　関連条文

行政長官の任期について香港基本法46条は次のように規定する。「香港特別行政区行政長官の任期は5年とし、1期だけ再任できる。」この他の香港基本法条文には任期に関する規定はない。一方で、53条は行政長官が空席となった場合について「行政長官が空席となった場合、6ヶ月以内に本法第45条の規定に依り新しい行政長官を選出しなければならない。」(53条2項)と規定する。45条は具体的な行政長官選出手続について、「行政長官を選出する具体的な方法は付属文書1『香港特別行政区行政長官の選出方法』で規定する。」(45条3項)と規定し、付属文書1は、行政長官の選挙委員会の構成、行政長官候補者の推薦、無記名投票による投票などを規定する。

2　全人代常務委による香港基本法解釈

(1)　国務院に「中華人民共和国香港特別行政区基本法」第53条第2項について全国人民代表大会常務委員会の解釈の請求を具申することに関する報告
(2005年4月6日)[49]

「報告」は行政長官選挙の必要性について、次のように説明した。2005年3月12日に国務院が董建華行政長官が香港特別行政区行政長官の職務を辞職する請

第 7 章　普通選挙および行政長官任期をめぐる全人代常務委の解釈

求を批准したために、香港基本法および「行政長官選挙条例」の関連の規定を根拠として、7月10日に新しい行政長官を選挙しなければならない。

次に、期日までに新行政長官を選出できなかった場合の影響として、「香港の安定と繁栄」への影響が指摘された。つまり、「香港特別行政区が法律に従って7月10日までに新しい行政長官を選出できないのであれば、政府の重要政策の制定、施政および正常な運用に良くない影響をもたらし、さらには憲政の危機をも引き起こしかねない。同時にこれは特別行政区居民と国際社会に、特別行政区の基本法執行の決心と能力に疑問を発生させ、金融市場の運用、投資家の信頼にマイナスの影響をもたらす。これらはすべて香港の安定と繁栄に不利である[50]。」

また、香港社会の状況については次のように分析された。「新しい行政長官の任期の問題について、香港社会には二つの異なる意見が出現している[51]。」2年の任期を支持するものがあり、5年の任期を支持するものがあり、この問題に関する分岐は持続しうる。さらに、5年の任期を支持する立法会議員および香港居民は、行政長官選挙条例改正に対する違憲審査を提起している。香港法院は4月4日に違憲審査の申請をすでに受理した。

以上の状況から、香港政府は二つの問題に直面している。(a) 改正草案の立法手続の期限までの完成を確保するために、香港基本法の関連条文の権威的かつ決定的な法律解釈が必要であり、そうしてこそ、香港の立法に安定的な基礎を提供することができる。(b) 違憲審査が実際に行われるのであれば、完結するまでに、比較的長時間を必要とする。この状況では、期限内、つまり7月10日に新しい行政長官を選出できない。

このため、「香港の安定的な発展と社会各方面の正常な運用を確保するために[52]」、「全人代常務委に香港基本法53条第2項の新行政長官の任期について解釈を行うことを具申することを建議する[53]。」とした。

(2)　全国人民代表大会常務委員会の「中華人民共和国香港特別行政区基本法」第53条第2項に関する解釈（2005年4月27日）[54]

全人代常務委は香港基本法53条2項の規定に対して、以下のような解釈を行った。

まず、解釈を行うにあたり依拠した条文が示された。それは中国憲法64条4項と香港基本法158条1項である。次に、本解釈に関連する香港基本法の規定が

211

第 2 部　香港基本法解釈権の展開

列挙された。それらは、香港基本法53条2項、45条3項、付属文書1　1条55)、付属文書1　2条56)、付属文書1　7条57)である。

　最後に、関連条文の解釈が示された。「上述の規定は、2007年以前、行政長官が任期が5年の選挙委員会によって選出される制度の元で、行政長官が『中華人民共和国香港特別行政区基本法』第46条が規定する5年の任期に満たずに行政長官が空位となる状況が出現するならば、新しい行政長官の任期はもとの行政長官のあまりの任期とされねばなら58)」ない。「解釈」は、新行政長官の任期は元の行政長官の任期の余りの任期であると決定した。なお、上述した解釈にいたる理由は示されていない。

第4節　2004年および2005年の全人代常務委解釈の特色と課題

　返還以降3回の香港基本法解釈権行使によって、香港基本法には規定されえない全人代常務委の解釈権行使における細則が明らかになった。本節では1999年の全人代常務委解釈も加えながら、2004年および2005年の全人代常務委解釈について考察を加える。全人代常務委の香港基本法解釈権行使に関して明らかになった点、いまだ不明であり、今後の実践により明らかにされるべき点や問題点が存在する。

1　明らかになった点
(1)　香港政府の解釈要請

　香港政府からも全人代常務委に解釈を要請できることが明らかになった。しかも行政長官の任期をめぐる解釈においては、関連の香港基本法条文が香港高等法院において審理される機会を剥奪するかのように、全人代常務委による香港基本法解釈がなされている。香港基本法158条は、香港法院が「中央の管理する事務」または「中央と地方の関係」に関する条項に解釈を行う必要があるとき、「香港終審法院は全人代常務委に関連する条文について解釈を求めなければならない（3項）」と規定するのみで、当初は解釈要請主体は終審法院のみであると考えられていた。しかし、3回の解釈権行使に共通するのが香港政府の主導性である。つまり、行政長官は香港基本法43条59)、48条2号60)の規定する行政長官の職権に従い、問題となっている状況について報告書を作成する。行政長官は

第7章　普通選挙および行政長官任期をめぐる全人代常務委の解釈

自らの中央人民政府と香港に対する責任（43条）、香港に適用される法律を執行する職権（48条2項）に依拠して、国務院に報告書を提出し、全人代常務委に香港基本法解釈権を行使するように要請する。香港政府による香港基本法解釈要請は、それが初めて用いられた居留権事件においても様々な議論をかもし出したが[61]、制度的に定着した。

(2)　全人代常務委の基本法全条文におよぶ解釈権

全人代常務委が香港基本法全条文に関して解釈権を持つことも解釈権行使によって定着した。一連の居留権事件において終審法院は1999年2月26日に「澄清」を行い、全人代とその常委会の解釈権は疑う余地もないと述べ[62]、劉港榕事件において、再び明確に全人代常委会の解釈は香港法院に対して拘束力を持つと判決した[63]。つまり、中国憲法67条4項を根拠とすると法律の解釈権は全人代常務委に属する。また香港基本法158条1項によると全人代常務委は香港基本法にも解釈権を持ち、この解釈権はいかなる制限も受けない。全人代が解釈権を行使するとき、香港基本法のあらゆる条文に主導的に解釈を行うことができる。この点、香港においては議論があったものの、中国側は一貫して肯定している[64]。

2　課題

(1)　手続

全人代常務委による香港基本法解釈は香港法においては香港基本法の改正や新たな立法の制定と同等の効力を有し、影響力が極めて大きい。しかし、全人代常務委による法律解釈の手続は立法法と全国人民代表大会常務委員会議事規則により規定されるのみである。しかも、立法法に関しては、「憲法31条を根拠として制定した香港特別行政区基本法、マカオ特別行政区基本法は、その改正と解釈の手続に特別の規定を行い、その二つの法律の改正と解釈はそれぞれその二つの基本法の規定に照らして執行する[65]。」とされる。このため、全人代常務委の香港基本法解釈が依拠する手続は、香港基本法と全国人民代表大会常務委員会議事規則および参考にできる立法法の規定となる[66]。手続に関して、香港基本法の改正手続（159条）や香港の立法体制に準じた解釈の手続が確立されるのであれば、香港居民の間の不安を取り除くことができる[67]。

また、終審法院が具体的な事件を審理するうえで解釈を要請する場合、あるい

は居留権事件のように、終審法院が一度下した判決に関して、全人代常務委がふたたび解釈を行う場合、全人代常務委がその事件の背景を把握することが求められる。このために、全人代常務委が解釈を行う過程において、いかに訴訟当事者の主張を汲み取る制度を構築するかも今後の課題として残された。

(2) 解釈方法

全人代常務委の解釈にあたって用いられた解釈方法が示されていない。2004年の解釈、2005年の解釈ともに、関連条文の紹介の後に、直接解釈の結果が述べられる形になっている。

香港においてとりわけ問題となるのが、コモン・ローの解釈方法が香港基本法解釈に妥当するかどうかである。この点は明らかではないが、コモン・ローの解釈方法が香港基本法の解釈に適用されないとするならば、香港における香港基本法や中国法の解釈にあたって生じる次の問題が指摘されている。(a) 香港の弁護士は香港基本法や香港に適用される中国法に関して顧客に法的なアドバイスを与える資格があるのかどうか。(b) 香港基本法の多くの条文は、コモン・ローや衡平法より派生し、起源を持つ権利、利益に密接に関連しているが、それらの条文が香港法院において解釈されうるのか。(c) 香港法院が、香港基本法を解釈するために、中国法の専門家に意見を求めるのはどのような場合か[68]。全人代常務委はいままでのところ、香港基本法の解釈にあたって、コモン・ローの解釈方法を明確に排除していない。この問題は今後の課題として残された。

(3) 解釈結果にいたる理由

全人代常務委の解釈においては「解釈」にいたる理由も示されていない。「解釈は判決理由と傍論を欠いた決定のリストでしかない[69]。」とされ、「全人代常務委の解釈は法学上そして論理的な法の解釈ではなくて、政治的な宣言であるとみなされている[70]。」とも指摘される。解釈を行った背景、解釈の依拠する原則や規則、解釈が依拠した法律、解釈の過程、解釈の適用範囲などに対する説明の構築が課題として残された。

理由が詳細でないことは香港法院の判決とは極めて対照的である。返還後も引き続きコモン・ローを維持する香港法院においては、先例拘束性の原則に基づき、判決は詳細な法的理由とともに下される。敗訴した訴訟当事者あるいはその弁護士は判決理由や傍論に賛成しないであろうが裁判官の理由についてはっきりと理解することができる[71]。

第 7 章　普通選挙および行政長官任期をめぐる全人代常務委の解釈

　3 回の解釈権行使の事例のうち、居留権事件における解釈においては理由が述べられはしたが、非常に簡潔なものであった。居留権事件においては、理由として第一に、関連条文が「中央と香港特別行政区の関係」に該当すること、および第二に、終審法院判決における解釈が立法意図と符合しないことをあげたにすぎない72)。

　理由として、解釈草案に対する全人代常務委法制工作委員会の「説明」をあげる見解もある73)。しかし、この場合、次に「説明」の扱いが問題となる。例えば、「説明」の香港法における地位、そして「説明」の全文がなんらかの法的地位を持つのか、あるいは「説明」の趣旨なのか、が明らかにされる必要がある。

(4)　「立法意図」の決定

　解釈において必ず言及されるのが、「立法意図の決定」である。例えば居留権事件においては、終審法院の香港居留権享有主体の範囲に関する判断が香港基本法関連条文の「立法意図」と異なることで、全人代常務委による香港基本法解釈がなされた74)。また 2005 年の行政長官の任期に関する全人代常務委の解釈に対する法制工作委員会の説明では、後任の行政長官の任期を残りの任期とすることは「立法意図」に合致することが述べられた75)。立法意図の確定は、解釈の正統な手段であるが、全人代常務委の解釈における「立法意図」の確定には次の問題点がある。第一に、香港基本法は中国と香港の起草者が共同で起草したのにもかかわらず、「立法意図」を用いることができるのは常に中国の起草者である。言い換えると、「立法意図」は中国側に独占されている76)。第二に、実際に居留権事件において、「立法意図」は香港基本法が採択された後に決定された香港特別行政区準備委員会の「意見」に具現されているとされた。その結果、終審法院の判断は「立法意図」から導かれた全人代常務委の解釈によって大幅に変更された77)。

(5)　「解釈」の解釈

　2004 年の行政長官と立法会の普通選挙に関する解釈においては、「解釈」の解釈、つまり「解釈」それ自身がどのように解釈されるべきか、誰が解釈を行う権限を持っているのか、解釈のためにどのような文献が用いられるべきか、が新しい課題として浮かび上がった78)。実際に、全人代常務委は 2004 年の解釈において、自らの「解釈」をさらに解釈した「決定」を行い、「解釈」において明示されなかった 2007 年行政長官と 2008 年立法会で普通選挙を行わないことを明らか

にした。

「解釈」の解釈を行う主体には全人代常務委と終審法院の二つがありうる。前者は2004年の解釈実践で確定され、後者は香港基本法158条に規定されている。

次に、「解釈」がどのように解釈されるべきかに関して、全人代常務委が見解を示していない場合、全人代常務委法制工作委員会による説明の役割が浮上する。法制工作委員会による「説明」は返還後の香港法体系に予想されていたものではないので、「説明」に対して上述した問題点が浮上する[79]。

(6) 人　員

全人代常務委は法院ではないために、その解釈や決定は、香港において常に法曹界から非難されている。これは「『一国両制』に本有的あるいは元からある不利な条件である[80]」としても、香港において解釈が尊重されるために、解釈を行う人員の法的資質を高めることが必要となる。

実際の運用上、全人代常務委の代表すべてが高度な法律知識に熟達しているわけではなく、そのために、全人代常務委代表は、法制工作委員会のアドバイスに従っている。このため、法制工作委員会の質を保障することが重要となる。しかし、中国においては、法制工作委員会委員の資格および採用の基準が明らかにされていない。全人代常務委が関連の情報を公にして、なんらかの法的資格を持ち法的経験を積んだ専門家のみを任命する制度を保障するのであれば、解釈の水準は上昇し、香港においてもより受け入れられやすくなる。加えて、政治的干渉のない独立した法的アドバイスを保障するための、任命と解雇の制度が考案されるべきである[81]。

おわりに

本章では、香港返還以降、3回にわたってなされた全人代常務委の香港基本法解釈権行使の事例をもとに、香港基本法解釈権の行使にあたり次第に浮かび上がってきた細則を論じた。香港基本法解釈権を規定する158条は、全人代常務委の香港基本法解釈の原則のみを規定するにすぎない。返還以降の全人代常務委の香港基本法解釈権行使は、いずれも香港社会のみならず国際社会が高い関心を示す事柄に対してなされ、そのたびごとに香港内外にわたる議論を醸し出した反面で、香港基本法解釈権の細則を明らかにする役割を果たした。

第 7 章　普通選挙および行政長官任期をめぐる全人代常務委の解釈

　本章でとりあげた全人代常務委による香港基本法解釈権の行使は、ある示唆的な現象を示している。全人代常務委による香港基本法解釈権は、「二制度」よりも「一国」を重視するという原則に裏打ちされてはいるものの、実際のところは実績の積み上げによって細則が構築されつつある。そしてそれはまた、付随的に解釈権行使に関する不明確性を作り出し、その点に対して香港法曹界の批判が集中している。この発展途上性には、全人代常務委による香港基本法解釈権行使のありかたが端的にあらわれており、まさに中国の法律制度をとりまく現状と軌跡を一にするものである。

　なお、全人代常務委による香港基本法解釈権行使においては、香港政府が表明した法的立場に対しても香港法曹界から批判がなされた。香港政府と全人代常務委、国務院での間の非公式な解釈決定過程は、本章において検討した香港基本法解釈権行使の細則を確かにするうえでも重要であるが、ここでは詳しく検討することが出来なかった。今後の課題としたい。

1）全国人民代表大会常務委員会の「中華人民共和国香港特別行政区基本法」付属文書 1 第 7 条と付属文書 2 第 3 条に関する解釈（2004 年 4 月 6 日第 10 回全国人民代表大会常務委員会第 8 回会議採択）
2）全国人民代表大会常務委員会の「中華人民共和国香港特別行政区基本法」第 53 条第 2 項に関する解釈（2005 年 4 月 27 日第 10 回全国人民代表大会常務委員会第 15 回会議採択）
3）このようにして一国二制度と香港の高度の自治を保障することで、香港人を安心させるために規定されたことが指摘されている。Davis, Michael C., "Interpreting Constitutionalism and Democratization in Hong Kong" in Hualing Fu, Lison Harris, and Simon N. M. Young（eds）, *Interpreting Hong Kong's Basic Law* (Hong Kong: Palgrave Macmillan, 2007), p.77.
4）香港基本法付属文書 1　7 条　2007 年以降の各行政長官の選出方法に修正を加える必要があるときは、立法会の全体の議員の 3 分の 2 の多数で採択されねばならず、行政長官の同意を経て、かつ全国人民代表大会常務委員会の批准を得る。
5）香港基本法付属文書 2　3 条　2007 年以後の香港特別行政区立法会の選出方法と法案、議案の採択手続は、本付属文書に規定に対して修正を行う必要がある時、立法会全体の議員の 3 分の 2 の多数で採択されねばならず、行政長官の同意を経て、かつ全国人民代表大会常務委員会に報告され審査されねばならない。
6）Chan, Johannes, "*Some Thoughts On Constitutional Reform in Hong Kong*" (2004) 34 H. K.L.J. 6-8.

7）Chen, Albert H. Y., "The Law and Politics of Constitutional Reform and Democratization in Hong Kong" University of Hong Kong Faculty of Law Research Paper No. 2014/035, September 30, 2014, p.5.
8）Chen, Albert H. Y., op.cit., p.6.
9）克思「『転覆罪』掀反抗浪潮」『争鳴』2002年10月。
10）諮問文書の公開過程とその問題点について、詳しくは、Peterson, Carole J., 'Hong Kong's Spring of Discontent: The Rise and Fall of the National Security Bill in 2003' in Fu Hualing, Carole J. Petersen and Simon N. M. Young (eds) *National Security and Fundamental Freedoms : Hong Kong's Article 23 Under Scrutiny* (Hong Kong: Hong Kong University Press 2005), pp.20-37.
11）香港基本法23条「香港特別行政区は反逆、国家分裂、反乱扇動、中央人民政府転覆、国家機密窃取のいかなる行為をも禁止し、外国の政治的組織または団体の香港特別行政区における政治活動を禁止し、香港特別行政区の政治的組織または団体の、外国の政治的組織または団体との関係樹立を禁止する法律を自ら制定しなければならない。」なお、香港基本法23条の文言起草の経緯については、以下の論文に詳しい。中園和仁「董建華政権二期目の政治課題──高官問責制の導入と基本法23条の立法化──」『東亜』第433号、2003年7月。Petersen, Carole J., 'Hong Kong's Spring of Discontent: The Rise and Fall of the National Security Bill in 2003' in Fu Hualing, Carole J. Petersen and Simon N.M. Young (eds) op.cit., pp.17-20.
12）この間の流れについて、詳しくは、Peterson, Carole J., op.cit., pp.38-43.
13）李澤沛編『香港法律概述』三聯書店（香港）有限公司、法律出版社、共同出版、2001年、27頁。
14）なお50万人デモの発生原因を詳しく分析した研究として、たとえば以下があげられる。Cheng, Joseph Y. S., *The July 1 Protest Rally: Interpreting a Historic Event* (Hong Kong: City University of Hong Kong Press, 2005). Ming Sing ed., *Politics and Government in Hong Kong: Crisis under Chinese sovereignty* (Hong Kong: Routledge, 2009).
15）梅幸河「反悪法敵構想怎様発展下去」『争鳴』2003年7月。
16）この間の香港政治の動きについて、詳しくは、Petersen, Carole J., op.cit., p.50.
17）『朝日新聞』2003年9月6日。
18）Chen, Albert H. Y., "The Law and politics of Constitutional Reform and Democratization in Hong Kong" University of Hong Kong Faculty of Law Research Paper No. 2014/035, September 30, 2014, p.8.
19）*South China Morning Post*, Jan. 8, 2004.
20）Chen, Albert H. Y., 'Development of Representative Government' in Johannes Chan SC (Hon) and C.L. Lim (eds), *Law of the Hong Kong Constitution* (2nd ed.) (Hong Kong: Thomson Reuters, 2015), p.268.
21）*South China Morning Post*, Mar. 28, 2004.
22）*South China Morning Post*, Apr. 7, 2004.

第 7 章　普通選挙および行政長官任期をめぐる全人代常務委の解釈

23）董建華「关于香港特別行政区 2007 年行政長官和 2008 年立法会产生办法是否修改的報告」『中華人民共和国全国人民代表大会常務委員会公報』2004 年第 4 号、273-274 頁。
24）*South China Morning Post*, Apr. 16, 2004.
25）「全国人民代表大会常務委員会关于『中華人民共和国香港特別行政区基本法』附件一第七条和附件二第三条的解釈」『中華人民共和国全国人民代表大会常務委員会公報』第 4 号、2004 年、267 頁。
26）中国憲法 67 条　全国人民代表大会常務委員会は以下の職権を行使する。……（ 4 ）法律を解釈する。
27）香港基本法 158 条 1 項　本法の解釈権は全国人民代表大会常務委員会に属する。
28）郭天武、李建星『香港選挙制度発展及其対香港政治生態的影響』社会科学文献出版社、2015 年、226 頁。
29）*South China Morning Post*, Apr. 26, 2004.
30）「全国人民代表大会关于香港特別行政区 2007 年行政長官和 2008 年立法会产生办法有关问题的決定」『中華人民共和国全国人民代表大会常務委員会公報』第 4 号、2004 年、272-273 頁。
31）前掲、272 頁。
32）前掲、272 頁。
33）前掲、272 頁。
34）前掲、272 頁。
35）前掲、272 頁。
36）前掲、273 頁。
37）前掲、273 頁。
38）たとえば「北京が董建華を排除したがっていることは広く流布していた。董建華辞職の数ヶ月前、マカオにおける公的な儀式において胡錦濤国家主席が、董建華に対して、非効率で貧弱な統治、香港居民の民意を汲み取っていないことを叱責した。董建華を抜擢した江沢民前国家主席の政治からの完全な引退にともなって、董建華が解任されるという前兆があった。(Ghai, Yash and Jill Cottrell, op.cit., p.1.)」との指摘がある。
39）Chief Executive Election Ordinance, Cap 569
40）*The Standard*, Mar 3, 2005.
41）「剰余任期」説の背景について、香港の政治状況を踏まえた次の指摘は示唆に富む。董建華の後には行政長官代行の曽蔭権が新行政長官として選出される確率が高いが、香港には、親中派の 3 つの陣営、すなわち公務員、左派の政治団体、実業家団体が存在し、この三者の政治的バランスが影響しているとする。董建華は実業家出身であるが、次に曽蔭権が新行政長官となれば、公務員が政治の主役に返り咲き、したがって植民地時代の統治派閥としての地位を取り戻す。この状況はほかの 2 つの親中陣営にフラストレーションをもたらす。しかし 2 年の任期であるならば、曽蔭権の任期は比較的短く、曽蔭権を十分に吟味することができるばかりか、予定されている 2007 年

第 2 部　香港基本法解釈権の展開

の行政長官選挙に独自の候補者を計画している他の親中派も当初の予定通りに準備を進めることができる。このために、2 年の任期が主張されたと指摘された（Tai, Benny, "*A Tale of the Unexpected : Tung's Resignation and the Ensuing Constitutional Controversy*" (2005) 35 H.K.L.J. 14-15. Ghai, Yash and Jill Cottrell, op.cit., p.2.）。

42)『明報』2005 年 3 月 12 日。
43)『東方日報』2005 年 3 月 25 日。
44) Tai, Benny, op.cit., pp.15-16.
45) *South China Morning Post*, Apr. 7, 2005.
46) *South China Morning Post*, Apr. 27, 2005.
47)『星島日報』2005 年 4 月 30 日。
48) 曽蔭権行政長官代行は 2005 年 5 月 25 日、7 月の行政長官選挙に出馬すると発表し、立法会も行政長官選挙条例の、行政長官の任期を一律に 5 年と定めていた条文を修正し、行政長官が任期半ばで辞任した場合、新行政長官の任期は前任の残りとすると改正した（*South China Morning Post*, May. 26, 2005.）。6 月 3 日には、香港行政長官選挙の立候補届け出が始まった（*South China Morning Post*, Jun. 3, 2005.）。曽蔭権は 6 月 15 日、立候補の届出を行い、行政長官を選出する 800 人の選挙委員会委員のうち 710 人が推薦や支持を表明し、他候補が立候補に必要な 100 人以上の委員の推薦を得られなくなったため、無投票当選が決まった（*South China Morning Post*, Jun. 15, 2005.）。6 月 21 日、曽蔭権が国務院の承認を経て、香港の行政長官に就任した。24 日から、北京で行政長官就任式に出席し、温家宝首相から中央政府の任命書を受け取るとともに、就任宣言を行った（*South China Morning Post*, Jun. 24, 2005.）。ちなみに、6 月 20 日から 23 日に行われた香港大学の世論調査では、曽の支持率は 72.3％に上った（"Rating of Chief Executive Donald Tsang Yam-kuen" at http://hkupop.hku.hk/）。
49)「国务院关于提请解释『中華人民共和国香港特別行政区基本法』第五十三条第二項的議案」『中華人民共和国全国人民代表大会常務委員会』第 4 号、2005 年、302-303 頁。
50) 前掲、303 頁。
51) 前掲、303 頁。
52) 前掲、303 頁。
53) 前掲、303 頁。
54)「全国人民代表大会常務委員会关于『中華人民共和国香港特別行政区基本法』第五十三条第二項的解釈」『中華人民共和国全国人民代表大会常務委員会』第 4 号、2005 年、301 頁。
55) 香港基本法付属文書 1　1 条　行政長官は広範な代表性を持つ選挙委員会が、本法を根拠として選出し、中央人民政府によって任命される。
56) 香港基本法付属文書 1　2 条　選挙委員会は毎回任期 5 年である。
57) 香港基本法付属文書 1　7 条　2007 年以降の行政長官の選出方法に改正の必要がある場合は、立法会の全議員の 3 分の 2 の多数で可決し、行政長官の同意を得、全国

第 7 章　普通選挙および行政長官任期をめぐる全人代常務委の解釈

人民代表大会常務委員会に報告し承認を求めなければならない。
58) 前掲、301 頁。
59) 香港基本法 43 条 2 項　香港特別行政区行政長官は、本法の規定に基づいて中央人民政府と香港特別行政区に対し責任を負う。
60) 香港基本法 48 条　香港特別行政区行政長官は下記の職権を行使する。……（2）責任をもって本法および本法に基づいて香港特別行政区に適用されるその他の法律を執行する。
61) たとえば、次のような批判がある。Ghai, Yash, "Litigating the Basic Law: Jurisdiction, Interpretation and Procedure" in Johannes M.M. chan, H. L. Fu and Yash Ghai (eds), *Hong Kong's Constitutional Debate: Conflict Over Interpretation* (Hong Kong: Hong Kong University Press, 2000), p.28. Ghai, Yash, "The NPC Interpretation and Its Consequences" in Johannes M. M. Chan, H. L. Fu and Yash Ghai (eds), op.cit., p.205.
62) *Ng Ka-ling (an infant) v. Director of Immigration* [1999] 1 HKC 425.
63) *Law Kong Yung (an infant) v. Director of Immigration* [1999] 4 HKC 731.
64) たとえば、2004 年の行政長官と立法会の普通選挙に関する解釈について、郑国杰「全国人大常委会有关香港基本法得第三次释法和决定的评析」北京大学宪法与行政法研究中心编『宪法与港澳理论与实践研究－纪念肖蔚云八十华诞志庆集』北京大学出版社、2004 年、230 - 231 頁。
65) 曉陽『立法法講話』中国民主法制出版社、2000 年、334 - 341 頁。
66) 陳玉田「論基本法解釈的程序」中国人民大学憲政与行政法治研究中心編『憲政与行政法治研究 ── 許崇徳教授執教五十年祝賀文集 ── 』中国人民大学出版社、2004 年、392 頁。
67) Poon Kai Cho, "Interpretation: A Puzzle Under the Two Systems" (2005) 6 *Hong Kong Lawyer* 84.
68) Poon Kai Cho, "Jurisprudence, Interpretation and the New Legal Order" (2004) 6 *Hong Kong Lawyer* 41-42.
69) Poon Kai Cho, "Interpretation: A Puzzle Under the Two Systems" (2005) 6 *Hong Kong Lawyer* 84.
70) Poon Kai Cho, op.cit., p.84.
71) Poon Kai Cho, op.cit., p.84.
72) 全人代常務委は次のように述べている「関連条文は中央人民政府が管理する事務と中央と香港特別行政区の関係に及び、終審法院は判決を行う前に、香港基本法 158 条 3 項の規定に依拠して全人代常務委に解釈を請求せず、かつ終審法院の解釈は立法意図と符号しない。」廣江倫子『香港基本法の研究 ──「一国両制」における解釈権と裁判管轄を中心に ── 』成文堂、2005 年、105 頁。
73) 陳弘毅「慣例建立憲法、規範人大釈法」『明報』2005 年 5 月 2 日。
74)「全国人民代表大会常務委員会关于『中華人民共和国香港特別行政区基本法』第 22 条第 4 項和第 24 条第 2 項第 3 号的解釈」佳日思、陳文敏、傳華伶編『居港権引発的

第 2 部　香港基本法解釈権の展開

憲法論争』香港大学出版社、2000 年、479 - 480 頁。
75)「关于『全国人民代表大会常務委員会关于「中華人民共和国香港特別行政区基本法」第 53 条第二項的解釈（草案)』的説明」『中華人民共和国全国人民代表大会公報』2005 年第 4 号、305 頁。
76) Ghai, Yash and Jill Cottrell, op.cit., p.4.
77) Ghai, Yash and Jill Cottrell, op.cit., p.4.
78) Poon Kai Cho, "Jurisprudence, Interpretation and the New Legal Order"（2004）6 *Hong Kong Lawyer*, p.42.
79) Poon Kai Cho, op.cit., p.42.
80) Chan, Albert, op.cit., pp.224-225.
81) Poon Kai Cho, "Interpretation: A Puzzle Under the Two Systems"（2005）6 *Hong Kong Lawyer*, p.86.

第 8 章　外国人メイドの香港居留権をめぐる全人代常務委の解釈の拘束力

―― Vallejos Evangeline B. v. Commissioner of Registration 事件における香港基本法解釈 ――

はじめに

　世界有数の人口密集地である香港において、移民問題は必然的に注目度の高い社会問題でありつづけた。したがって、香港居留権に関する訴訟は、香港での世論を沸騰させてきた。1997 年の香港返還により、香港特別行政区が成立し、香港基本法が実施されているが、その運用にあたり、香港居留権の規定は、常に耳目を集めてきた。まさに香港終審法院が指摘するように、「香港居留権に関する訴訟は、香港社会に対して社会的、経済的および政治的インパクトを、不可避的に及ぼしてきたのである。」[1]

　香港居留権は、香港基本法 24 条が規定する基本的人権である。とりわけ 24 条 2 項 4 号は、香港に通常連続 7 年以上居住すれば、香港を永住地とする非中国籍の人にも香港居留権が与えられるとしている。そこで、多くが香港の各家庭に住み込みで、長いものでは 30 年以上も働く外国人メイドにも、香港居留権が付与されるのかどうかが争われたのが本件[2]（*Vallejos Evangeline Banao, also known as Vallejos Evangeline B. v. Commissioner of Registration and another*, FACV 19/2012（25 March 2013）、以下、外国人メイド事件）である。

　本章においては、外国人メイド事件における全人代常務委への香港基本法解釈を要請すべきかどうかの終審法院の議論を検討することを目的とする。まず次節では、香港における外国人メイドの概略および香港の社会背景から見た訴訟提起のインパクトについて述べる。次に、第 2 節において、外国人メイド事件の概要について明らかにする。第 3 節においては、香港における外国人メイドの就労制度に触れる。そして、第 4 節で下級審の判決とそれに対する香港政府の全人代常務委解釈を求める動きを追ったうえで、最後に、第 5 節において、終審法院の香

第 2 部　香港基本法解釈権の展開

港基本法解釈に関する議論を考察する。

第 1 節　外国人メイドと香港
—— 問題の所在 ——

　1970 年代から、主に東南アジア諸国から香港に就労した外国人メイドの存在は中産階級を中心に香港の家族の在りかたを根本的に変えた。外国人メイドが家事全般を担うことにより、多くの香港人女性がキャリアを継続し、香港の経済発展に及ぼした貢献は計り知れない[3]。こうした、外国人メイド達の一部は、香港基本法 24 条 2 項 4 号が規定するように香港に 7 年以上通常居住しており、香港で退職後の生活を送るあるいは家族を香港で養おうと考えた[4]。
　本件の原告はフィリピン国籍の女性で、フィリピン国籍の夫と 5 人の子どもを持つ香港で働く外国人メイドである。原告は 1986 年に、メイドとして香港に渡航し、以来、同じ雇用者の下で複数回の労働契約の更新を経て働いている。原告は、労働契約完了ごとに、フィリピンに帰国し、香港への再入国許可を更新してきた。2008 年に原告は香港居留権の申請をしたが、登記所は、移民条例の規定をもとに、原告に香港居留権（Permanent identity card）の発給を拒否した。移民条例 2 条（4）（a）（vi）は、香港域外からのメイドは、香港に通常居住しているとはみなされないとしている。原告は、決定を不服として登記審判所（Registration of Persons Tribunal）に訴えたが却下された。そこで、原告は 2010 年 12 月、香港

【表 1】香港における国籍別人口（2011 年）

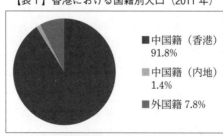

■ 中国籍（香港）91.8%
■ 中国籍（内地）1.4%
■ 外国籍 7.8%

（出所）「Census and Statistics Department, Population Census 2011, Population by Nationality, 2001, 2006 and 2011（香港特別行政区政府統計所　人口センサス 2011（国籍別人口））」（http://www.census2011.gov.hk/en/main-table/A105.html）を参考に筆者作成。

第8章　外国人メイドの香港居留権をめぐる全人代常務委の解釈の拘束力

高等法院に訴訟を提起し、移民条例2条（4）（a）（vi）は香港基本法24条2項4号に違反し違憲であるとした[5]。

ここで、香港における外国人メイドの訴訟当時の概況を示しておこう。香港の外国人メイドの圧倒的大多数がインドネシアとフィリピン出身者である。この傾向は現在でも変化がない。

香港における外国国籍保持者の概説を示すと、次の通りとなる。【表1】は、2011年香港人口センサスにて明らかとなった香港の国籍別人口である。700万人超の人口の約90％超が中国籍の香港人・中国人であり[6]、残りの約8％が外国国籍保持者である[7]。

【表2-1】は、2011年の香港における国籍別人口数を示している。さらに【表2-2】は同年の香港における外国国籍保持者を抽出し、国籍別内訳および人数を示している。突出しているのは第1位のインドネシア国籍保持者および第2位のフィリピン国籍保持者で、それぞれ13万7,403人、13万5,081人が香港で就業している。続いて、イギリス、インド、パキスタン、アメリカ、オーストラリアといった旧宗主国イギリスに関連した国籍保持者が続いている。しかし、第3位のイギリス国籍保持者数が3万3,733人ということからも分かるように、インドネシア・フィリピン両国出身者と比べて現在ではその人数は比較的少ない[8]。

【表3-1】は、香港における国籍および職種別人口を示している。さらに、【表3-2】は香港における外国国籍および職種別人口を示している。一見して、外国籍保持者の中で、国籍によって就く職業にかなりの違いがあることが分かる。とりわけフィリピン・インドネシア国籍保持者は、突出して単純労働就業者が多い。また、インドネシア国籍保持者の男性は792人しかいない反面、13万2,091人が女性である。フィリピンも同様に、5,434人の男性に対し、12万940人が女性である。これは多くが香港でメイドとして就業していることを示唆している[9]。

このように、香港は、香港に居住する中国人を主体としつつも、約8％が外国国籍保持者である非常に国際化された地域である。そして現在では、この8％の外国国籍保持者のほぼ全体がインドネシアおよびフィリピン出身の外国人メイドなのである。

2010年12月時点で、11万7,000人の外国人メイドが、香港に7年以上居住していると推計された[10]。この点に鑑みると、香港基本法24条が「7年通常連続

【表 2 - 1 】香港における国籍別人口数（2011 年）

国籍	2011 年	
	人数	%
中国		
（香港を永住地とする）	6,489,492	91.8
（香港を永住地としない）	97,084	1.4
インドネシア	137,403	1.9
フィリピン	135,081	1.9
イギリス	33,733	0.5
インド	26,650	0.4
パキスタン	17,253	0.2
アメリカ	16,742	0.2
オーストラリア	15,949	0.2
ネパール	15,943	0.2
タイ	14,211	0.2
日本	13,858	0.2
その他	58,177	0.8
合計	7,071,576	100.0

（出 所）「Census and Statistics Department, Population Census 2011, Population by Nationality, 2001, 2006 and 2011（香港特別行政区政府統計所　人口センサス 2011（国籍別人口））」(http://www.census2011.gov.hk/en/main-table/A105.html) を参考に筆者作成。

【表 2 - 2 】香港における外国国籍保持者の国籍別内訳（2011 年）

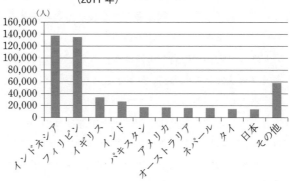

（出 所）「Census and Statistics Department, Population Census 2011, Population by Nationality, 2001, 2006 and 2011（香港特別行政区政府統計所　人口センサス 2011（国籍別人口））」(http://www.census2011.gov.hk/en/main-table/A105.html) を参考に筆者作成。

第8章　外国人メイドの香港居留権をめぐる全人代常務委の解釈の拘束力

【表3－1】香港における国籍および職種別人口（2011年）

国籍／性別	職　種								
	管理職	専門職	準専門職	事務職	サービス・販売	手工業	製造・組立	単純労働	農業・漁業その他
中国(香港を永住地とする)									
男	204,634	119,734	355,399	175,331	262,252	235,593	166,846	215,033	2,373
女	116,811	90,674	309,690	365,371	290,006	19,941	9,309	202,498	867
合計	321,445	210,408	665,089	540,702	552,258	255,534	176,155	417,531	3,240
中国(香港を永住地としない)									
男	4,025	2,657	3,030	1,504	1,911	2,102	640	2,732	35
女	2,228	2,024	3,555	2,201	7,186	419	179	4,658	85
合計	6,253	4,681	6,585	3,705	9,097	2,521	819	7,390	120
インドネシア									
男	111	104	133	62	64	55	5	258	－
女	158	57	230	233	647	41	18	130,707	－
合計	269	161	363	295	711	96	23	130,965	－
フィリピン									
男	305	500	1,221	329	470	222	504	1,883	－
女	314	193	1,123	1,068	1,320	45	46	116,831	－
合計	619	693	2,344	1,397	1,790	267	550	118,714	－
イギリス									
男	5,380	2,928	2,971	429	445	273	217	283	17
女	1,290	924	1,486	415	611	22	29	224	－
合計	6,670	3,852	4,457	844	1,056	295	246	507	17
インド									
男	3,102	946	1,873	375	801	236	241	537	－
女	514	283	843	543	489	2	17	3,395	－
合計	3,616	1,229	2,716	918	1,290	238	258	3,932	－

第 2 部 香港基本法解釈権の展開

パキスタン										
	男	286	64	418	355	283	442	446	1,536	-
	女	64	6	138	58	50	8	-	49	-
	合計	350	70	556	413	333	450	446	1,585	-
アメリカ										
	男	1,987	1,064	1,142	129	420	114	63	160	2
	女	512	567	664	289	334	4	-	145	
	合計	2,499	1,631	1,806	418	754	118	63	305	2
オーストラリア										
	男	2,220	1,261	1,141	133	157	39	70	58	4
	女	701	558	816	293	231	34	-	41	-
	合計	2,921	1,819	1,957	426	388	73	70	99	4
ネパール										
	男	124	28	379	752	907	1,007	109	2,137	-
	女	19	-	112	160	1,608	65	12	1,743	-
	合計	143	28	491	912	2,515	1,072	121	3,880	-
タイ										
	男	101	33	28	16	434	41	64	115	-
	女	141	55	119	233	1,750	50	10	4,145	-
	合計	242	88	147	249	2,184	91	74	4,260	-
日本										
	男	3,165	598	1,018	110	226	-	-	26	
	女	617	241	607	321	503	18	-	25	-
	合計	3,782	839	1,625	431	729	18	-	51	-
その他										
	男	7,931	3,873	3,758	502	734	290	170	294	-
	女	2,977	1,999	2,709	987	1,553	81	69	1,395	-
	合計	10,908	5,872	6,467	1,489	2,287	371	239	1,689	-
合計										
	男	233,371	133,790	372,511	180,027	269,104	240,414	169,375	225,052	2,431

第 8 章　外国人メイドの香港居留権をめぐる全人代常務委の解釈の拘束力

| 女 | 126,346 | 97,581 | 322,092 | 372,172 | 306,288 | 20,730 | 9,689 | 465,856 | 952 |
| 合計 | 359,717 | 231,371 | 694,603 | 552,199 | 575,392 | 261,144 | 179,064 | 690,908 | 3,383 |

(出所)「Census and Statistics Department, Population Census 2011, Working Population by Nationality, Sex and Occupation, 2011（香港特別行政区政府統計所　人口センサス 2011　（2011 年国籍、性別及び職業別人口））」(http://www.census2011.gov.hk/en/main-table/C122.html) を参考に筆者作成。

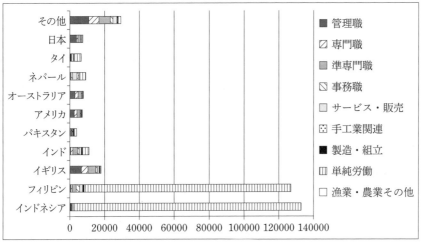

【図 3-2】香港における外国国籍および職種別人口（2011 年）

(出所)「Census and Statistics Department, Population Census 2011, Working Population by Nationality, Sex and Occupation, 2011（香港特別行政区政府統計所　人口センサス 2011　（2011 年国籍、性別及び職業別人口））」(http://www.census2011.gov.hk/en/main-table/C122.html) を参考に筆者作成。

居住」の要件を満たせば香港居留権が付与されると規定したことの意味そして本訴訟が潜在的に持つ可能性は計り知れない。実際に本訴訟提起の社会的インパクトは大きかった。外国人メイドが香港居留権を取得したとすると、いかなる雇用政策による規制をも受けなくなり、香港永住性居民として香港労働市場に流入し、一層の競争激化を招く。そればかりか、義務教育、公共住宅、保険サービスや生活保護といった公的サービスへの負担となると考えられた[11]。

香港世論は沸騰した[12]。第一審判決直前に、満 18 歳以上の約 800 名の香港居民を対象に、企業経営者を主な支持母体とする親中派政党である自由党によってアンケート調査が行われた。【表 4】はその回答を示している。それによると、80％以上の回答者が、外国人メイドが香港居留権を取得し、結果として香港永住性居民の身分を取得することに反対していた[13]。

【表4】 外国人メイドが香港永住性居民の身分を取得することに賛成かどうか

かなり賛成	賛成	反対	かなり反対	分からない
3.9% (31人)	5.5% (44人)	32.9% (262人)	51.9% (413人)	5.8% (46人)

(注) 2011年8月2〜3日実施、電話調査による。
(出所)「自由党『外傭争取居港権』民調公布」(http://www.liberal.org.hk/event-20110804.html) を参考に筆者作成。

【表5】 外国人メイドが香港永住性居民となることを防止する効果的な方法はなにか

香港政府はいかなる方策も取らず、法院の判断を待つ	9.9%（79人）
香港政府が、法院の審理以前に、全人代常務委に香港基本法解釈を要請する	16.8%（134人）
終審法院で外国人メイドが勝訴した場合、香港政府が全人代常務委に香港基本法解釈を要請する	6.4%（51人）
香港政府の行政措置により、外国人メイドの香港就労を6年まで許可し、出身地へ帰国する必要を明記する	55.4%（441人）
全人代常務委が自主的に香港基本法を解釈する	3.8%（30人）
分からない	7.7%（61人）

(注) 2011年8月2〜3日実施、電話調査による。
(出所)「自由党『外傭争取居港権』民調公布」(http://www.liberal.org.hk/event-20110804.html) を参考に筆者作成。

また、同アンケートによると、多数の外国人メイドが香港永住性居民となることを防ぐための有効な措置として、50％以上の回答者が、香港政府が行政措置を取り、外国人メイドの香港就労を6年までとし、就労後は出身国に帰国しなければならないことを規定すべきとした。と同時に、特筆すべきは、全体の26.7％が何等かの方法で、全人代常務委の香港基本法解釈を期待していた【表5】[14]。

外国人メイド団体も集会を開いた。外国人メイドは香港の発展に貢献し、香港永住性居民となるのが妥当であり、香港政府が法院の判決後、全人代常務委に解釈を要請しないことを訴えた。同時に、勝訴した場合、数10万人の外国人メイドとその家族が香港居留権を申請し香港に定住すると一部の政党が主張しているのは不確かな情報であり誇大な報道であると指摘した。外国人メイドは「外国人メイドたちの香港で生活する時間は出身国よりも長く、香港永住性居民になる権利がある。」と主張した[15]。

第8章　外国人メイドの香港居留権をめぐる全人代常務委の解釈の拘束力

白熱した議論を受けて司法省は、第一審の審理直前に、この問題についてなんらかの見解を示すときは、法院と法律制度を尊重し、法院の判断に影響するようなコメントを差し控えるようにと要請した声明を発表するほどだった[16]。

以上、外国人メイドの概略および香港の社会背景から見た訴訟提起のインパクトについて述べた。これらを踏まえて、本章においては、終審法院判決を、全人代常務委への香港基本法解釈要請の可否に関する判断の点から明らかにする。まず次節では、事件の概要について明らかにする。次に、香港における外国人メイドの就労制度に触れる。そして、下級審の判決とそれに対する香港政府の全人代常務委解釈を求める動きを追ったうえで、最後に、終審法院の香港基本法解釈に関する議論を考察する。

第2節　外国人メイド事件の概要

1　事件の概要および関連条文

原告はフィリピン国籍で、1952年にフィリピンで出生した。彼女は1974年にフィリピン国籍の夫と結婚し、5人の子どもがいる。彼女の夫と4人の子どもはフィリピンに居住しており、長男はアイルランドに居住している。夫妻はフィリピンに不動産を持ち、彼女は小さな商店と蒸留水ビジネスを経営していた。1986年8月にメイドとして香港に渡航し、1987年2月から現在まで同じ雇用主のもとで複数回の契約を更新し働いている。契約終了ごとにフィリピンに帰国し、そのつど、外国人メイドとして香港再入境の許可が更新されてきた[17]。

香港基本法24条2項4号は、中国国籍以外の者が香港居留権を取得する方法について、次の通り規定している[18]。

　　24条2項　香港特別行政区の永住民は下記の者である。
　　　　　　4号　香港特別行政区成立以前または以後に有効な旅行証明書を所持して香港に入り、香港に通常連続7年以上居住するとともに、香港を永住地とする非中国籍の人。

これに対して、移民条例2条（4）（a）は、以下の通り香港の「通常居住者」と扱われない場合を規定している。彼らは香港永住性居民の資格はなく、香港居留権を取得できない。

2条（4） 以下の者は香港の通常居住者とは扱われない。
　　　　（a）香港に滞在するいかなる期間において、以下に該当する者。
　　　　（vi）香港域外から渡航しメイドとして雇用される者。

したがって、移民条例2条（4）（a）により、香港域外から渡航し、外国人メイドとして雇用される者は、香港基本法24条2項4号の規定する連続7年以上の通常居住による香港居留権を取得することはできない。このため、移民条例2条（4）（a）は香港基本法に違反し無効であるかどうかが争われた。

2　双方の主張

原告[19]は、香港基本法24条2項4号の「香港に通常居住する」という文言は、判例上確立された「自然で通常の意味（natural and ordinary meaning）」を示すと主張する。そして香港基本法24条2項4号の「通常居住」がそうした意味をもち、香港に居住する外国人メイドに適用されるために、香港の外国人メイドは香港基本法が規定する「通常居住」するものとして処遇されねばならない。したがって、移民条例2条（4）（a）（vi）は、外国人メイドを「通常居住」するものとして扱われることを除外しようとしているため、違憲であるとする[20]。

原告は、イギリスの Shah 事件[21]における Scarman 卿の定義を根拠として、香港に「通常居住」しているとは、その語句の「自然で通常の意味」に照らすと、極めて単純に、香港にいるものが「合法的に、自発的にそして定住の目的をもって、生活の一部として居住すること[22]」であるとした。これに従えば、外国人メイドは、仕事や教育や事業目的で香港に居住しており、通常居住しているものとみなされている他の者と同じように、この定義内に含まれるとした。したがって、意図的に外国人メイドを除外している移民条例2条（4）（a）（vi）は、香港基本法24条2項4号に違反し、違憲である[23]。

入境事務所所長[24]は、次の二点から反論した。

第一に、香港基本法24条2項4号の「通常居住」の意味について、この解釈にあたり、Scarman 卿の定義を議論の出発点とするが、原告の香港居住形態は例外的事例であり、一般的な「自然で通常の意味」の範囲から逸脱しており、「通常居住」の概念には該当しない。外国人メイドに適用される著しく制限的な条件は、例外的な事例に該当することを示しており、外国人メイドを「通常居住」の

第 8 章　外国人メイドの香港居留権をめぐる全人代常務委の解釈の拘束力

例外とすることは、香港基本法24条2項4号と合致する[25]。

　第二に、香港基本法は、「通常居住」の概念の枠外にいる人々を決定する立法裁量（margin of discretion）を立法に与えている。これが、立法が移民条例2条(4)(a)で行ったことであり、立法が伝統的に行ってきた、定義を手助けするという役割であり、除外される人々を明確にすることにより、誰が香港永住居民として扱われる資格があるのかを決定する目的で、「通常居住」の概念を明らかにしている。香港基本法は、1997年7月1日以降の法制度の継続の一環としてこの立場を採るべきである。立法がScarman卿の定義を尊重し、中心となる意味を理解し、「通常居住」の概念の枠外にある例外を制限する限り、終審法院は立法の行為を香港基本法24条2項4号と合致するとみなさねばならない[26]。

　加えて、入境事務所所長は外部文書の利用と全人代常務委への香港基本法解釈の要請を主張した。つまり、終審法院が、香港基本法24条2項4号で用いられる概念の意味に疑義を持つ限り、終審法院は、条文の解釈のために、外部文書を参照しなければならない。外部文書には、香港基本法が公布された1990年4月以降の文書が該当する[27]。

　最終的に、終審法院が全人代常務委の1999年6月26日の解釈を考慮する必要があれば、終審法院は、香港基本法158条3項に従って、全人代常務委に、前述した二つの論点の解釈を行うように、香港基本法158条1項に従って要請しなければならない[28]。

　以上、原告と被告の主張をまとめると、論点は以下の3点となる。第一に、香港基本法24条2項4号の「通常居住」の意味はなにか。外国人メイドとしての就労もここに含まれるのか。第二に、香港基本法24条2項4号の立法意図を理解するために、外部文書を利用できるのか。第三に、全人代常務委に解釈を要請すべきか。終審法院で上記論点がどのように扱われたのかを考察する前に、次節ではまず、香港における外国人メイドの就労制度について概説する。

第3節　香港における外国人メイドの就労制度

1　外国人メイド政策

　1970年代半ばからの共働き世帯の増加により、香港において、メイドの需要が高まった。メイドを香港域内で調達するのは非常に困難であったため、外国人

メイドが、フィリピン、インドネシア、ネパール、インド、パキスタン、タイ、スリランカを含む諸外国から調達された。外国人メイドの数は1974年に881人であったものが、1986年には28,951人、1990年には70,335人、2010年12月31日には285,681人に増加している。そのうち、117,000人が、連続7年以上香港で働いている。明らかに、外国人メイドは貴重かつ基本的な労働力となっている。多くの外国人メイドは、同じ雇用者と複数回の契約更新を行っており、メイドとして働く家庭と強い個人的な絆を結ぶようになっている29)。

香港政府は外国人メイドの香港への渡航および就労を許可する政策を採った。この政策は、1990年に入境事務所によって発行された「説明書（Explanatory Notes）」において、次のように明らかにされている。

> 「メイドおよび他の未熟練労働者は、香港に定住することは許可されない。彼らは特別の雇用においてのみ、すなわち雇用主が限定された特定の職業において、期限付きで、香港滞在が許可される。…メイドは原則として、香港において雇用主を変えることはできない。家族を香港に呼び寄せることもできない。」30)

2　外国人メイドの就労条件

外国人メイドが香港で就労し居住する条件は制限的であり、入境事務所所長の管理下にある。外国人メイドの雇用は、雇用主が入境事務所所長に外国人メイドとして雇用する予定者のビザを申請することから始まる。ビザを発給する前に、入境事務所所長は、申請者の財政能力と住居を提供する能力を審査する。また、雇用主と外国人メイド双方に関連法規に違反した前歴がないかなどを審査する31)。

外国人メイド就労制度の核となる特徴は、香港滞在許可が契約期間と関連付けられている点である。2年間の契約期間を満了すると、外国人メイドは出身国に帰国しなければならない。契約が早く終了した場合、例外的な場合を除いて、外国人メイドは、雇用主を変えることはできない。契約関係にない外国人メイドは、滞在許可期間内あるいは契約満了日から2週間以内のいずれか早い時期に香港を出国しなければならない32)。

継続した就労を希望する外国人メイドは、新規に契約を結び、香港に帰任するためのビザを申請しなければならない。しかし、香港に帰任する前に、外国人メイドは出身国にいったん帰国しなければならない33)。

第 8 章　外国人メイドの香港居留権をめぐる全人代常務委の解釈の拘束力

　外国人メイド就労制度の二つめの重要な特徴は、外国人メイドは、多くの制限のある雇用条件に服するということである。外国人メイドは、家事労働のみに従事し、契約に明記された雇用主の住居において就労し、居住する。外国人メイドはその他の場所や雇用主のもとで働くことはできない。契約期間中は、雇用主は外国人メイドに住居と食事を提供し、契約満了時には出身国への帰国費用を負担する[34]。外国人メイドは香港に家族を呼び寄せることは許可されていない[35]。

3　通常の就労ビザとの違い

　外国人メイドに対する厳しい取り決めとは対照的に、中国国籍ではない外国人労働者で通常の雇用ビザを与えられる者もある。入境事務所のビザ管理部門によ

【表6】外国人メイドおよび通常の外国人労働者の雇用条件の差異

	外国人メイド	通常の外国人労働者
雇用契約	2年契約	申請者が雇用主と雇用関係に入ったという証拠書類を提出（2年契約に限らない）
滞在期間	2年間あるいは契約満了の2週間後のいずれか早い時期	最初は1年間（延長する場合、通常順次2年間、2年間、3年間の延長）特別プロジェクトのための短期雇用も可
出身国への帰国	新規契約開始の前に出身国への帰国が必須　出身国へ帰国しない場合、滞在延長を申請する必要（通常1年以内）	（規定なし）
雇用主の変更	例外を除き、契約早期終了時、雇用主の変更は不許可	契約早期終了時、雇用主の変更を申請可能（要審査）
契約終了時の域外退去	滞在期間満了、あるいは契約満了の2週間後かのいずれか早い時期に香港退去（2週間ルール）	2週間ルールの不適用（調理師を除く）
家族の呼び寄せ	例外を除き、不許可	配偶者および未婚の18歳以下の子女の呼び寄せを申請可

（出所）*Vallejos Evangeline Banao, also known as Vallejos Evangeline B. v. Commissioner of Registration and another*, FACV 19/2012（25 March 2013), para.15. を参考に筆者作成。

ると、両者の滞在条件の違いは以下の通りである36)。

通常の雇用ビザで入境を許可された者は、通常居住者とみなされ、それゆえ香港基本法24条2項4号の永住性居民となる資格がある37)。

以上、香港における外国人メイドの就労制度について概観してきた。それによると、外国人メイドは香港に定住目的ではなく、特別な仕事に、限定された期間において従事するために、入国と滞在が許可されている。外国人メイドに対する極めて制限的なとりきめは香港政府の政策、つまり外国人メイドの香港への入国と滞在を、特別な目的でもって、労働市場における家事労働者の不足を埋め合わせるために許可する、ということを反映していると言えよう。

第4節 下級審判決

1 第一審裁判所における勝訴

第一審裁判所は、2011年9月30日に、外国人メイドが香港居留権を獲得できるとの画期的な判決を下した。同裁判所は、外国人メイドは香港に通常居住していると考えられるので、移民条例の該当規定は香港基本法に違反していると判断した。根拠となるのは以下の3点である。まず、第一審裁判所は終審法院がPrem Singn 事件38)および Fateh Muhammad 事件39)において示した判断、つまり「通常居住」とは単に自発的かつ定住目的の居住のみを必要とするとの判断、を踏襲するとした。次に、終審法院が呉嘉玲事件40)において示した判断、つまり香港基本法起草後の文書41)が、「通常居住」の語句に対する中英の理解を明らかにするものではないとの判断、を踏襲した。最後に、終審法院が荘豊源事件42)において示した判断、つまり香港基本法の解釈の手助けとして香港特別行政区準備委員会が1996年に採択した「『中華人民共和国香港特別行政区基本法』第24条第2項実施に関する意見」(以下、1996年準備委意見)を使用しないとの判断、を踏襲した43)。

2 全人代常務委解釈を求める香港政府の動き

第1節において述べたように、全人代常務委へ香港基本法解釈を要請し、この問題に解決をはかるべきではないか、という意見は根強くあった。しかし外国人メイドの勝訴を受けて、保安局長李少光(Ambrose S K Lee)は記者会見において、

第8章　外国人メイドの香港居留権をめぐる全人代常務委の解釈の拘束力

全人代常務委に解釈を要請するかどうかの問いに、次のように答え、明確に否定した。

「現段階では、全人代常務委へ解釈を要請することは考えておらず、解釈要請を行わない。……控訴院において法律の観点から勝訴することを目指す。」44)

さらに立法会における答弁においても、次のように重ねて可能性を否定した。

「政府は法の支配を尊重している。政府は、香港の法律に従って、香港の司法制度内で第一審裁判所の判決を覆すことを希求している。」45)

ところで、控訴院では政府側が勝訴した。控訴院は、香港基本法24条の「通常居住」とは曖昧さを含んだコモン・ロー上の概念であり、香港基本法の起草者は、香港の立法に裁量を与え、立法がこの概念を定義することを意図していると判断し、移民条例による制限を合憲とした。

控訴院における政府側勝訴を受けて、保安局局長李少光は、もし終審法院での審理において、政府側が再び敗訴した場合、全人代常務委に解釈を要請する可能性があるのかという記者の質問に対して、以下の通り可能性を再び否定していた。

「最近では、香港基本法の改正や、全人代常務委による解釈に関する多くの意見や議論がある。これらは非常に論争的な問題である。政府はこうした決定を軽々しく行わず、現在はその段階ではない。香港基本法の解釈あるいは改正はまだ我々の考えにはない。」46)

しかし、終審法院での審理を前にしてついに、司法省は、全人代常務委に香港基本法の解釈を求めるに至った。司法省は1999年の「『中華人民共和国香港得行政区基本法』第22条第4項と第24条第2項第3号に関する解釈」（以下、1999年全人代常務委解釈）の効力を明らかにするように終審法院に要請したことを、明らかにした47)。

1999年全人代常務委解釈によると、香港基本法24条2項各号の立法意図は、1996年準備委意見において表明されている。後述するように、1999年全人代常務委解釈が述べた1996年準備委意見の法的地位と拘束力については、いわゆる「外部文書」問題として、香港法律制度において複雑な法律問題を提起し続けてきた。

第 2 部　香港基本法解釈権の展開

司法省長官袁國強（Rimsky Yuen）は、以下の通り語った。

> 「…司法省は終審法院に、香港基本法 158 条 3 項に従って、1999 年全人代常委解釈の法的影響を明らかにするために、全人代常委に解釈を求めるよう促した。というのも、本件の解決のために、これは必要だからである。……　今回は、政府は全人代常務委に解釈を要請していない。そのかわり、政府は、香港の司法制度にのっとって、香港基本法 158 条 3 項に従い、終審法院に、全人代常務委に解釈を要請するかどうか考慮するよう促した48)。」

> 「終審法院が全人代常務委に解釈を要請するかどうかを決定することは、香港基本法 158 条 3 項のメカニズムである。それは香港の憲法秩序のメカニズムでもある。…もっとも重要なことは、全人代常務委に解釈を要請するかどうかは、終審法院がコモン・ローに照らして決定することである。したがって、法の支配へのいかなる侵害もないし、司法の独立を危険にさらすこともない。」49)

このように、司法省が終審法院に対して全人代常務委への解釈要請を要求することは、政府が直接に全人代常務委に解釈を要請するのではなく、あくまでも解釈を要請するかどうかは終審法院が決定するので、香港の法の支配と司法の独立に影響しない、と語った。この方法によって、外国人メイド問題と越境出産問題という香港居留権にまつわる様々な問題を解決することができる。そして、これは香港の独自の法律制度内で問題を解決することでもある、と強調した50)。

第 5 節　終審法院判決

1　「通常居住」とはなにか

終審法院で再び外国人メイド側は敗訴した。以下、終審法院における議論を紹介する。

終審法院は、「通常居住」の語句には、異なる状況において異なる内容が含まれるとし、外国人メイド側が主張する内容51)のみが唯一の内容ではないとした。通常居住を主張するものの実情を審査しなければならず、そのものの居住の性質と特質を査定しなければならない52)。

終審法院によると、「外国人メイドの居住形態を見るに、その内容と質は明らかに区別される53)。」外国人メイドの入境許可は、特別の契約および契約期間のもとにある。そして、外国人メイドは、契約終了時に出身国に帰国することが求

第 8 章　外国人メイドの香港居留権をめぐる全人代常務委の解釈の拘束力

められており、入境当初より、入境許可は定住目的ではないこと、家族を香港に呼び寄せてはならないことが告知されている[54]。

こうした実態を鑑みると、「外国人メイドの香港における居住は、伝統的に『通常居住』として認識される概念から質的にかけ離れたものであり、結果として、外国人メイドは、香港基本法24条2項4号の『通常居住』の範囲には入らない[55]。」したがって、外国人メイドは通常居住者として処遇されるべきではなく、移民条例2条（4）（a）（ⅵ）は香港基本法24条2項4号と合致しており、合憲である。

2　外部文書の利用可否

終審法院は、2001年の終審法院の荘豊源判決に端を発する外部文書問題にも触れた。荘豊源判決はいわゆる越境出産問題を作り出した判決で、その結果、内地女性が香港で出産する事例が飛躍的に増加した[56]。2001年には、配偶者が香港永住性居民ではない内地女性から、香港で生まれた子どもは620名だったが、2002年には1,250名と2倍になり、2005年には9,273名、2007年には18,816名、2011年には35,736名となった。2011年には、こうした状況に対して公立病院の関係者が声をあげ、香港で出産する女性の大多数が内地女性であり、内地女性の出産が香港の病院施設に過重な負担となっていることを訴えるほどに社会問題化した[57]。

外部文書問題とは、前述した1996年準備委意見の法的地位の問題を指す。香港基本法24条2項各号の立法意図を明らかにするために、香港法院が1996年準備委意見を参照できるかどうかが長らく問題となってきた。

荘豊源事件は香港基本法24条2項2号に、外国人メイド事件は24条2項4号の解釈に関わる。1996年準備委意見は、上記条文の解釈をすでに行っていた。1996年準備委意見は、香港基本法24条2項が規定する「通常居住」の語句に明確な定義を与え、政府の特別な政策によって香港にとどまることを許されたものは「通常居住」に当たらないとしている。1996年準備委意見に従って1997年に移民条例が改正され、「通常居住」とみなされないものとして、外国から来て家庭内労働に従事するものが香港に居住すること、という項目が追加された。

問題は、香港基本法の公布後に発表された1996年準備委意見が、香港基本法の立法意図を明らかにする外部文書となるかどうかである。この問題は、早くも

荘豊源事件において、重要論点となった。1999年に、全人代常務委は香港基本法24条2項3号に対する解釈を行ったが、このときの全人代常務委解釈は次の通り明らかにしている。つまり、本解釈が明らかにする立法意図ならびに香港基本法24条2項のその他の号の立法意図は、1996年準備委意見において現わされている。しかし、終審法院は、1996年準備委意見の適用範囲を狭く捉え、1999年の全人代常務委解釈が述べたことは、24条2項3号に対する解釈のみであり、この解釈は荘豊源事件において問題となっている24条2項2号の解釈には拡張して適用されないとした。そして香港法院は、香港基本法公布より時間的に後に発表された1996年準備委意見は、香港基本法の立法意図を解釈するための外部文書として用いることはできないとした58)。

　1996年準備委意見の法的地位の問題は、外国人メイド事件において再び取り上げられた。第一審裁判所判決は、荘豊源事件における終審法院の立場を踏襲し、香港基本法公布後、香港基本法の解釈権は全人代常務委と香港法院のみが有し、従ってその他の機関が香港基本法を解釈した文書は、香港法院では採用されないと述べた59)。

　これに対して終審法院は、まず香港基本法24条2項4号の内容を精査し確定することに努めたうえで、1996年準備委意見をことさらに参照する必要はないというスタンスをとった。つまり終審法院は、「香港基本法24条2項4号における『通常居住』の意味は明らかであるので、この条文の解釈の補助として、いかなる外部文書も参照する必要性および法的根拠は存在しない60)。」と述べて、外部文書の利用を回避した。

3　全人代常務委への解釈要請の是非

　外国人メイドの居留権問題に関して、常に全人代常務委への香港基本法解釈の可能性がとりざたされてきたが、香港政府はついに、終審法院に対して、全人代常務委解釈の要請を行った。以下では終審法院による議論を紹介する。

　ところで、終審法院は、多くの事例において、香港基本法158条の香港基本法解釈権について言及し、その詳細を確立してきた61)。まずはそれが終審法院によって整理された。終審法院によると、香港基本法158条1項は、香港基本法の解釈権が全人代常務委にあることを明らかにしている。これは、全人代常務委が中国憲法67条4項により法律を解釈する権限を有することに由来する。終審法

第8章　外国人メイドの香港居留権をめぐる全人代常務委の解釈の拘束力

院は、全人代の権限を「全般的で無制限」であるとしている。つまり、全人代常務委の解釈権は、香港基本法のすべての条文におよぶ。また、訴訟が存在しないときにさえも行使されうる[62]。

　香港法院の香港基本法を解釈する権限は制限付であり、全人代常務委に授権されているような全般的な権限ではない。すなわち、第一に、香港基本法158条2項によると、香港法院には「香港特別行政区の自治範囲内の条文を、事件を解決するために自ら」解釈する権限が与えられている。したがって香港法院が解釈できるのは、自治範囲内の条文に限られる[63]。

　第二に、香港法院には二つの制限が課せられている。まず、香港法院は、事件を審理する過程においてのみ、香港基本法の解釈を行うことができるにすぎない。言いかえると、香港法院は、勧告的意見を与えることはできない。次に、香港基本法158条3項が規定するように、事件の解決に当たり、香港法院が香港基本法の条文で「中央人民政府の責任にあたるかあるいは中央との関係にあたる条文」を解釈する必要があるとき、香港法院は「上訴できない終局的判決を下す前に、関連条文の解釈を、香港終審法院を通じて求めなければならない。」つまりこうした事例において全人代常務委の解釈を求めることは義務であり、終審法院の義務である。

　第三に、終審法院が解釈要請をする前に、二つの条件を満たさねばならない。それらは「分類要件（classification conditions）」と「必要要件（necessity conditions）」であり、いずれも、158条3項の文言から導き出される。「分類要件」では、ある条文が除外条項（excluded provision）であるかどうかを判断するにあたり、法院は条文の性格を考慮し、それが「中央人民政府の責任にある事項かあるいは中央との関係にあてはまるか」どうかを決定する。「必要要件」では、「分類要件」に合致する場合であっても、終審法院が事件の審査において、これらの条文を解釈する必要があり、かつその解釈が事件の判決に影響するかどうかを審査する。

　第四に、法院が香港基本法158条に従って解釈を要請するかどうかを決定するにあたり、原則として考慮されるのは、「曖昧かどうか」である[64]。

　以上、終審法院による整理によると、終審法院による全人代常務委への基本法解釈要請は、158条3項が規定する義務である。ただし、解釈要請は香港基本法の除外条項が関連する場合にのみ限定されるうえに香港基本法158条に規定される「分類要件」、「必要要件」および曖昧さが存在する場合にのみ行われる。その

241

後初めて全人代常務委に香港基本法解釈要請をしなければならない義務が生じる。重要な点は、「終審法院は全人代常務委にすべてを解釈要請できるのではない。というのも、終審法院は、司法権の行使として、最終的な判決を下す権限を有しており、158条3項に従って香港法院は『自ら』事件を解決するという責任がある。加えて、コモン・ロー法院はその司法機能をいかなる他の機関へと放棄してはならないという長きにわたって確立された原則がある。」[65]

終審法院に対して司法省は以下の審理を要請した。それは、終審法院が1999年全人代常務委解釈の効力を考察すべきなら、158条3項に従って、終審法院は以下の2つの問題を全人代常務委に解釈要請しなければいけないのかどうか。第一に、158条1項の「解釈」が含む内容は何か。第二に、1999年全人代常務委解釈に記載されている24条2項4号の立法意図とされる1996年準備委意見は、香港法院に拘束力を有するのか。司法省は外国人メイド事件をきっかけとして、1996年準備委意見の法的地位の問題を解決しようとし、したがって荘豊源判決が引き起こした越境出産問題の解決を目論んでいる[66]。

これに対し、終審法院は「必要要件」と「分類要件」そして曖昧さという要件を丁寧に検討し、以下の結論に達した。まず、「解釈要請にあたり、法院は、曖昧さの要素とともに、『分類要件』と『必要要件』を充足しなければならない。これを判断するのは法院であって、他のなにものでもない。」[67]そして、「分類要件」について、「『分類要件』は、今回の事例において満たされている。158条は中央と香港の関係にあたる条文である。これには論争がない。」[68]しかし、「必要要件」については、「『必要要件』は、満たされていない。終審法院が24条2項4号の真実の解釈に到達したため、全人代常務委への解釈要請は単に必要性がない。」[69]したがって、「『必要要件』が満たされなかったので、曖昧さを検討する必要がない。したがって、解釈要請は棄却されねばならない。」[70]こうして、香港政府の全人代常務委解釈要請を却下した。

おわりに

本訴訟は、香港の外国人メイドは、香港に「通常居住」しているとみなされないため香港居留権が認められないと規定している移民条例が香港基本法24条2項4号に違反するかどうかが争われた事件である。終審法院は外国人メイドに香

第 8 章　外国人メイドの香港居留権をめぐる全人代常務委の解釈の拘束力

港居留権を認めないという判決を下し、この事件に終止符を打った。

　終審法院の判決をいまいちど振り返る。まず終審法院は、外国人メイドが香港で就労するための制度は非常に制限的で、外国人メイドの香港滞在および就労の許可は、外国人メイドの労働契約と深く結びついていると判断した。そして、外国人メイドの香港における就労に対する厳格な制限を検討すると、終審法院は、外国人メイドは、コモン・ローにおいて伝統的に考えられている「通常居住」とは、質的にかけ離れたものであるとした。それゆえ、移民条例は香港基本法24条に違反しない。次に、外部文書を香港基本法の立法意図を明らかにするために参照できるかどうかという外部文書問題については、直接の判断は回避された。最後に、全人代常務委に香港基本法解釈を要請すべきかどうかについては、終審法院が158条2項のもとで授権された香港基本法を解釈する権限により、24条2項4号の正当な解釈に至ったので、全人代常務委への解釈要請は必要がないとした。

　全人代常務委への香港基本法解釈要請に焦点を当てると、外国人メイド事件において終審法院は、本来の香港基本法が予定していた手順にのっとって、香港基本法解釈要請問題を処理したと言えよう。香港基本法の枠内で法的に解決を図った。これまで香港世論を揺るがす特に社会的関心の高い問題について、押しなべて香港基本法に予定されていない変則的な手順によって香港基本法解釈権が用いられてきたことを鑑みると、安定的な香港基本法解釈権の運用には一定の評価ができる。他方で、全人代常務委への香港基本法解釈要請により同時解決が期待された越境出産問題は手付かずのまま残された。今後はこの解決が香港基本法の枠内でどのようになされるのかが注目されよう。

1) *Vallejos Evangeline Banao, also known as Vallejos Evangeline B. v. Commissioner of Registration and another*, FACV 19/2012 (25 March 2013) at para.2.
2) *Vallejos Evangeline Banao, also known as Vallejos Evangeline B. v. Commissioner of Registration and another*, FACV 19/2012 (25 March 2013)
3) Lo Pui Yin, *The Judicial Construction of Hong Kong's Basic Law: Courts, Politics and Society after 1997* (Hong Kong: Hong Kong University Press, 2014), p.157.
4) Lo Pui Yin, op.cit., p.158.
5) Faculty of Law, The University of Hong Kong, CCPL Rights Bulletin, Volume 3, Issue 1, (www. law. hku. hk/ccpl/), Po Jen Yap, "Vallejos Evangeline B. v Commissioner of

Registration: Why Foreign Domestic Helpers Do Not Have The Right of Abode"（2011）41 H.K.L.J. 611. *Vallejos Evangeline Banao v. Commissioner of Registration and Another*〔2013〕HKCFA 56.

6 ）それぞれ 648 万 9,492 人、9 万 7,084 人。

7 ）「Census and Statistics Department, Census 2011, Population by Nationality, 2001, 2006 and 2011（香港特別行政区政府統計所　人口センサス 2011（国籍別人口））」（http://www.census2011.gov.hk/en/main-table/A105.html）

8 ）「Census and Statistics Department, Population Census 2011, Population by Nationality, 2001, 2006 and 2011（香港特別行政区政府統計所　人口センサス 2011（国籍別人口））」（http://www.census2011.gov.hk/en/main-table/A105.html）

9 ）「Census and Statistics Department, Population Census 2011, Working Population by Nationality, Sex and Occupation, 2011（香港特別行政区政府統計所　人口センサス 2011（2011 年国籍、性別及び職業別人口））」（http://www.census2011.gov.hk/en/main-table/C122.html）

10）Lo Pui Yin, op.cit., p.157.

11）Lo Pui Yin, Id., pp.158-157.

12）たとえば、'Protest call over maids' fight for abode', *South China Morning Post*, 30 July, 2011（http://www.scmp.com/article/974870/protest-call-over-maids-fight-abode）.

13）自由党「外傭争取居港権」民調公布（http://www.liberal.org.hk/event-20110804.html）

14）自由党「外傭争取居港権」民調公布（http://www.liberal.org.hk/event-20110804.html）

15）『星島日報』2011 年 8 月 8 日。（http://news.singtao.ca/toronto/2011-08-08/hongkong1312790064d3348627.html）

16）"SJ Appeals to the Public to Respect the Court's Adjudication of the Case Concerning Foreign Domestic Helper's Right of Abode"（17 August 2011）（http://www.doj.gov.hk/eng/public/pdf/2011/pr20110817e.pdf）

17）*Vallejos Evangeline Banao, also known as Vallejos Evangeline B. v. Commissioner of Registration and another*, FACV 19/2012（25 March 2013）at para.17. *Vallejos Evangeline Banao, also known as Vallejos Evangeline B. v. Commissioner of Registration and another*, HCAL 124/2010（30 September 2011）at para. 29. 登記審判所の記録によると以下の事実も明らかになっている。雇用主とその家族は、あたかも彼女を家族のようにあつかっていたこと。香港社会にも溶け込んでおり、香港に友人を持ち、教会活動に積極的に参加し、余暇には教会のボランティア活動に参加していたこと。余暇には香港で講座も受講していたこと。香港を愛し、香港で引退生活を送りたいと願っており、夫も、彼女の希望を十分に支持し、香港で彼女と合流したいと願っていること。子どもたちは家庭を築き、財政的に独立していること。1990 年代に、彼女が経営する小さな商店と蒸留水ビジネスは、息子に委譲されたこと。彼女の雇用主は、彼女に経営す

第 8 章　外国人メイドの香港居留権をめぐる全人代常務委の解釈の拘束力

る店をまかせていたため、彼女が香港居留権を申請することを支持していた。雇用主は入境事務所に、彼女が香港滞在身分を変更しても、住居を提供することを明らかにしていた。*Vallejos Evangeline Banao, also known as Vallejos Evangeline B. v. Commissioner of Registration and another*, HCAL 124/2010 (30 September 2011) at para. 34-35.

18) 香港基本法 24 条は、香港基本法第 3 章「居民の基本的な権利と義務」に位置し、次の通り、香港居留権について規定している。

第 24 条
   第 1 項　香港特別行政区の住民は香港住民と略称し、永住民と非永住民を含む。
   第 2 項　香港特別行政区の永住民は下記のものである。
      1 号　香港特別行政区成立以前または以後に香港で生まれた中国公民。
      2 号　香港特別行政区成立以前または以後に香港に通常連続 7 年以上居住する中国公民。
      3 号　1 号、2 号に記されている住民の、香港以外で生まれた中国籍の子女。
      4 号　香港特別行政区成立以前または以後に有効な旅行証明書を所持して香港に入り、香港に通常連続 7 年以上居住するとともに、香港を永住地とする非中国籍の人。
      5 号　香港特別行政区成立以前または以後に 4 号に記されている住民の、香港で生まれた満 21 歳未満の子女。
      6 号　1 号から 5 号までに記されている住民以外の、香港特別行政区成立以前に香港にだけ居留権をもつ人。
   以上の住民は香港特別行政区で居留権を享有し、香港特別行政区の法律に基づいてその居留権を明記した永住民身分証明書を取得する資格をもつ。
   第 3 項　香港特別行政区の非住民は、香港特別行政区の法律に基づいて香港住民身分証明書を取得する資格をもつが、居留権をもたない人である。

19) 弁護人は Mr Michael Fordham QC
20) *Vallejos Evangeline Banao, also known as Vallejos Evangeline B. v. Commissioner of Registration and another*, FACV 19/2012 (25 March 2013) at para. 20.
21) *R v. Barnet London Borough Council ex parte Shah* [1983] 2 AC 309.
22) 原文は、以下の通り。"living lawfully, voluntarily and for a settled purpose, as part of the regular order of life for the time being"
23) *Vallejos Evangeline Banao, also known as Vallejos Evangeline B. v. Commissioner of Registration and another*, FACV 19/2012 (25 March 2013) at para. 21.
24) 弁護人は Lord Pannick QC
25) *Vallejos Evangeline Banao, also known as Vallejos Evangeline B. v. Commissioner of Registration and another*, FACV 19/2012 (25 March 2013) at para. 22.
26) Id. at para.23.
27) Id. at para.24.
28) Id. at para.25.

29) Id. at para.7.
30) *Vallejos Evangeline Banao, also known as Vallejos Evangeline B. v. Commissioner of Registration and another*, HCAL 124/2010（30 September 2011）at para. 36, 39.
31) *Vallejos Evangeline Banao, also known as Vallejos Evangeline B. v. Commissioner of Registration and another*, FACV 19/2012（25 March 2013）at para. 8.
32) Id. at para.10.
33) Id. at para 11.
34) Id. at para 12.
35) Id. at para.13.
36) Id. at para. 15. *Vallejos Evangeline Banao, also known as Vallejos Evangeline B. v. Commissioner of Registration and another*, HCAL 124/2010 （30 September 2011） at para. 40.
37) *Vallejos Evangeline Banao, also known as Vallejos Evangeline B. v. Commissioner of Registration and another*, FACV 19/2012（25 March 2013）at para. 16.
38) *Prem Singn v. Director of Immigration*（2003）6 HKCFAR 26. 終審法院は、「通常居住」と認められるためには、香港に永住拠点となる住居を建設するつもりであり、香港のみを永住地とすることについて明確な歩みをしていることを、入境事務所所長に納得させねばならない、とした。
39) *Fateh Muhammad v. Commissioner of Registration*（2001）4 HKCFAR 278. この事件は、1960年代から香港に居住していた外国人に関する事件である。原告は1998年に永住IDを申請したが、1994年から1997年にかけて服役していたことから、却下された。移民条例2条4項（b）によると、原告は服役中は香港に通常居住しているとみなされない。したがって、入境事務所は、原告が申請前に連続7年以上居住していないとした。原告は移民条例2条4項（b）が香港基本法24条2項4号に違反していると争ったが、終審法院において敗訴した。
40) *Ng Ka Ling v. Director of Immigration*（1999）2 HKCFAR 4.
41) 第一審裁判所で争点となったのは1997年4月に発行された入境事務所のパンフレット。
42) *Director of Immigration v. Chong Fung Yuen*（2001）4 HKCFAR 211.
43) Po Jen Yap, op.cit., pp.611-612.
44) Press Release, September 30, 2011（http://www.info.gov.hk/gia/general/201109/30/P201109300321.htm）
45) Press Release, October 19, 2011（http://www.info.gov.hk/gia/general/201110/19/P201110190195.htm）
46) Press Release, March 28, 2012（http://www.info.gov.hk/gia/general/201203/28/P201203280532_print.htm）
47) Press Release, December 13, 2012（http://www.info.gov.hk/gia/general/201212/13/P201212130576_print.htm）
48) Press Release, December 13, 2012（http://www.info.gov.hk/gia/general/201212/13/

第 8 章　外国人メイドの香港居留権をめぐる全人代常務委の解釈の拘束力

P201212130576_print.htm）
49）Press Release, December 13, 2012（http://www.info.gov.hk/gia/general/201212/13/P201212130576_print.htm）
50）"Clarification will not harm rule of law: SJ", Hong Kong's Information Services Department, December 13, 2012（http://archive.news.gov.hk/en/categories/law_order/html/2012/12/20121213_134235.shtml）
51）「自然で日常的な居住」と主張した。
52）Vallejos Evangeline Banao 對人事登記處處長及人事登記審裁處、Domingo Daniel L. 對人事登記處處長及人事登記審裁處、終院民事上訴 2012 年第 19 號及第 20 號、新聞摘要
53）*Vallejos Evangeline Banao, also known as Vallejos Evangeline B. v. Commissioner of Registration and another*, FACV 19/2012（25 March 2013）at para. 88.
54）Id. at para.88.
55）Id. at para.89.
56）詳細について、以下の論文に詳しい。LEUNG, Ling Sze Nancy「出生地主義が提起した居住権問題 —— 香港の事例研究 —— 」『立命館国際研究』第 25 巻 2 号、2012 年 10 月。
57）Lo Pui Yin, op.cit., pp.164-165.
58）王千華、李岳峰「香港特別行政区『外傭居港権』案判決述評」鄧平学編『港澳基本法実施評論』（2014 年巻、第 1 巻）法律出版社、2015 年 1 月、112 頁。
59）*Vallejos Evangeline Banao, also known as Vallejos Evangeline B. v. Commissioner of Registration and another*, HCAL 124/2010（30 September 2011）at para. 118-131.
60）*Vallejos Evangeline Banao, also known as Vallejos Evangeline B. v. Commissioner of Registration and another*, FACV 19/2012（25 March 2013）at para. 91.
61）以下の事例があげられる。*Ng Ka Ling v. Director of Immigration*（1999）2 HKCFAR 4, *Lau Kong Yung v. Director of Immigration*（1999）2 HKCFAR 300, *Director of Immigration v. Chong Fong Yuen*（2001）4 HKCFAR 211, *Tam Nga Yin v. Director of Immigration*（2001）4 HKCFAR 251, *Democratic Republic of the Congo v. FG Hemisphere Associates LLC*（*No.1*）（2011）14 HKCFAR 95.
62）*Vallejos Evangeline Banao, also known as Vallejos Evangeline B. v. Commissioner of Registration and another*, FACV 19/2012（25 March 2013）at para.102. 実際の訴訟が存在しないのに、全人代常務委の解釈がなされた事例として、以下がある。① 2004 年 4 月 6 日の香港基本法付属文書 1 の 7 条および付属文書 2 の 3 条に関する解釈、② 2005 年 4 月 27 日の香港基本法 53 条 2 項に関する解釈。
63）ただし、香港基本法 158 条 3 項は、香港法院は「事件の審理にあたり、他の条文も解釈することができる」と規定しているため、自治範囲内の条文のみならず、香港基本法のすべての条文を解釈することができると考えられている。Id. at para. 103.
64）Id. at para. 105.

65) Id. at para. 106.
66) 王千華、李岳峰「香港特別行政区『外傭居港権』案判決述評」鄧平学編『港澳基本法実施評論』(2014年巻、第1巻) 法律出版社、2015年1月、114頁。
67) *Vallejos Evangeline Banao, also known as Vallejos Evangeline B. v. Commissioner of Registration and another*, FACV 19/2012 (25 March 2013) at para.109.
68) Id. at para. 110.
69) Id. at para. 111.
70) Id. at para. 112.

第9章　コンゴ事件における終審法院による香港基本法解釈要請と全人代常務委の解釈

——コンゴ民主共和国対 FG Hemisphere 社事件——

はじめに

　中国返還後、全人代常務委による香港基本法解釈は3回行われた[1]が、これらは香港基本法が予定しているメカニズムに従うものではなかった。つまり、香港基本法158条3項に従った終審法院の自発的解釈要請ではなく、規定にはないが、香港政府が全人代常務委に解釈要請を行う形式をとった。このため、香港の司法の独立をめぐり内外の激しい議論が引き起こされてきた[2]。たとえば、初めて全人代常務委の解釈が行われた香港居留権与に関する事件（以下、居留権事件）[3]では、終審法院で敗訴した香港政府が全人代常務委に香港基本法解釈を要請し、結果として終審法院判決が実質的に覆されたため、厳しい批判にさらされた。

　しかし、2011年6月8日に、コンゴ民主共和国対 FG Hemisphere 社事件[4]（以下、コンゴ事件）の審理において、初めて、終審法院の自発的な全人代常務委への香港基本法解釈要請が行われた。「政治的敏感さゆえにあらゆる政治セクターに意図的に見過ごされ、手つかずになってきた香港憲法上のタブー」である158条3項の解釈要請手続はどのように行われたのか。以下、まず、コンゴ事件について簡潔に紹介しよう。

　コンゴ事件では、香港で訴えられた外国政府に対して、香港法院がとる主権免除の種類が問題となった。コンゴ民主共和国（以下、コンゴ）は米投資会社である FG Hemisphere 社（FG Hemisphere Associates LLC、以下、FG 社）により、パリとチューリッヒの仲裁法廷でコンゴに対して得られた仲裁裁定の債務履行を香港において求められた。FG 社はコンゴの旧ユーゴスラビア企業に依頼した電力施設工事の未払い代金を、旧ユーゴスラビア企業から廉価で引き継ぎ、コンゴに履行を求めた。同時期にコンゴは、中国と大規模開発契約を結び、コンゴが中国に採

鉱権を与えるかわりに、中国からインフラ建設支援を受け、また多額の入場料を受け取るところだった。コンゴは、主権免除を享有するため香港の司法管轄権外であると主張した5)。そこで、返還後の香港における主権免除の種類について、終審法院が全人代常務委に解釈を要請することとなった。

　主権免除とは「国家はその行為や財産に関して、外国の裁判管轄権に服することを強制されない」ことを指す6)。主権免除の原則は、現在、慣習国際法上確立しているが、細部においては統一を欠き、対立点も含んでいる。2004年に、「国家及び国家財産の裁判権免除に関する条約」(以下、国連裁判権免除条約)が採択された7)。中国は2005年に条約に署名したが、批准はしていない。

　従来は免除の認められる行為・事項を広く認める絶対免除主義が主流だった。現在では、主権免除を認める範囲を限定する制限免除主義が主流で、絶対免除主義を採る国家は少数になっている8)。イギリスは1978年の主権免除法で、制限免除主義を採用し、植民地時代の香港もそれにならった。

　本章は、コンゴ事件を素材として、初めて行われた香港基本法に規定される終審法院の全人代常務委への香港基本法解釈要請はどのようになされ、その意義と問題点は何かを検討することを目的とする。まず第1節において、コンゴ事件について詳述する。次に第2節および第3節において、終審法院の香港基本法解釈の要請と全人代常務委の香港基本法解釈を検討することで、初めての自発的解釈要請の様態を明らかにする。最後に第4節において、法学者、裁判官、弁護士等の香港法学界の議論を検討することで、その意義と問題点を明らかにする。

第1節　コンゴ事件の概要

1　コンゴ事件の契機

　1980年と1986年に、サラエボ(元ユーゴスラビア)に本社を置くEnergoinvest DD (以下、Energoinvest)社が、ザイール(現コンゴ)における水力発電設備と高圧送電線の建設を請け負った。Energoinvestによる建設業務は無事に遂行された。他方、コンゴとその国営電力会社のSociété Nationale d'Électricité (以下、SNd'E)は、資金調達のために、それぞれEnergoinvestと借入契約を締結した。最初の契約では、Energoinvestからコンゴとスペイン1,500万米ドルが、次の契約では2,200万米ドルの借入がなされた。返済延期の措置等にもかかわらず、2001年に

第9章　コンゴ事件における終審法院による香港基本法
解釈要請と全人代常務委の解釈

コンゴと SNd'E は債務不履行に陥った[9]。

　二つの借入契約は国際商業会議所（ICC）の仲裁条項を規定していた。これに従い、2001 年に Energoinvest はコンゴと SNd'E に対する請求を仲裁に付託し、パリとチューリッヒにおいて仲裁が行われた。仲裁廷が位置するフランスとスイスは「外国仲裁判断の承認及び執行に関するニューヨーク条約」（以下、ニューヨーク条約）の調印国である。ニューヨーク条約は香港に適用されている。コンゴと SNd'E は国際商業会議所の仲裁規則[10]に従って仲裁が行われることに合意していた[11]。

　コンゴは仲裁廷に欠席し、SNd'E と Energoinvest は参加した。2003 年に Energoinvest が得た二つの仲裁裁定は、1,100 万米ドルおよび 1,800 万米ドルの支払いをコンゴ側に求めるものだった[12]。

2　FG 社への債権譲渡

　2004 年に、コンゴと SNd'E の債務が Energoinvest から FG 社に譲渡された。FG 社はニューヨークを拠点とした投資会社である。FG 社は、回収困難資産を専門とし、新興市場、とりわけ債務不履行国家の投げ売りの債務を廉価で獲得し、訴訟を提起し全額を勝ち取るという投資活動を行っている。FG 社からコンゴと SNd'E に、譲渡債権の支払期限が来たことが通知された[13]。訴訟開始時、コンゴは FG 社に約 102,000,000 米ドルの負債があった[14]。

3　中国の対コンゴ開発プロジェクト

　同時期に、中国とコンゴは開発プロジェクト契約に合意していた。これにより中国は資金援助と大規模インフラ整備を行う見返りにコンゴの鉱物資源発掘権益を確保した。契約は 2001 年に署名された。2007 年には、コンゴと中国国有企業のコンソーシアムとの間で、最初の大口払込金に関する枠組みを定めた合意覚書が発行された。覚書はまたジョイント・ベンチャーが中国側 68％、コンゴ側 32％の出資で成り立つことを規定した[15]。

　2008 年 4 月 22 日、契約がコンゴと中国企業（中国中鉄（China Railway Group Limited）および中国電建（Synohydro Corporation Limited））の間で締結された。中国中鉄と中国電建は、採鉱権と引き換えに、インフラ計画へ融資を行い、建設を始めた[16]。採鉱権は、コンゴの国有企業である La Generale des Carriers et des Mines

251

(以下、Gecamines）が所有しており、Gecamines が採鉱権を、Gecamines と中国中鉄および中国電建の子会社から構成されるジョイント・ベンチャーに譲渡することが、合意された。契約はまた、中国側当事者が、コンゴに支払う入場料（Entry Fees）について、規定していた[17]。

2008年同日、中国中鉄は香港証券取引所に告知を行い、以下を明らかにした。中国中鉄と中国電建はコンゴと協力協定関係に入る。これに伴い、ジョイント・ベンチャー契約が Gecamines と Gilbert Kalamba Banika 氏および中国のコンソーシアムの間で結ばれる。コンソーシアムには中国中鉄子会社の中国中鉄（香港）(China Railway Group (HK) Limited)、中鉄資源（China Railway Resources Development Limited)、中鉄コンゴ採鉱（China Railway Sino-Congo Mining Limited）が含まれる。契約により、中国中鉄（香港）、中鉄資源および中鉄コンゴ採鉱が43％、中国電建関連会社が25％、Gecamines が20％、Banika 氏が12％を保有するコンゴの会社を設立する[18]。コンゴと Gecamines には、中国中鉄子会社から、コンゴの採掘権の入場料として、約200,000,000米ドルが支払われる[19]。

4　FG 社の一方当事者による申立て

入場料が中国中鉄子会社から香港でコンゴに支払われる。そこで、FG 社はコンゴと中国中鉄（香港）、中鉄資源、中鉄コンゴ採鉱、および中国中鉄に対して、香港で仲裁判断を執行するよう訴訟を提起した。

訴訟の当事者は7つである。一つはコンゴで、相手方は FG 社である。残り5つは香港司法省、中国中鉄および系列子会社の中国中鉄（香港）、中鉄資源、中鉄コンゴ採鉱である。香港司法省は仲裁者としてこの訴訟に参加した[20]。

2008年5月に、第一審裁判所で、FG 社は以下の権利を獲得した。①コンゴに対する二つの仲裁裁定の香港における執行許可、②コンゴへ裁判所への出頭命令書の送達許可、③中国中鉄子会社のコンゴへの入場料の支払い、コンゴの中国中鉄子会社からの入場料受け取りの仮差し止め命令[21]。

5　第一審裁判所

コンゴは主権免除を主張し、したがって第一審裁判所の中心的論点は、香港の主権免除が絶対免除主義か制限免除主義かになった。香港司法省は、第一審裁判所に、中国外交部駐香港特派員公署が香港政府に宛てた手紙を提出した（第一の

第9章　コンゴ事件における終審法院による香港基本法
解釈要請と全人代常務委の解釈

手紙)。第一の手紙は、次のように中国政府の主権免除に対する立場を明らかにしている22)。

「…外交部駐香港特派員公署は、次の声明を中国政府の原則的な立場とする。…中国の一貫して原則的な立場は、国家とその財産は、外国裁判所において、絶対免除を享有しなければならず、それには裁判管轄および執行からの絶対免除を含み、いわゆる制限免除主義は決して適用されない。」23)

第一の手紙によると、中国は絶対免除主義を採っている。

2008年12月に第一審裁判所 Rayes 裁判官は以前の命令を取り消し、コンゴ勝訴とした。Rayes 裁判官によると、本件取引は商業的な性質をもたないので、主権免除を享有する。中国とコンゴの契約はコンゴ全体の経済発展および国民の福利厚生の発展を目指し、商業的関係ではない。したがって、香港が制限免除主義を採るとしても、コンゴは主権免除を享有する24)。

香港の主権免除に関して、Rayes 裁判官は、返還以前の香港は制限免除主義を採っていたとする。返還後は、イギリスの1978年の主権免除法が返還と共に廃止されたことから、主権免除法の適用以前のコモン・ローが復活し適用される。したがって、Rayes 裁判官は返還後の香港の主権免除は、制限免除主義の可能性が高いと暫定的な見解を示した25)。

第一の手紙について、Rayes 裁判官は、その主張のように、中国がはっきりと絶対免除主義を採っているとは断定しなかった。中国は、国連裁判権免除条約に署名し、条約は制限免除主義を採る。したがって、第一の手紙のように、中国政府は一貫して絶対免除主義を採用しているわけではないとした26)。

6　控訴院

FG 社は控訴し、香港司法省は外交部駐香港特派員公署からの手紙を控訴院に提出した（第二の手紙）。第二の手紙は以下のように、中国が国連裁判権免除条約に署名した時の立場を説明している。

「2．…中国は条約の交渉に参加した。条約の最終的な文言は中国が期待していたようなものではなかったが、すべての当事者の交渉の産物として、それはすべての当事者によってなされた協調の賜物である。したがって、中国は国連総会における条約の採択を支持した。

第 2 部　香港基本法解釈権の展開

　　3．中国は 2005 年 9 月 14 日に条約に署名し、上述した国際社会の協調の賜物に対する中国の支持を表明した。しかし、現在にいたるまで、中国は条約を批准しておらず、条約自体も効力を発生していない。したがって、条約は中国に対する拘束力を持たず、さらに関連する問題の中国の原則的な立場を推し量る基礎とはならない。
　　4．条約への署名の後、中国の絶対免除主義を維持するという立場は変化しておらず、さらにいわゆる制限免除主義の原則や理論は決して適用あるいは認めていない。」[27]

　2010 年 2 月、控訴院は 2 対 1 に分かれ[28]、FG 社勝訴の判決を下した[29]。多数意見は、香港は制限免除主義に立つとする。つまり、返還以前、香港は制限免除主義を採り、コモン・ローは返還以降も、香港基本法や他の法律と抵触しない限り、香港で適用される。制限免除主義を修正する法律は採択されていないし、中国政府も、主権免除に関する中国法を、香港基本法付属文書 3 の手続を通じて、香港で実施していない。こうした状況より、中国政府は、国際慣習法を通じてコモン・ローの一部となった制限免除主義を、香港において変える意図はなかったものと推察される[30]。中国からの第一の手紙、第二の手紙は、中国の政策を法院に知らせ、中国が絶対免除主義をとることを国際社会に向けてコンスタントに主張する以上の意味はないと考えた[31]。

7　終審法院への上告

　コンゴ側は終審法院に上告した。香港司法省は再度、外交部駐香港特派員公署からの手紙を裁判所に提出した（第三の手紙）。第三の手紙は中国政府の主権免除に関する立場を反復して主張するばかりか、香港が採るべき立場にも言及している。

　　「香港特別行政区に適用されるコモン・ローは、制限免除主義を採用し、香港の裁判所が制限免除主義を適用しても、中国の主権を侵害するという根拠はないとした判決は、中国の主権を侵害するばかりか、中国を、条約のもとでの国際的な義務違反という立場に置く。……　香港控訴院判決における上述した理解と実際の状況の矛盾を前に、外交部駐香港特派員公署は、主権免除問題に関して次の声明を行うこととした。
　　1．外交部駐香港特派員公署は、2009 年に発行した第一の手紙において、主権免除問題は国家間の関係に関わる重要な問題であると明確に指摘した。したがって、香港に適用される主権免除が中国と矛盾することは、明らかに中国の主権を侵害する。
　　2．事実、主権免除は、外交問題の処理と同様に、国家間の関係において重要であり、

第 9 章　コンゴ事件における終審法院による香港基本法
解釈要請と全人代常務委の解釈

外交の重要な内容である。各国家は、外交政策と国情に照らして、その国益に見合う主権免除を選択する。

　3．外交部駐香港特派員公署は、上述した二つの手紙において、主権免除について、中国の一貫した立場は、国家とその財産は、外国裁判所において、司法管轄権と執行からの絶対免除である、絶対免除主義を享有するというものであることを、明確に言及した。中国の法院は、外国国家が被告として訴えられる事件、あるいは外国国家の財産が含まれる請求について、司法管轄権を有してこなかった。中国はまた、外国裁判所が、中国が被告として訴えられる事件、あるいは中国の国家財産が含まれる事件に司法管轄権を持つことを許可しない。主権免除は外交政策と国益に関連し、上述した中国が採用する主権免除は、統一的に国土全体に適用され、それには香港特別行政区を含む。

　4．1997 年 6 月 30 日以前、イギリスは 1978 年の主権免除法を香港に延長適用した。この法律は外交関係およびいわゆる制限免除主義を包括し、それは中国の絶対免除主義を維持する一貫した立場と矛盾する。さらに、1997 年 7 月 1 日以降、中央人民政府は、香港特別行政区の外交関係に責任を持つ。それゆえ、上述したイギリスの主権免除法は、他の多くのイギリス法で、香港に適用されていたものが、返還以降期に香港の法律として現地化されていたようには、現地化されていない。この法律が規定していた制限免除主義は、中国が香港に主権を回復したことにより、香港にもはや適用されない。同時に、中央人民政府代表は、中英共同連絡グループにおいて、中国の統一した主権免除が香港特別行政区に 1997 年 7 月 1 日以降適用されることを、明らかにした。

　5．香港特別行政区が、国家の立場と矛盾する主権免除を採択したのであれば、それは疑いもなく中国の主権を侵害し、中国の国益に長期の影響および深刻な侵害をもたらす。なぜなら、

　(1) 主権免除は、明らかに中国による主権の理解と適用を含み、かつ国家間の関係に関わる。香港のこの問題に関する立場が、国家のそれと矛盾するのであれば、中央人民政府の統一的に外交問題を行うという権力と能力は、潜在的な干渉に直面し、それは香港特別行政区の地方行政区域という地位と矛盾する。

　(2) 主権免除に関して絶対免除主義を維持するという中国の一貫した立場は、すでに国際社会に広く認識されている。中国の不可欠の一部である香港特別行政区が制限免除主義を採用するのであれば、中国の絶対免除主義を維持するという一貫した立場が疑問視されることになる。

　(3) 中央人民政府は香港特別行政区に関連する外交に責任を持ち、それは、外交の面では、中央人民政府が引き受けた国際的な権利と義務を含む。もし香港の法院がその司法管轄権内において、外国国家およびその財産に制限免除主義を採用すれば、その国家は中央人民政府の意思表示であると考え、そして中央人民政府は国家として責任を取らねばならないだろう。このようにして中国と当該国家の間の友好的な関係を侵害するこ

255

第 2 部　香港基本法解釈権の展開

ととなる。事実、FG 社対コンゴ事件当初から、コンゴ政府は、中央人民政府に、外交ルートを通じて繰り返し抗議をしている。

　(4) 主権免除に関して絶対免除主義を維持するという中国の一貫した原則的立場は、基本的な国際法の原則である「国家間における主権の平等」に基づくばかりか、中国の安全と利益および海外財産を保護するためでもある。中国の原則的な立場である絶対免除主義と矛盾する制限免除主義が、香港特別行政区において採用されたならば、関係する国家は報復手段を（香港特別行政区とその財産に限定されず）中国とその財産にとるに違いなく、したがって、中国と当該国家の間の経済および貿易の関係と協力を損ねるだけではなく、中国の海外財産の利益と安全を脅かす。

　(5) 国際社会は、債務免除イニシャティブおよび援助計画によって、貧困に陥った国家の経済発展および生活水準の向上を支援している。途上国の経済発展を支援することは、中国の外交政策の一つである。近年、特定の外国企業が貧窮に陥ったアフリカ諸国の債務を獲得し、それらの債務を司法手続によって回収し、貧困した国家の財政的負担を増大させ、国際社会の援助の努力を無駄にしている。そのような行動は不公平であり、いくつかの国家はそうした行為に制限を課す立法を制定している。香港特別行政区が、中国と矛盾する主権免除を採用し、それにより上述した行為の遂行を容易にするならば、それは、上述した中国の外交政策に矛盾し、中国の国際的なイメージを失墜させるだろう。」32)

8　終審法院

　終審法院の論点は、以下の三点である。①香港返還後、香港法院は制限免除主義を維持できるのか、とりわけ、香港は中国が採用しているのとは異なる主権免除を維持できるのか。②本件では、主権免除の放棄がなされているのか。③全人代常務委に香港基本法 13 条 1 項および 19 条 3 項の解釈を要請する必要があるのか33)。

　終審法院は 3 対 2 でコンゴの主張を認めた34)。多数意見によると、まず、主権免除はその主権の及ぶ範囲全体に適用される。コモン・ローでは、一つの主権国家に一つの主権免除の原則が適用される。香港基本法 1 条、12 条に規定があるように、香港は中国の不可分の一部分である。

　次に、中国の主権免除に関する立場を、外交部駐香港特派員公署が提出した 3 通の手紙から確定させた。手紙は、絶対免除主義を採るとの中国の一貫した原則的立場を述べている35)。多数意見は手紙を中国の主権免除に関する政策決定であると認定した。そして、主権免除は、香港基本法 13 条 1 項により中央人民

第9章　コンゴ事件における終審法院による香港基本法
解釈要請と全人代常務委の解釈

政府の責任とされている「香港の外交」にあたるとした[36]。香港基本法13条1項は、中央人民政府は責任をもって香港特別行政区と関係のある外交事務を管理すると規定している。

そして、主権免除の決定を、香港基本法19条3項の香港法院の司法管轄権外の「国防、外交等の国家行為」と判断した。多数意見によると、主権免除の決定は国家が特権的に持ち国家の性格と関連する事柄で、他方香港は特別行政区にすぎないので、国家の属性を欠いている。したがって、香港は主権が採用する主権免除と異なる体制を採ることはできない[37]。香港基本法19条3項によると、香港の法院は国防、外交などの国家行為に対し管轄権をもたない。

さらに多数意見によると、香港返還時に、香港に従来存在していた法律を、中国の特別行政区としての香港の地位に合致させるように修正したことは[38]、従来存在していた制限免除主義を、香港の特別行政区としての憲法上の地位に合致させるために、絶対免除主義に修正したことを意味する[39]。

多数意見はまた、コンゴは主権免除の放棄をしていないと判断した。原告は、コンゴは仲裁にかかることを合意したことにより暗示的に国家免除を放棄したと主張する。しかし仲裁に関する合意は仲裁を行うコンゴと相手方の間のみの契約であり、コンゴと諸外国のいかなる関係をも含むものではない。多数意見はコンゴが自発的に香港法院に従属すると言える根拠はないと結論づけた。

最後に、香港基本法158条3項に従い、全人代常務委に解釈要請すべきかどうかの問題が残された。香港基本法158条3項によると、香港特別行政区の裁判所が案件を審理するにあたって、本法の中央人民政府の管理する事務または中央と香港特別行政区との関係に関する条項について解釈する必要があり、当該条項の解釈が案件の判決に影響する場合、当該案件に対し上訴できない最終判決を行う前に、香港終審法院が全人代常務委員会に関係条項について解釈するよう要請しなければならない。

多数意見は、コンゴ事件を審理するにあたり、香港基本法13条1項、および19条3項の解釈に関して、若干の問題があることを認めた。したがって、多数意見は、臨時判決を出したうえで、全人代常務委に13条と19条の解釈に関連する4つの質問を提出し、全人代常務委の解釈に従って、本件の最終的な判決を下すとした[40]。

257

第2節　終審法院の全人代常務委への解釈要請

1　「必要要件」、「分類要件」および「主要条項テスト」

終審法院は、これまでに3回にわたって、158条3項に従って全人代常務委に香港基本法解釈を要請すべきかどうかを検討してきた[41]。この結果、どのような場合に全人代常務委に解釈を要請すべきかの条件が、判例の中で構築されてきた。

まず、居留権事件では、以下の二つの条件が満たされた場合、全人代常務委に解釈要請を行わねばならないとされた。それは、「分類要件（the classification condition）」と「必要要件（the necessity condition）」であり、次のように定義される。

「(1) 香港基本法の条文が（a）中央人民政府の管理する事務に及ぶか、あるいは（b）中央と香港の関係に及ぶとき。((a)、(b) を除外条項（the excluded provision）と呼ぶ。)（「分類要件」）(2) 終審法院が事件を審理する時、これらの条文を解釈する必要があり、かつこれらの条文の解釈が事件の判決に影響するとき。(「必要要件」)」[42]

前者の分類要件において、複数条文の解釈が一つの事件で同時に発生する場合に、法院が中心として解釈を行う条文を確定するために、終審法院は「主要条項テスト（the predominant test）」をも考案した[43]。「主要条項テスト」とは、複数条文の解釈が関係する場合、法院が中心として解釈を行う条文を確定し、それが香港法院の解釈権限内の条文であるなら、たとえ一部に全人代常務委が解釈権限を有する条文の解釈が関係しても香港法院が排他的解釈権を有する、とする基準である[44]。

居留権事件においては、一つの条文（24条）が香港の自治範囲内の条文であり、他方の条文（22条）が「中央と香港の関係」に該当する除外条項であった。終審法院は「主要条項テスト」に照らして、中心となる条文は自治範囲内に属する24条であるので、全人代常務委に解釈を要請する必要はないと判断した[45]。しかし、半年後に、全人代常務委は香港基本法22条および24条の解釈を行った。解釈前文には、終審法院が居留権事件で終局的な判決を下す以前に、香港基本法の義務に従って全人代常務委に解釈を要請しなかったとあった[46]。

そこで劉港榕事件[47]において、終審法院は、適当な事件において、「分類要

第9章　コンゴ事件における終審法院による香港基本法
解釈要請と全人代常務委の解釈

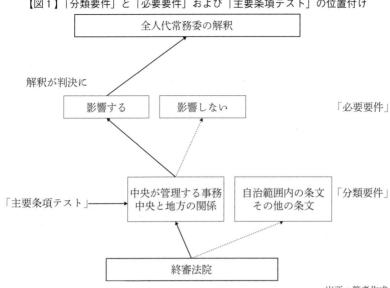

【図1】「分類要件」と「必要要件」および「主要条項テスト」の位置付け

出所：筆者作成

件」、「必要要件」および「主要条項テスト」を再検討することを示唆したが[48]、これらの条件には、現在まで変更が加えられていない。

　コンゴ事件で問題となっている二つの条文（13条1項と19条3項）は、明らかに除外条項である[49]。したがって、「分類要件」を満たすことには争いがなく、「主要条項テスト」は関係しない。そこで、「必要要件」を満たしているかどうか、つまり条文を解釈する必要があり、かつこれらの条文の解釈が事件の判決に影響するのかどうかについて、終審法院の意見は割れた[50]。少数意見は、香港法院が絶対免除主義あるいは制限免除主義をとるのかどうかは、香港法院による香港のコモン・ローの内容を決定する問題であると考えた。少数意見は、コモン・ローに従って、香港は制限免除主義をとっていると結論づけた。したがって、158条に従い解釈を要請する義務はない[51]。もっとも強く反対していたのがBokhary裁判官で、司法の独立の根本的な問題だと主張した[52]。しかし、多数意見によると、前述したように、本件は香港基本法13条と19条、とりわけ「国防や外交等の国家行為」を解釈することなしには判決できない。したがって、「必要要件」も満たしている[53]。

259

第 2 部　香港基本法解釈権の展開

2　質問の提出

　終審法院が 158 条 3 項に従って解釈要請する手続は、かつて荘豊源事件54)において議論されたが、結論に至らなかった。コンゴ事件で、終審法院は、荘豊源事件から進んで、解釈要請が必要であるとなった場合に備えて、コンゴと香港司法省側に質問草案を提出するよう求めた。提出された質問草案を検討したうえで、終審法院は、香港基本法 13 条 1 項および 19 条の解釈を、158 条 3 項に従って、全人代常務委に解釈要請する義務があると判断した55)。多数意見は全人代常務委員会の解釈を待ち最終的判決を下すとし、中央人民政府の採る絶対免除主義に従い、コンゴは主権免除を享有するという臨時的な判決を示した56)。
　全人代常務委への質問は以下の 4 点である。

「(1) 香港基本法 13 条 1 項の解釈によると、中央人民政府は、主権免除に関する中国の政策や規則を決定する権限をもつのかどうか。
(2) そうであるなら、13 条 1 項と 19 条の解釈によると、香港法院を含む香港政府は、(a) 中央人民政府が 13 条 1 項のもとで決定した国家免除に関する規則や政策を、適用するように拘束されるのか。(b) あるいは、中央人民政府が 13 条 1 項のもとで決定した国家免除に関する規則や政策から離脱し、異なる規則を適用する自由があるのか。
(3) 中央人民政府による国家免除の規則や政策に関する決定は 19 条 3 項の『国防や外交などの国家行為』にあてはまるのか。
(4) 香港特別行政区の設立後、13 条 1 項、19 条および香港の特別行政区としての地位は、香港返還以前の主権免除に関するコモン・ローに、それらのコモン・ローが中央人民政府が 13 条 1 項に従って決定した国家免除に関する規則や政策が抵触するかぎりで、香港基本法 8 条と 160 条および 160 条を根拠とする 1997 年 2 月 23 日の『全国人民代表大会常務委員会の決定』に照らして、中央人民政府が決定した国家免除に関する規則や政策と一致させるために、必要な変更、適応、制限あるいは例外を適用することを要請しているのかどうか。」57)

　158 条 3 項によると、終審法院は全人代常務委に解釈を要請する場合、審理のかなり早い段階でそうするものだと考えられてきたが、コンゴ事件では終審法院はその反対を行った。終審法院は事件の審理を全うし、一時的とはされるものの、当該条文がどのように解釈されるべきかの裁判所の見解を述べた長文の判決を下した。全人代常務委が、法院のこの解釈が正しいかどうかを決定するとしながらも、あたかも完全な判決のようだった。全人代常務委が判決の一時的な結論を信

任したとき、法院は判決を再び出す必要はなく、ごく短い追加的判決を出して、以前の結論を終審判決とすると確認するのみだった。言いかえると、終審法院は、法院がすでに達した結論に対して確認を求めるのみだった58)。

　これは将来に対して有益な先例を残した。コンゴ事件では、法院の一時的判決は基本的に中国外務省がとっている立場に従ったものだったので、全人代常務委が反対することは考えられなかった。しかし、将来、終審法院が全人代常務委と異なる結論に至ったときも、終審法院の解釈要請が法院の意見を述べた長文の判決を伴ってなされるとき、それは全人代常務委が公に法院の一時的判決に反対するのを踏みとどまらせるかもしれない。

　要するに、コンゴ事件では、法院は解釈要請に踏み切ったものの、手続的手段を通じて全人代常務委の解釈の範囲を狭めることができるという先例を残した59)。

第3節　全人代常務委の香港基本法解釈

　2011年8月24日に全人代常務委法制工作委員会副主任李飛が「全国人民代表大会常務委員会の『中華人民共和国香港特別行政区基本法』第十三条第一項および第十九条に関する解釈草案の説明」を全人代常務委に提出した。

　2011年8月26日に全人代常務委において「全国人民代表大会常務委員会の『中華人民共和国香港特別行政区基本法』第十三条第一項および第十九条に関する解釈」(以下、「解釈」)が採択された。

　「解釈」は以下のように、終審法院の4つの質問に答えている。

　「1．終審法院が解釈を求めた問題(1)について
　　中国憲法89条9項の規定によると、国務院、すなわち中央人民政府は国家の対外事務を管理する職権を持ち、国家免除に関する規則や政策は国家の対外事務の中の外交事務の範囲に属し、中央人民政府は中国の国家免除に関する規則と政策を決定する権限を持ち、中国領域内で統一的に実施する。上述した点に基づき、香港基本法13条1項の『中央人民政府は香港特別行政区の関連する外交事務を管理する責任を持つ』との規定は、香港の関連する外交事務の管理は中央人民政府の権力に属し、中央人民政府は香港において国家免除に関する規則や政策を決定する権限を持つことを意味する。
　2．終審法院が解釈を求めた問題(2)について

第 2 部　香港基本法解釈権の展開

　香港基本法 13 条 1 項と本解釈 1 条の規定によると、中央人民政府は、香港に適用する国家免除に関する規則や政策を決定する権限を持つ。香港基本法 19 条と本解釈 3 条の規定により、香港法院は中央人民政府が国家免除に関する規則や政策を決定する行為に管轄権を持たない。これゆえ、香港法院が事件を審理するとき、外国国家およびその財産の管轄免除と執行免除の問題に遭遇したとき、中央人民政府が香港に決定し適用する国家免除の規則や政策を適用し実施しなければならない。上述に基づいて、香港基本法 13 条 1 項と 19 条の規定に依拠して、香港法院を含む香港特別行政区は、中央人民政府が決定し採用する国家免除に関する規則や政策を適用あるいは実施する責任を持ち、上述した規則や政策から離れ、あるいは上述の規則や政策と合致しない規則を採用することはできない。

3．終審法院が解釈を求めた問題（3）について

　主権免除は一国の裁判所が外国国家およびその財産に管轄権を持つかどうかの問題にかかわり、外国国家およびその財産が一国の裁判所で免除を享有するかどうかの問題にかかわり、当該国の対外関係および国際的権利と義務に直接関係する。これゆえ、主権免除に関する規則や政策を決定することは、外交行為である。したがって、香港基本法 19 条 3 項の規定する「国防、外交等の国家行為」は中央人民政府が主権免除に関する規則や政策を決定する行為を含む。

4．終審法院が解釈を求めた問題（4）について

　香港基本法 8 条と 160 条によると、香港の従来の法律は、香港基本法に抵触しない限りで保留される。「全国人民代表大会常務委員会の『中華人民共和国香港特別行政区基本法』第 160 条に依拠して香港の従来の法律を処理する決定」4 条の規定によると、香港特別行政区の従来の法律として採用されるためには、1997 年 7 月 1 日以降、適用において、必要な変更、適用、制限あるいは除外がなされる必要があり、中国が香港に主権を回復した後の香港の地位と香港基本法の関連規定に適合しなければならない。香港は中国の高度の自治権を享有する地方行政区域として、中央人民政府に直轄され、中央人民政府が決定する主権免除に関する規則や政策を執行しなければならない。香港の従来の法律で、主権免除に関する規則は上述した規定に合致してこそ、1997 年 7 月 1 日以降にも継続して適用される。したがって、香港基本法 13 条 1 項と 19 条の規定に依拠し、「全国人民代表大会常務委員会の『中華人民共和国香港特別行政区基本法』第 160 条に依拠して香港の従来の法律を処理する決定」に照らして、香港に従来ある法律の主権免除に関する規則として採用されるには、1997 年 7 月 1 日以降、適用において、必要な変更、適用、制限あるいは例外の対象となり、中央人民政府が決定し採用する主権免除に関する規則や政策に符号しなければならない。」

第 9 章　コンゴ事件における終審法院による香港基本法
解釈要請と全人代常務委の解釈

第4節　終審法院の香港基本法解釈要請における意義と問題点

　4回目の全人代常務委の香港基本法解釈は、初めて終審法院が自発的に解釈を要請した事例となった。解釈要請を規定する158条3項は、終審法院は除外条項の解釈を全人代常務委に要請すると規定するのみで詳細は不明確である。しかし、コンゴ事件はそのメカニズムを明らかにした。以下ではその意義と問題点を述べる。

1　意　義——質問形式をとった全人代常務委への解釈要請

　158条3項は、終審法院が、除外条項の解釈を全人代常務委に要請すべきことを規定するのみである。したがって、終審法院は全人代常務委に解釈を手放しで依頼し、解釈が下されるまで事件に対し中立的姿勢を保つこともできた。しかし、終審法院は、4つの質問という形で、自らの見解を表明し、かつコンゴ側に有利な臨時の判決をも出した[60]。これには、次の意義が指摘される。

　第一に、質問という形式を通じて、全人代常務委に終審法院の見解を伝えることができる。4つの質問は単純に肯定・否定の形式で答えることができる。かつ、終審法院の判決から、質問に対して終審法院がどのように判断しているのかを読み取ることができる。つまり、質問を狭く正確に作成すること、そして終審法院であればどのように判断したであろうかを明示することで、終審法院は、除外条項がどのように解釈されるべきかまで示したことになり、158条3項の解釈要請において、積極的かつ指導的役割を果たした[61]。

　第二に、解釈要請を行う前に、非常に詳細な論点の分析をし、臨時的判決をも下したことは、全人代常務委ではなく、終審法院が事件の最終的な決定者であるという印象を与えることに成功している[62]。

　第三に、明確に定義され、簡潔に回答できる質問により、全人代常務委の回答としての解釈を、ごく限定された法律問題にとどめることができる。これは全人代常務委の解釈の範囲を限定し、解釈が香港法律体系へ及ぼす影響を最大限に抑える効果を持つ[63]。

　第四に、今回の質問形式は、次回以降、全人代常務委へ解釈要請が必要となったときに、将来の終審法院が従うべき手続となり、貴重な先例を提供した[64]。

第 2 部　香港基本法解釈権の展開

2　問題点

(1)　質問形式をとった戦略的介入

質問を通じた全人代常務委への解釈要請には以下の批判もある。それは、詳細で限定された質問という形式を使って、終審法院は全人代常務委から、期待通りの回答を引き出しているとする。つまり全人代常務委への戦略的介入を意図している。しかし、コンゴ事件では、法律上、全人代常務委に解釈要請する必要はなかった、との意見も根強い（終審法院少数意見および後述(3)）。こうすることで、香港と中国の裁判所制度は一体化し香港法院はその独自性を失ってしまったとの指摘がある65)。

(2)　外交部駐香港特派員公署からの手紙

外交部駐香港特派員公署は 3 回にわたり、香港法院へ手紙を提出した。手紙は、中国が絶対免除主義を採用していることばかりか、下級審の判決を批判し、香港が絶対免除主義を採るよう述べている。手紙は終審法院へのプレッシャーとなり、香港の司法の独立と自治を、以下のように侵害したとの批判も強い。

第一に、中国が手紙で再々絶対免除主義を表明したことで、もし終審法院が制限免除主義を採用し、かつ全人代常務委に解釈要請をしなかったならば、終審法院判決後に、全人代常務委が独自に解釈を行い終審法院判決を覆していた可能性は十分に高いことが予測される。居留権事件に続いてこのような解釈がなされるなら、香港の司法の独立と自治および権威へのダメージは計り知れない。したがって、終審法院に、絶対免除主義を採用するような圧力がかかっていたことが指摘される66)。

事実、手紙の語調は次第に厳しくなっている。外交部駐香港特派員公署が第一審裁判所に提出した第一の手紙、控訴院に提出した第二の手紙は、香港法院の独立へ干渉するのを避けようとするかのように、中立的なトーンで、中国の絶対免除主義を維持する立場を説明する内容となっており、決して香港法院に中国の立場に従うように命令していない67)。しかし、控訴院が制限免除主義を採り、コンゴ側が逆転敗訴した後に、終審法院に提出された第三の手紙は、強い語調で、香港が制限免除主義を採用するなら、中国の主権を傷つけ、中国の利益に長期的な深刻な影響を与える、と非難している。これは、本来終審法院が決定すべき問題に踏み込んだ内容である。特に第三の手紙が、終審法院に対する圧力になったと指摘される68)。

第9章　コンゴ事件における終審法院による香港基本法
　　　　解釈要請と全人代常務委の解釈

　第二に、手紙は香港に絶対免除主義をとらせることで、中国が急速に推進しているアフリカ諸国との間の開発契約を保護するために、香港を、アフリカ諸国の国家財産の安全な避難所とするためのものではないのか、との指摘がある。事実、第三の手紙で、中国はFG社のようなバルチャー・ファンドの活動を批判する一方で、香港が制限免除主義を採った時に途上国からの報復行為が中国の貿易関係を損なうことへの危惧を強調している[69]。

（3）　主権免除の決定はコモン・ロー上の国家行為なのか
　多数意見は、主権免除の決定はコモン・ロー上の国家行為であるため、香港基本法13条の中央人民政府が責任を負う外交行為であり、19条3項の国家行為にも当たるため、全人代常務委へ解釈要請する必要があると判断した。しかし、主権免除の決定は国家行為ではないという指摘がある。
　コモン・ローでは、主権免除の決定について、立法がないとき、法院が決定することが司法実践上行われてきた[70]。判例によると、主権免除は主権国家間の関係にあたるが、裁判所の管轄権は否定されず、裁判所が立法に決定権を移譲するとも考えられていない。したがって、主権免除は、19条により香港法院の管轄権が否定されるコモン・ロー上の国家行為には該当しない。よって、同様に、13条は中央人民政府が外交に全責任を負うとも、香港法院の外交に関する管轄権を制限するとも規定していない。よって、全人代常務委に19条および13条の解釈を要請する必要もなかった[71]。

おわりに

　香港基本法158条の香港基本法解釈権は「一国二制度」の下の二つの法制度をつなぐ重要な役割をはたす。それゆえに両者の緊張関係も、常に香港基本法解釈権から生み出されてきた。
　コンゴ事件は、終審法院が158条の全人代常務委への解釈要請を自発的に行った画期的な事件となった。この事件はいわゆるバルチャー・ファンドのFG社が、廉価で譲渡された仲裁裁定を実現するために、中国中鉄および系列子会社から、採鉱権の対価としてのインフラ建設支援契約によってコンゴに支払われる資金を求めて、香港で訴訟を起こしたものである。コンゴは主権免除を主張し、裁判の争点は、香港は返還以前の制限免除主義を引き続き採るのか、あるいは中国と同

じく絶対免除主義を採るように変わったのか、になった。前者を採る場合、コンゴの取引は商業行為に当たり、訴訟から免除されない。

終審法院は、3対2に分かれ、コンゴが逆転勝訴した。多数意見は、外交部駐香港特派員公署からの3つの手紙が中央人民政府の主権免除に対する政策を明らかにしたものとし、主権免除は香港基本法13条が規定する中央人民政府が責任を持つ外交関係に当たるとした。そして、香港がどのような主権免除をとるかの決定は19条3項によると香港法院の司法管轄権の範囲外であるとした。さらに、返還以前の制限免除主義は、香港の特別行政区としての地位に鑑みて、絶対免除主義へと修正されているとした。終審法院は、臨時判決を出した後に、全人代常務委に香港基本法13条、19条の解釈に関する4つの質問を送り、全人代常務委の回答を待って正式な判決を下すこととした。2011年8月26日に、全人代常務委より、終審法院の4つの質問に答える形で解釈が行われた。

終審法院が初めて自発的に全人代常務委に香港基本法の解釈を要請したことは、香港憲政史上重要な出来事となった。その意義と問題点は以下のようにまとめられよう。

意義として、終審法院が手放しで解釈を要請したのではなく、質問という形式を通じ、解釈の内容を特定し範囲を限定し、香港法への影響を最小限に食い止めたことがある。全人代常務委の解釈は、コモン・ローの先例変更と同様の重大な効果を持つが、解釈は数回にとどまり、解釈本文と理由も簡潔で、香港法院が憲法として参照すべき程には集積していないとの指摘がある[72]。今回もこの傾向が守られた。

問題点として、まず、誘導尋問ともとれる質問を使い、終審法院が望む回答を全人代常務委から引き出し、香港には司法の独立と自治が保障されているにもかかわらず、香港法と中国法の境界を曖昧にしたことがある。コモン・ローでは、主権免除の決定は、行政に委ねられ裁判所が判断できない国家行為とは考えられず、裁判所が判断してきたことからも、全人代常務委への解釈要請という決断には疑問が呈されている。次に、外交部駐香港特派員公署からの手紙の存在は、中国の在アフリカ権益の確保と相まって、終審法院の、香港の主権免除をコモン・ロー諸国のとる制限免除主義から、中国の主張する絶対免除主義に変更するという意思形成において、大きな圧力となっていた可能性が指摘される。

以上のように、終審法院の初めての自発的解釈要請は、香港の司法の独立維持

のための様々な工夫が行われ価値ある先例となった反面、ますます強まる中国法と香港法の一体化傾向を明らかにする出来事ともなった。

1) 1回目が1999年の香港基本法24条の解釈をめぐる居留権事件、2回目が2004年の付属文書1、2の行政長官選挙と立法会選挙の方法をめぐる解釈、3回目が2006年の46条の行政長官の残余任期をめぐる解釈である。
2) Flaherty, Martin S., "Hong Kong Fifteen Years After the Handover: One Country, Which Direction?" (2013) 51 *Columbia Journal of Transnational Law* 275, 284. Bokhaly, Kemal, "The Rule of Law in Hong Kong Fifteen Years After the Handover" *Columbia Journal of Transnational Law* (2013) 51, at 291-292. Sir Mason, Anthony, "The Rule of Law in the Shadow of the Giant: The Hong Kong Experience" *Sydney Law Review* (2011) 33, at 633. 詳細については、廣江倫子『香港基本法の研究――「一国両制」における解釈権と裁判管轄を中心に――』成文堂、2005年、第2章を参照されたい。
3) *Ng Ka Ling v. Director of Immigration* (1999) 2 HKCFAR 4. *Chan Kam Nga v. Director of Immigration* (1999) 2 HKCFAR 82.
4) *Democratic Republic of the Congo v. FG Hemisphere Associates LLC*［2011］1 HKCFA 41.
5) 『日本経済新聞』2011年8月26日。
6) 杉原高嶺、水上千之、臼杵知史、吉井淳、加藤信行、高田映『現代国際法講義［第4版］』有斐閣、2007年、90頁。
7) 杉原高嶺他、前掲書、90頁。
8) 杉原高嶺他、前掲書、91-92頁。
9) *FG Hemisphere*,［2011］1 HKCFA 41 at 7, 185-187.
10) 規則（1998年版）28条6項「すべての仲裁判断は当事者を拘束するものとする。紛争を本規則の下で仲裁に付託することにより、当事者は、仲裁判断を遅滞なく履行する義務を負い、かつ放棄が有効になされ得る限り、あらゆる方式の異議申立権を放棄したものとみなされる。」
11) *FG Hemisphere*,［2011］1 HKCFA 41 at 8, 186.
12) Id. at 13, 187.
13) Id. at 14, 188.
14) *FG Hemisphere Associates LLC v. Democratic Republic of the Congo*［2010］2 HKLRD 66 at 7.（CA）
15) *FG Hemisphere*,［2011］1 HKCFA 41 at 189. *FG Hemisphere Associates LLC v. Democratic Republic of the Congo*［2009］1 HKLRD 410 at 17.（CFI）
16) 採鉱権の内容は、銅1,000万メートルトンおよび、コバルト60万メートルトンである。インフラ計画の内容は、3,215キロの鉄道建設、3,400キロのアスファルト道路敷設、550キロの都市道路敷設、450床規模の病院、26地方に分配する31,150床の病院ベッド、50床をそれぞれ持つ145のヘルス・センター、2つの電力発電ダム、

第 2 部　香港基本法解釈権の展開

5,000 の宿泊施設、2 つの大学、2 つの電力分配ネットワーク、2 つの職業訓練センターおよび 2 つの空港の建設、修復、近代化等である（*FG Hemisphere*, [2011] 1 HKCFA 41 at 19.)。

17) *FG Hemisphere*, [2011] 1 HKCFA 41 at 190.
18) Id. at 17, 193.
19) 入場料の総額は約 350,000,000 米ドルで、中国中鉄子会社から約 220,000,000 米ドル、中国水電から約 120,000,000 米ドルが支払われる。
20) *FG Hemisphere*, [2011] 1 HKCFA 41 at 16.
21) *FG Hemisphere*, [2011] 1 HKCFA 41 at 19, 194.
22) *FG Hemisphere*, [2011] 1 HKCFA 41 at 196-197.
23) *FG Hemisphere*, [2011] 1 HKCFA 41 at 44.
24) *FG Hemisphere*, [2011] 1 HKCFA 41 at 193.
25) Id. at 21, 25.
26) Id. at 45, 201.
27) Id. at 46, 202.
28) Stock VP, Yuen JA の多数意見、Yeung JA の少数意見。
29) 少数意見は、制限免除主義は国際慣習法において、確固とした地位を確立しておらず、香港基本法では主権免除の決定は外交行為に当たるため、香港は中国の採る絶対免除主義の立場を採り、コンゴは主権免除を享有するとした（*FG Hemisphere*, [2011] 1 HKCFA 41 at 31, 205-206.)。
30) Id. at 22, 30, 208.
31) Id. at 208.
32) Id. at 32, 47, 211.
33) Id. at 182.
34) Sir Anthony Mason NPJ, Patrick Chan PJ, RAV Ribeiro PJ の多数意見、Kemal Bokhary PJ, Barry Mortimer NPJ の少数意見。
35) Id. at 260, 261, 267, 272, 275, 280, 285, 290, 294, 299.
36) Id. at 324, 364, 365.
37) Id. at 324, 342, 352, 355, 357.
38) 1997 年の全人代常務委の決定および解釈と一般条項条例 2A 条
39) Id. at 309-315, 323, 393.
40) Id. at 407.
41) Id. at 395.
42) *Ng Ka Ling v. Director of Immigration* (1999) 2 HKCFAR 4 at 30-31.
43) Id. at 33.
44) 廣江倫子、前掲書、95 頁。
45) 廣江倫子、前掲書、95 - 96 頁。
46) *FG Hemisphere*, [2011] 1 HKCFA 41 at 400.

第 9 章 コンゴ事件における終審法院による香港基本法
解釈要請と全人代常務委の解釈

47) *Lau Kong Yung v. Director of Immigration*（1999）2 HKCFAR 300.
48) *FG Hemisphere*, [2011] 1 HKCFA 41 at 402.
49) Id. at 403.
50) Id. at 405.
51) Id. at 84.
52) Id. at 111.
53) Id. at 406.
54) *The Director of Immigration v. Chong Fung Yuen* [2001] 2 HKLRD 533.
55) *FG Hemisphere*, [2011] 1 HKCFA 41 at 407.
56) Id. at 415.
57) Id. at 407.
58) Gittings, Danny, *Introduction to the Hong Kong Basic Law*（Hong Kong: Hong Kong University Press, 2013）, pp.256-257.
59) Gittings, Danny, op.cit., pp.256-257.
60) Chen, Albert H.Y., "Focus: The Congo Case, Introduction"（2011）41 H.K.L.J. 370-371.
61) Chen, Albert H.Y., op.cit., 371.
62) Tai, Benny Y. T., "The Constitutional Game of Article 158（3）of the Basic Law"（2011）41 H.K.L.J. 383.
63) Ibid. at 383.
64) Chen, Albert H.Y., op.cit., 370. Tai, Benny Y. T., op.cit., 383.
65) P. Y. Lo, "The Gateway Opens Wide"（2011）41 H.K.L.J. 387-391.
66) Tai, Benny Y. T., op.cit., 382-383. Po Jen Yap, "Democratic Republic of the Congo v. FG Hemisphere: Why Absolute Immunity Should Apply But a Reference Was Unnecessary"（2011）41 H.K.L.J. 399-400.
67) Cheung, Eric T. M., "Undermining Our Judicial Independence and Autonomy"（2011）41 H.K.L.J. 412-413.
68) Cheung, Eric T. M., op.cit., 412-413.
69) Butler, Anne, "Democratic Republic of the Congo v. FG Hemisphere Associates LLC: Hong Kong Conforms with China by Repudiating the Common Law Commercial Exception to Sovereigh Immunity"（2012）20 *Tulane Journal of International and Comparative Law* 469, 483.
70) たとえば、1975 年の英枢密院司法委員会の *Phillipine Admiral v. Wallen Shipping (Hong Kong) Ltd* [1977] A.C. 373、1977 年の英控訴院の *Trendex Treading Corp v. Nigeria* [1977] Q.B. 529、英貴族院の *Playa Larga v. I Congreso del Partio* [1983] 1 A.C. 244 などのように、イギリスでは主権免除の決定が政策だとは考えられていない。コモン・ロー諸国も同じ見解を採っている。たとえば、*Harbhajan Singh Dhalla v. Union of Indea*（1987）9 SCR 114（インド）、*Government of Canada v. Emp't Appeals Tribunal* [1992] 2 IR 484（アイルランド）など。

第 2 部　香港基本法解釈権の展開

71) Po Jen Yap, op.cit., 394-399.
72) Sir Mason, Anthony, op.cit., 640, 642.

第10章　立法会宣誓事件をめぐる全人代常務委の解釈

はじめに

　2014年の雨傘運動収束後、香港社会の分裂は加速し、本土派および香港独立の思想が台頭するようになった。そして、2016年9月に行われた立法会選挙においては、本土派の躍進が顕著となった。中国に批判的な民主派・本土派の議員は10月の立法会開会にあたって、香港独立を掲げ、かつ中国に侮辱的な言葉を用いて宣誓を行った。この宣誓の有効性について、2016年11月、全人代常務委の香港基本法解釈がなされた。その結果、立法会議員のうち、2016年11月に中国に批判的な民主派・本土派[1)]議員2名が、翌年2017年7月には4名が、宣誓無効を理由として、第一審裁判所の審理を経て、議員資格を剥奪された。実に、定数70名の立法会議員のうち、合計6名が議員資格を失う事態となった[2)]。

　香港基本法104条は、立法会議員の就任時の宣誓について規定する。同条によると、立法会議員は就任にあたり、「香港基本法を擁護し、香港特別行政区に忠誠を尽くす」[3)]ことを宣誓しなければならない。しかし、上述した議員らは、宣誓の定型文に独自の文章を付け加える、さらにパフォーマンスを行うなどをして、定型文によらない宣誓を行った。対して香港政府は宣誓無効とし、第一審裁判所に議員資格の剥奪を求める訴訟を相次いで提起した。かつ全人代常務委が訴訟と平行して、香港基本法104条の解釈を行った。その結果、条文通りの宣誓をしない場合は、宣誓無効とみなされ、議員資格が剥奪されるとの解釈が示された。

　具体的には、まず、2016年11月15日に、本土派政党「青年新政（Youngspiration）」所属議員の梁頌恆（Sixtus Leung）、游蕙禎（Yau Wai-ching）が全人代常務委の香港基本法解釈を受けた第一審裁判所の判決によって、議員資格を剥奪された。両名は、立法会の宣誓に際して「香港は中国ではない（Hong Kong is not China）」と

する横断幕を掲げたり、中国を侮辱する言葉を用いていた[4]。最終的に、2017年8月の終審法院の審理を経て、上述した議員らの資格剥奪が決定した。

次に、同年12月2日、香港政府は、民主派・本土派議員の梁國雄（Leung Kwok-hung）、姚松炎（Yiu Chung-yim）、劉小麗（Lau Siu-lai）および羅冠聰（Nathan Law）の4名の宣誓が無効であり議員資格を失ったとして、第一審裁判所に訴訟を提起した[5]。そして2017年7月14日に、宣誓日に遡って議員資格が剥奪された。

返還後5回目の全人代常務委の香港基本法解釈は、民主化問題に対して行われた。かつ、香港法院での審理中に、全人代常務委の香港基本法解釈が行われるという異例尽くしの展開となった。本章は以下を明らかにする。第一に、立法会宣誓事件はどのような背景のもと生じたのか。第二に、香港法院においては何が法的争点となったのか。第三に、香港法院は審理中になされた全人代常務委の香港基本法解釈をどのように捉えたのか。第四に、立法会宣誓事件における全人代常務委の香港基本法解釈の特色と課題は何か。

本章の検討において中心となる資料は以下の通りである。（1）香港基本法104条が規定する宣誓に関する全人代常務委の解釈[6]、（2）第一審裁判所の判決[7]、（3）終審法院の上訴棄却理由、である。なお第一審裁判所で敗訴した梁頌恆、游蕙禎両議員は終審法院に上訴したが、棄却されたため、本章においては第一審裁判所判決を検討の対象とする[8]。

本章の構成と概要は次の通りである。まず、第1節において、中国に批判的な本土派の立法会議員がどのような背景から誕生したのかに簡単に触れる。次に、第2節において、立法会宣誓事件における法的論点、全人代常務委の香港基本法解釈、および第一審裁判所および終審法院による全人代常務委の香港基本法解釈の位置づけについて考察を加える。最後に、第3節において、立法会宣誓事件に対する全人代常務委の香港基本法解釈の特色と課題について検討を行うこととする。

第1節　雨傘運動と独立派議員の誕生

香港では、2003年に発生した香港基本法23条立法に反対する「50万人デモ」以来、行政長官および立法会の普通選挙を望む声が高まっていた。しかし、2014

第 10 章　立法会宣誓事件をめぐる全人代常務委の解釈

年 8 月 31 日の全人代常務委の決定（以後、「831 決定」）はそうした民意に反するものだった。「831 決定」は、2017 年に予定される行政長官選挙から、民主派の候補者を事実上排除する内容だった[9]。必然的に、民主派や若者から強い反発が起こった。

「831 決定」に対する反発は、返還後最大のデモ「雨傘運動（Umbrella Movement）」に発展した。デモ参加者は、香港中心部の道路を占拠し、抗議の意思を示した。若者が中心となって香港中心部の幹線道路に座り込みで占拠する抗議活動を始めた 2014 年 9 月 28 日夜、香港警察は催涙弾を 87 回にわたって発射しデモの鎮圧を試みた。これが逆に市民の怒りを買った。警察の催涙弾発射は、かえって占拠運動への参加者を増やした。そして、催涙弾を防御するためにデモ参加者たちが使った雨傘が抗議のシンボルとなった。以降運動は、「雨傘革命」、「雨傘運動」と呼ばれるようになる[10]。

「雨傘運動」は、2014 年 9 月末から 12 月中旬まで 79 日間続いた。香港の中心的なビジネス街、官庁街である金鐘、中環、繁華街である銅鑼湾、旺角の大通りをデモ参加者が占拠した。香港は一躍国際的な注目を浴びた。しかし、運動が硬直化した 2014 年 12 月 11 日、警察は、デモ隊が占拠する最大拠点である金鐘の幹線道路でバリケードやテントの強制撤去に着手を開始した。その後順次各拠点のバリケードの撤去を行い、2014 年 12 月をもってデモ参加者による占拠は収束した[11]。最終的に、行政長官選挙の民主化を求めた「雨傘運動」は、中国から一切の譲歩を得られなかった。

「雨傘運動」は挫折した。しかし、次なる主戦場は政治の場となった。「雨傘運動」以降、香港の若者たちの中からは中国からの独立も視野に入れる「本土派（localist）」と呼ばれる急進民主派が台頭するに至る。こうした本土派の若者と香港警察の激しい衝突も度々報じられるようになった[12]。

2016 年春には、「雨傘運動」を主導した「学民思潮」に所属していた学生らが、「学民思潮」を解散、続いて政治政党「香港衆志（Demosisto）」を設立するに至った。香港衆志は最高綱領に「民主自決（democratic self-determination）」を掲げ、香港立法会選挙で候補者を擁立することを目的とした[13]。こうした動きに対し、立法会選挙の立候補届出期日直前の 2016 年 7 月 14 日、香港選挙管理委員会は、立候補者が「確認書」に署名することを要求した。「確認書」には、「香港基本法を擁護し、香港特別行政区に忠誠を尽くす」との文言がある。「確認書」を提出

しない場合、立候補資格が得られないとされた。この結果、「確認書」への署名や提出を拒否した6名[14]が、政治的立場や政策綱領から、香港基本法に反するとして、立候補を取り消された。立候補を取り消された人々は香港独立の立場や傾向を有する人々だった。

2016年9月5日には、「雨傘運動」後初の立法会選挙が行われた。この選挙では、「確認書」事件によって、香港独立の思想を持つものが多く立候補資格を取り消されたものの、依然として本土派の台頭が顕著となった。立法会議員の定数70議席のうち、親中国派が40議席、民主派と本土派は合計で30議席を獲得した[15]。そのうち本土派と呼ばれる若者の当選は6名に上る[16]。「雨傘運動」収束後2年を経てその活動の場は街頭でのデモ活動から立法会に移ったと言えよう。立法会宣誓事件の当事者となった梁頌恆、游蕙禎の両名とも、2016年9月の立法会選挙において初当選した本土派に属するいわゆる新世代の議員である。

第2節　立法会宣誓事件と全人代常務委の解釈

1　事件の概要

2016年9月の立法会議員選挙に当選した梁頌恆、游蕙禎の両名は、2016年10月12日の立法会開会初日に、香港基本法104条および宣誓及び宣言条例（Oath and Declarations Ordinance, Cap11, ODO）19条に基づき宣誓を求められた[17]。

本土派の議員である梁頌恆、游蕙禎の両名は、宣誓にあたって、壇上に「香港は中国ではない」と書かれた横断幕を持ち込むなどし、香港独立のスローガンを掲げ、定型の宣誓文の読み上げを拒否し、独自の文言を付け加えるなどして、中国に侮辱的な発言を行い、宣誓の場は混乱した。この結果、立法会は宣誓を無効と判断し、立法会議長梁君彦（Andrew Leung）は宣誓を次週にやり直すことを決定するという異例の事態となった[18]。

この際に立法会議長は再び宣誓の機会を与える方針を決めた。しかし、2016年10月18日、香港政府は両名の宣誓は無効であったため、すでに議員資格がないとして、第一審裁判所に、再宣誓の差し止めを求める仮処分を申請した。こうして、立法会で行なわれた宣誓の有効性が、司法の場で争われることとなった[19]。

第一審裁判所判決によると、立法会での宣誓において梁頌恆、游蕙禎の両名は

第 10 章　立法会宣誓事件をめぐる全人代常務委の解釈

以下の形態において宣誓を行ったことに異論はない[20]。

(1) 梁頌恆、游蕙禎の両名は宣誓の冒頭に「香港国家（Hong Kong nation）」という文言を用いた。梁頌恆は、「香港国家の利益を守る」と宣言し、游蕙禎は「香港国家に信義と真実の忠誠を誓う」ことを宣言した。

(2) 立法会係員は両名の宣誓に介入し、それぞれの宣誓が立法会の宣誓定型文と合致していないために、宣誓を続行させることはできないことを告げた。

(3) 両名は宣誓のやり直しを要求された。

(4) その過程で、両名は「中国（China）」という語を 3 回連続して「Geen-na」あるいは「支那（Sheen-na）」とあやまった発音をした。

(5) さらに、游蕙禎は「中華人民共和国（People's Republic of China）」を「the People's Refucking of Sheen-na」と発音した。

(6) 両名は意図的に、「香港は中国ではない。（HONG KONG IS NOT CHINA）」と記された青い旗を携帯し展示した。

(7) 梁頌恆は係員に制止される以前と以降で声のトーンを変え、制止された以降は尊大で不真面目な態度であった。さらに、最初に係員に宣誓を中断された後で、宣誓のやりなおしにおいて、右手の中指と人差し指を交差させながら聖書を指し示しながら宣誓を行った。

(8) 游蕙禎は「香港」の部分を大声で、宣誓の残りの部分を早口で小声で行った。

2016 年 10 月 18 日に、立法会議長は梁頌恆、游蕙禎の両名の宣誓は無効であると判断した。しかし、議長は両名が書面で申請するならば、次回の 10 月 19 日の立法会において宣誓をやり直すことを認めた[21]。

こうした宣誓に対して行政長官と司法省長官は、梁頌恆、游蕙禎は 2016 年 10 月 12 日の時点で立法会の宣誓を拒否しているとした。したがって、宣誓及び宣言条例 21 条によって、両名は立法会議員を辞職したと見なされること、そして議員資格失効の宣言及び差し止め命令を第一審裁判所に求めた。立法会議長に対しては、議長が両名に再宣誓を認めた決定を取り消すべきことを主張した。2016 年 10 月 18 日に、行政長官と司法省長官は、梁頌恆、游蕙禎と立法会議長を提訴した[22]。

行政長官と司法省長官の主張は、以下の通りである。梁頌恆、游蕙禎に対して、次の主張がなされた。まず、立法会開会初日の 2016 年 10 月 12 日に梁頌恆、游

薫禎が行った宣誓は香港基本法104条および宣誓及び宣言条例の関連条文に違反し、法定の立法会の宣誓として無効である。次に、梁頌恆、游薫禎は立法会議員とみなされず、立法会議員としての資格はなく、立法会議員の職を辞任しており、立法会議員として活動する資格はない。最後に、梁頌恆、游薫禎が立法会議員としての活動を止めることを求める差し止め命令の発行を求めた[23]。

次に、立法会議長に対して、以下が主張なされた。まず、梁頌恆、游薫禎は立法会議員とみなされず、立法会議員としての資格がなく、議員資格を失効しているために、議長には両者の再宣誓を行わせる権限がないこと。次に、梁頌恆、游薫禎が有していた立法会議員の職は空位であることを確認すること。最後に、議長が梁頌恆、游薫禎に対して再宣誓の許可を付与することへの差し止め命令の発行を求めた[24]。

これに対して、梁頌恆、游薫禎の主張は、次の2点である。まず、立法会議員の宣誓およびその効果に関しては立法会の「内部事項（internal business）」であること。したがって、コモン・ローの不介入の原則（non-intervention principle）によると、法院は議員の宣誓や議長や係員の宣誓に関する決定に介入すべきではなく、またできない。次に、梁頌恆、游薫禎が宣誓をするにあたって発した言葉は、香港基本法77条[25]および立法会（権限と特権）条例（Legislative Council (Powers and Privileges) Ordinance (Cap 382)）3条[26]および4条[27]に規定される議員特権により保護される。したがって、両名は本件も含めて訴訟の対象とはならない[28]。

立法会議長の主張は、議長は本件訴訟の当事者ではない、との点のみである。すなわち、立法会議長は梁頌恆、游薫禎の両名が立法会の宣誓を拒否、あるいは無視したのかについていかなる実質的な決定も行っていないのであって、議長の決定は性質において手続的な決定に過ぎない。したがって、司法審査によって変更される余地のあるいかなる実質的な決定も存在しないことが主張された[29]。

2　関係条文

香港基本法104条は宣誓について規定している。香港基本法104条によると、立法会議員は香港基本法を擁護し、香港政府に忠誠を尽くすことを宣誓しなければならない。香港基本法104条によると、立法会議員は就任すると直ちに宣誓を行う義務がある[30]。香港基本法104条は以下の通り規定する。

第 10 章　立法会宣誓事件をめぐる全人代常務委の解釈

香港基本法 104 条

　香港特別行政区行政長官、主要政府職員、行政会構成員、立法会議員、各級法院裁判官とその他司法要員は就任にあたり、法に依って、中華人民共和国香港特別行政区基本法を擁護し、中華人民共和国香港特別行政区に忠誠を尽くすことを宣誓しなければならない。

香港基本法 104 条を受けて、宣誓条例 16（d）条は、宣誓を同条例付属文書 2 に記載される次の形式で行わねばならないと規定している。

宣誓条例 16 条（d）宣誓の形式
　　本条例において言及される宣誓は、
　　…
　　　　（d）立法会の宣誓、
　　…
　　付属文書 2 に規定される形式で行われねばならない。

付属文書 2 第 4 部は、立法会宣誓定型文を以下の通り規定している。

付属文書 2 第 4 部31)
　　立法会宣誓
　　　私は、中華人民共和国香港特別行政区立法会議員として、中華人民共和国香港特別行政区基本法を擁護し、中華人民共和国香港特別行政区に忠誠を尽くし、香港特別行政区に誠実に、忠実に、法律に完全に従って公正かつ高潔に奉仕することを、宣誓します。（宣誓者氏名）

宣誓条例 19 条　立法会議員の宣誓
　　立法会議員は、就任すると直ちに立法会宣誓を行わねばならない。
（a）立法会会期の最初の会議において、立法会議員選挙実施後、そして、立法会議長の選挙前に、立法会係員の管理のもとで、立法会において、直ちに行われねばならない。
（b）立法会の他の会議の場合は、立法会議長あるいは議長の代理の管理のもとで、行われねばならない。

宣誓条例 21 条は不遵守の効果について規定している。

宣誓条例 21 条　不遵守の効果

第 2 部　香港基本法解釈権の展開

> 本条例で要求される適切な宣誓をしかるべき時に行うことを拒絶しあるいは無視したものは、
> (a) 本人がすでに就任している場合、辞任しなければならず、
> (b) 本人がまだ就任していない場合、就任資格を失う。

3　全人代常務委の香港基本法解釈

　全人代常務委の香港基本法 104 条の解釈は、梁頌恆、游蕙禎の両名の宣誓無効が第一審裁判所で審理中に行われた。2016 年 11 月 4 日に、全人代常務委は香港基本法 104 条の解釈を議事日程に組み込んだことを発表し、香港政府は両名の議員資格の有効性について、全人代常務委が香港基本法解釈を行うと発表した。複数の香港メディアは 2016 年 11 月 7 日に香港基本法解釈が発表されると報じた。これに対して、民主派からは、「『一国二制度』が崩壊する」という反発がでているとも報じられた[32]。たとえば、香港大学法学部教授陳文敏（Johannes Chan Man-mun）は、法院の判決前に全人代常務委の香港基本法解釈がなされれば、これは「法治と二制度」を破壊する、「このように司法手続が政治手続にとって代わるのなら、人々や投資家は香港の司法制度を信頼できようか。」と批判した[33]。

　2016 年 11 月 7 日、第一審裁判所の審理と並行して、全人代常務委は中国憲法 67 条 4 項および香港基本法 158 条 1 項に基づいて香港基本法解釈権を行使し、104 条を解釈した。解釈全文は次の通りである。

> 「全国人民代表大会常務委員会の『中華人民共和国香港特別行政区基本法』第 104 条に関する解釈」[34]
> (1) 香港基本法 104 条が規定する「中華人民共和国香港特別行政区基本法を擁護し、中華人民共和国香港特別行政区に忠誠を尽くす」とは、この条文が規定する宣誓に必然的に含まれる法定の内容であるばかりか、この条文に明示される公職に立候補あるいは就任するための法定の要件と条件である。
> (2) 香港基本法 104 条が規定する「（関係する公務員は）就任にあたり、法に依って宣誓しなければならない」とは、次の内容を意味する。
> > ①宣誓は本条文が規定する公職に就くものが就任するにあたっての法定の要件であり必要な手続である。合法で有効な宣誓を行っていないか、あるいは拒絶するものは、公職に就任することができず、その職権を行使することができず、相応の待遇を享有することができない。

第10章 立法会宣誓事件をめぐる全人代常務委の解釈

②宣誓は形式と内容の点から法定の要求に符合しなければならない。宣誓を行うものは、誠実に、厳粛に宣誓を行い、正確で、まじめに「中華人民共和国香港特別行政区基本法を擁護し、中華人民共和国香港特別行政区に忠誠を尽くす」という内容の法定の宣誓を読み上げなければならない。

③宣誓を行うものが宣誓を拒否した場合、本条文が規定する公職に就任する資格をただちに失う。宣誓を行うものが故意に法定の宣誓文言と一致しない宣誓を行い、あるいは不誠実で不真面目な方法で宣言を行う場合は、宣誓を拒絶したものとみなされる。そのように行われた宣誓は無効であり、そしてそのような宣誓を行ったものは本条文が規定する公職に就任する資格をただちに失う。

④宣誓は法定の宣誓監督者の面前で行わねばならない。宣誓監督者は宣誓が合法的に進行することを確保する責任がある。宣誓監督者は、本解釈と香港特別行政区の法の要求に合致する宣誓は、有効な宣誓と確定し、本解釈と香港特別行政区の法定の宣誓に合致しない宣誓には、宣誓無効を確定しなければならない。もしも宣誓が無効であると決定された場合、再宣誓のとり決めはなされない。

(3) 香港基本法104条の規定する宣誓は、本条文が規定する公職担当者の中華人民共和国と香港特別行政区に対する法的誓約であり、法的拘束力を有する。宣誓を行うものは、まじめにかつ厳格に法定の宣誓を遵守しなければならない。宣誓を行うものが虚偽の宣誓を行った場合、あるいは宣誓を行ったあとで宣誓に反する行いをした場合、法律に従って法的責任が発生する。

　全人代常務委の香港基本法104条に関する解釈は、以下の通りに要約できる。第一に、香港基本法104条が規定する「中華人民共和国香港特別行政区基本法を擁護し、中華人民共和国香港特別行政区に忠誠を尽くす」とは、選挙参加や公職就任のための法定要件である。第二に、香港基本法104条が規定する宣誓とは、法定の形式と内容に符合し、かつ誠実、厳粛かつ正確、まじめに行わねばならないものである。法定の宣誓文と異なる宣誓を行い、または不誠実で不真面目な方法で宣誓を行う場合は宣誓の拒絶とみなされ、宣誓は無効となり、公職就任資格を失う。また、宣誓はやり直すことができない。第三に、虚偽の宣誓や宣誓に反する行為をした場合、法的責任を負う。

　全人代常務委の香港基本法解釈が発表された後、全人代常務委香港基本法委員会の李飛主任は会見で、「香港独立の主張は香港基本法に明確に違反しており、すぐに抑制して打撃を与えなければ、国の安全と香港の繁栄・安定を損なう」と

【表1】宣誓無効判断後の立法会議席数（2016－2020年）

所　属	議席数
本土派	（9 → ）3
民主派	21
親中派	40

（出所）*South China Morning Post*, 14 Jul 2017.（http://www.scmp.com/news/hong-kong/politics/article/2102609/four-more-hong-kong-lawmakers-disqualified-over-oath-taking）を元に筆者作成。

解釈権を行使した理由を説明した。さらに梁振英行政長官は会見で「香港政府は全面的に全人代常務委の解釈を支持し、法に基づいて厳正に対処する」と語った[35]。さらに、張暁明駐香港特別行政区連絡弁公室主任は、香港基本法解釈直前に親中派を集め、梁頌恆、游蕙禎の両名は「がん細胞のようなもので、迅速に切除しなければならない。香港の裁判所を通せば時間がかかり、判断にも不安が残る。」と本音をもらしたとされる[36]。

　第一審裁判所は2016年11月15日、両名の議員資格を取り消すとの判決を下した[37]。両名は控訴院に控訴したが、2016年11月30日に棄却された[38]。両名は終審法院に上訴したが、終審法院への上訴も2017年1月16日に却下された。その後、2月13日に、両名は本事件が香港の憲法に非常に重大な影響を有するとして、終審法院に上訴許可申請を行った。しかし、終審法院においても、「問題は一般的あるいは公共的な重要性にかかわる法律の問題に触れはするものの、下級審の判決を覆す合理的な理由はない[39]。」として、2017年8月25日に最終的に上訴許可申請は棄却され、第一審裁判所における判決内容が確定した[40]。

第3節　第一審裁判所判決および終審法院の上訴棄却理由の検討

1　全人代常務委解釈の拘束力
（1）第一審裁判所

　第一審裁判所は全人代常務委の香港基本法解釈の香港法院の審理に対する効果について、終審法院荘豊源（Chong Fung Yuen）判決で示された判断を再び示した。すなわち、全人代常務委の香港基本法解釈は香港のすべての法院を拘束し、法院はそれに従う義務があると述べた。第一審裁判所は次の通り述べた。

第 10 章　立法会宣誓事件をめぐる全人代常務委の解釈

「香港法院は香港基本法158条2項および3項によって、事件の審理において、香港基本法を解釈する権限を与えられている。そして全人代常務委は、香港基本法158条1項および3項、そして中国憲法67条4項によって、香港基本法を解釈する最終的な権限を有する。全人代常務委によって行われた解釈は香港のすべての法院を拘束し、法院はそれに従う義務がある。これは終審法院荘豊源判決（*Director of Immigration v. Chong Fung Yuen* (2001) 4 HKCFAR 211）において李首席裁判官が222頁GおよびHで次のように述べた通りである。

『…（全人代常務委が）中国憲法67条4項および香港基本法158条による権限に基づき（香港基本法の）解釈を行う場合、香港法院はそれに従う義務がある。…（全人代常務委の）権限は香港基本法のすべての条文に及び、158条3項に言及される除外条項に限られるものではない。』」41)

このように終審法院荘豊源判決で確立された原則を再確認した。そして、全人代常務委の解釈が第一審裁判所を拘束する効果を有することを以下の通り確認した。

「解釈は本法院を拘束する。」42)

(2)　終審法院

終審法院においても、これまでの終審法院判決43)において確立されている香港基本法158条1項の全人代常務委の香港基本法解釈権が再確認された。

終審法院によると、「確かで基本的な諸原則」が、これまでの終審法院判決によって確立されている44)。具体的には、Ng Ka Ling 判決45)、Lau Kong Yung 判決、Chong Fung Yuen 判決、Vallejos Banao 判決である。この「確かで基本的な諸原則」によると、全人代常務委の香港基本法解釈権は以下の効力を有する。

①　一般的で制限がない。（Lau Kong Yung 判決、Chong Fung Yuen 判決）

「香港基本法は中華人民共和国の法律であり、中国憲法31条を実施するために、全人代によって採択された。全人代常務委の香港基本法を解釈する権限は、中国憲法67条4項に由来し、香港基本法158条1項自身に明確に規定されており、一般的で制限がない。」46)

②　立法解釈をも含有する。（Chong Fung Yuen 判決）

「中国法の下での香港基本法解釈権の行使は、香港特別行政区で実施されるコモン・

281

第 2 部　香港基本法解釈権の展開

ローとは異なる制度において実施されるものであり、それは法律を明らかにしあるいは補充するという立法解釈を含む。」47)

　　③　香港法院を拘束し、かつ返還当日にさかのぼる遡及効を有する。(Ng Ka Ling 判決、Lau Kong Yung 判決、Chong Fung Yuen 判決)

「全人代常務委の香港基本法解釈は香港特別行政区法院を拘束する。それは 1997 年 7 月 1 日の香港基本法発効後に香港において、何が法律であるのかそして法律でありつづけているのか、を宣言している。」48)

(3)　改正および解釈の遡及効

立法会宣誓事件においては第一審裁判所における審理の最中に全人代常務委の香港基本法解釈が行われるという異例のタイミングとなった。そこで、全人代常務委の香港基本法解釈後に、梁頌恆、游蕙禎の両名から、全人代常務委の香港基本法解釈に関連した追加的論点が主張された。それらは改正問題および解釈の遡及効問題である。

　①　改正問題

全人代常務委の香港基本法解釈は、コモン・ローに照らすと、香港基本法 104 条の解釈以上に及んでいる。むしろ香港基本法 104 条の実質的な改正にあたる。したがって、全人代常務委の香港基本法解釈は香港基本法 158 条が規定する香港基本法の解釈ではない。それゆえ、本法院に対して拘束力がない。

　②　解釈の遡及効

全人代常務委の香港基本法解釈は、コモン・ローに照らすと、遡及的効力を持たない49)。

上記二点の主張に対して、第一審裁判所は、以下の通り判断した。つまり、本審理で検討する必要はない。というのも宣誓についての全人代常務委の香港基本法解釈を参照してもしなくとも、法院は審理の結果として同じ結論に到達したのであるから、現在の審理で検討する必要はないとした50)。第一審裁判所は次の通り述べた。

「…（全人代常務委の香港基本法）解釈を参照しようとしまいと、すでに述べた理由から本法院は同じ結論に達するので、これらの主張は本件とは無関係であり、ここで決定する必要はない。」51)

282

第 10 章　立法会宣誓事件をめぐる全人代常務委の解釈

すなわち第一審裁判所は全人代常務委解釈に関する上記論点の検討を避けたと言える。

2　宣誓無効の判断

　第一審裁判所は、宣誓が無効であったかどうかに対して、結果的に全人代常務委の香港基本法解釈と同じ結論をとった。しかし、それは関連条文に対するコモン・ローの解釈原則の適用によって導き出されたものであることを強調した。第一審裁判所の論旨を紹介しよう。

　第一審裁判所によれば、宣誓及び宣言条例 16 条、17 条および 21 条は、立法会議員による宣誓に関して次のような法的効力を持つ。第一に、宣誓及び宣言条例の関連条文は、香港基本法 104 条が定める憲法上の義務を反映している。第二に、立法会議員は立法会における宣誓を就任後できるだけ速やかに行わねばならない。第三に、立法会議員は、宣誓及び宣言条例 19 条および同条例付属文書 2 に規定される立法会の宣誓と同じ形式、方法および実態をもって、宣誓を行わねばならない。第四に、宣誓及び宣言条例は宣誓の形式と実態からのいかなるかい離も許容するものではない。したがって、立法会議員が宣誓の形式、方法や実態を変更することは、香港基本法 104 条に違反し、違法であり無効である。第五に、立法会議員が形式的であれ実態的であれ、立法会宣誓を行うことを拒絶しあるいは無視するならば、その議員は辞職しなければならない[52]。

　第一審裁判所によれば、上述した宣誓及び宣言条例の法的効力は、コモン・ローの解釈原則によって導き出された。したがって、全人代常務委の香港基本法解釈とは別個のものである[53]。そして、宣誓及び宣言条例 16 条、19 条および 21 条が適切に解釈されるのならば、全人代常務委の香港基本法解釈を参照せずとも、同様の結論に達するとして、以下の判断を下した。まず、2016 年 10 月 12 日立法会開会初日に梁頌恆、游蕙禎の両名によって行われた宣誓は、香港基本法と宣誓及び宣言条例に違反し無効である。次に、両名は 2016 年 10 月 12 日立法会開会初日に議員資格を失職しており、立法会議員としての活動資格がない。そして、両名が立法会議員として活動すること、および立法会議員であると主張することは差し止められる[54]。

　結論として、第一審裁判所は、原告である行政長官および司法省長官の主張を認めた。すなわち、2016 年 10 月 12 日の梁頌恆、游蕙禎の両名の立法会におけ

る宣誓の方法と手段は、宣誓及び宣言条例および香港基本法104条における義務を誠実かつまじめに果たそうとしていないことは客観的かつ明白に明らかであるとした。両名は立法会の宣誓を明らかに拒絶した。したがって、宣誓及び宣言条例21条が適用され、両名は立法会議員を失職したと判断した[55]。第一審裁判所は次の通り述べた。

「香港基本法104条に照らすと、立法会議員は、その職務を担当するにあたって、宣誓及び宣言条例に規定される立法会の宣誓を行わねばならない。…議員は宣誓をまじめに、誠実に、そして実態と形式において立法会の宣誓に合致するように行わねばならない。議員が立法会の宣誓を意図的に拒絶するかあるいは行わないとき、それが形式的であれ実態的であれ、行われた宣誓は無効であり、立法会議員として就任する資格がない。」[56]

3 不干渉の原則および議員特権

梁頌恆、游蕙禎の両名から主張された不干渉の原則について、第一審裁判所はこれを否定した。第一審裁判所の判断は以下の通りである。すなわち、不干渉の原則は議会主権の原則および不文憲法を有するイギリスの慣行に基づくものである。それゆえ、不干渉の原則の他国の司法管轄への適用、とりわけ香港基本法という成文憲法を有する香港への適用については制限があるとした。そして香港法院が宣誓問題を審理することはできると判断した[57]。

次に、立法会議員の議員特権の主張についても、これを否定した。第一審裁判所の判断は以下の通りである。すなわち、香港基本法77条および立法会（権限と特権）条例3条、4条は、立法会議員の活動としての立法会における討論を保障の対象とするにすぎない。このため、宣誓は議員特権による保障の対象とはならないと判断した[58]。

第4節　立法会宣誓事件における全人代常務委解釈の特色と課題

返還後「最悪」の香港基本法解釈、とマーティン・リー（Martin Lee Chu-ming、バリスタ、香港基本法起草委員会委員および民主党創設者）によって評された5回目となる2016年11月7日の香港基本法解釈[59]。翌日には、法曹関係者の抗議の行進が行われた。香港法への中国の介入に対する法曹関係者の抗議は、返還後4回

第10章　立法会宣誓事件をめぐる全人代常務委の解釈

目となる。抗議には、オードリー・ユー（Audrey Eu Yuet-mee）、グラハム・ハリス（Graham Harris）、アラン・リョン（Alan Leong Kah-kit）ら著名な勅撰弁護士が参加した[60]。

マーティン・リーは、今回の香港基本法解釈をこう評する。「（香港基本法解釈は）香港法に突っ込んできた戦車のようなものだ。」「もはや香港基本法の解釈ではなく、香港法の改正に当たる。」[61]

2017年末の欧州議会派遣団の香港訪問においても、ジョー・レイネン（Jo Leinen）議員が「判決に先立つ香港基本法の解釈を懸念している。」、「法治を我々は力強く支持し、法治が香港の要であり、香港の国際評価の中心となるものであり、『一国二制度』の成功と切り離すことができない。」と述べた[62]。

このような立法会宣誓事件への全人代常務委の香港基本法解釈の特色と課題はどのようなものか。以下、検討を加える。

1　全人代常務委の香港基本法解釈のタイミング

5回目の全人代常務委の香港基本法解釈は、何よりもそのタイミングに特徴を有する。立法会宣誓事件がまさに第一審裁判所で審理中に、香港基本法が規定する終審法院からの要請あるいは香港政府等の要請なしに、全人代常務委が突然に香港基本法解釈を行い、その後に法院の判決が下された。

香港基本法158条の規定における解釈のタイミングを振り返る。158条が予定するのは、当該事件が終審法院まで争われ、終審法院が事件の審理にあたって必要と判断する際に、終審法院が全人代常務委に香港基本法解釈を要請する場合のみである。しかし、立法会宣誓事件では第一審にあたる第一審裁判所の審理途中に、香港基本法解釈が行われた。

香港基本法の規定の他に、これまでに定着した慣行としては、香港政府が国務院を通じて解釈要請をする場合がある。立法会宣誓事件に見られるように、香港法院での審理中に、平行する形で突然に全人代常務委の香港基本法解釈が行われた例は類を見ない。このタイミングでの全人代常務委の香港基本法解釈が定着するのであれば、言うまでもなく香港の司法の独立にとって大きな脅威となる。香港バリスタ協会（Bar Association）は、全人代常務委の香港基本法解釈に対して、声明を発表し、「香港の司法の独立および終審権にとって深刻な影響を及ぼす」ことへの懸念を表明した[63]。実際に、全人代常務委の香港基本法解釈の潜在的

影響は計り知れない。香港バリスタ協会は、「(香港基本法解釈は、)香港の高度の自治に対する香港人と国際社会の信頼をも深刻に傷つける。」と警告する64)。バリスタの譚允芝(Winnie Tam Wan-chi)も、「法的手続がすでに開始した後の解釈は、香港人と国際社会に中央政府はこの問題の解決にあたって香港司法制度を信頼していないという印象を残す。」と述べる65)。ソリシタ協会(Law Society)も、北京は香港基本法解釈を差し控えるべきだと表明した。活殺自在な香港基本法解釈は、司法の独立が侵害されているとの印象を与えている66)。

2　民主化問題に対する強硬姿勢

「香港の民主主義の発展は、中国の対香港統治における最大の脅威と映っているように見える67)。」との指摘がある。実際に、民主化問題など政治に関連する問題に対する全人代常務委の香港基本法解釈は5回のうち3回と最多である。いずれも終審法院における審理に託される以前に、全人代常務委の香港基本法解釈が示されている。中国の迅速な対応には、民主化問題に対する強硬な姿勢がにじみ出ていると言えよう。

3　香港法院の香港基本法解釈への対応

第一審裁判所での審理と平行して単独で全人代常務委の香港基本法解釈がなされた。第一審裁判所は、その香港法院の審理に対する効果について、終審法院荘豊源判決で確立された原則を再確認するにとどまった。終審法院もこれまでに自らが言及してきた「確かで基本的な諸原則」を整理し、再確認する以上のことはしなかった。本件のような審理途中で全人代常務委の香港基本法解釈がなされた場合の新しい原則は作り出されなかった。

4　実質的な香港基本法改正

梁頌恆、游蕙禎の2議員は、全人代常務委の香港基本法解釈に対して、度々問題視されている改正問題を提起した。つまり、全人代常務委の香港基本法解釈は香港基本法条文の解釈を超えており、香港基本法条文の実質的な改正にあたる。したがってそれは香港基本法158条が規定する香港基本法の解釈ではない。それゆえ本法院に対して拘束力がない、とする主張である。

上記主張に対して、第一審裁判所は、本審理で検討する必要はないとし、全人

第10章　立法会宣誓事件をめぐる全人代常務委の解釈

代常務委解釈に関する上記論点の検討を避けた。つまり宣誓に関する全人代常務委の香港基本法解釈を参照してもしなくとも、法院は審理の結果として同じ結論に到達するのであるから、現在審理で検討する必要はないとした68)。

しかし、マーティン・リーが「もはや香港基本法解釈ではなく、香港法の改正だ。」と主張するように69)、コモン・ローに照らすと、実質的な憲法改正が行なわれている。

おわりに

本章においては、立法会宣誓事件における全人代常務委の香港基本法解釈に焦点を当て、事件の背景、香港法院での争点、審理中になされた全人代常務委の香港基本法解釈を香港法院は香港法上にどのように位置づけたのかを検討したうえで、立法会宣誓に関する全人代常務委の香港基本法解釈の特色と課題について明らかにした。以下、本章の考察結果をまとめる。

まず、2014年の雨傘運動が、民主化に関する具体的な成果を生み出せないままに収束した後、香港社会の分裂は加速し、香港社会に新しい本土派と呼ばれる香港独立の思想が台頭するようになったのが立法会宣誓事件の遠因であった。そして、2016年9月に行われた立法会選挙においては、本土派の躍進が顕著となった。立法会宣誓事件の当事者となったのはその本土派の議員である。

次に、香港法院における争点は、立法会開会初日に上述した本土派議員である梁頌恆、游蕙禎が行った中国政府を侮辱するような宣誓は香港基本法104条および宣誓及び宣言条例の関連条文に違反し、法定の立法会の宣誓として無効であるのかどうかであった。

さらに、立法会宣誓事件における全人代常務委の香港基本法解釈は、香港法院における審理途中に平行して突然なされたという異例のタイミングで行われた。これに対して、第一審裁判所は全人代常務委の香港基本法解釈は香港法院を拘束するという原則を再確認するにとどまった。終審法院も新たな判例法の創出には至らなかった。

最後に、今回の香港基本法解釈における特色と課題は以下の4点である。まず、上述した通り、解釈が行われたタイミングに特徴がある。このタイミングでの全人代常務委の香港基本法解釈が定着するのであれば、言うまでもなく香港の司法

第 2 部　香港基本法解釈権の展開

の独立にとって大きな脅威となる。また、香港民主化問題に対する中国の迅速な対応には、民主化問題に対する強硬な姿勢がにじみ出ていると言えよう。さらに、第 5 章で述べたように香港法院は、香港基本法解釈に関する細則を確立してきたが、本事件のような審理途中で全人代常務委の香港基本法解釈がなされるという場合に、新しい原則を作り出さなかった。最後に、全人代常務委の香港基本法解釈にあたり度々問題視されている論点である改正問題がある。全人代常務委の香港基本法解釈は香港基本法条文の解釈を超えており、香港基本法条文の実質的な改正にあたるという問題は、本件においても、第一審裁判所で審理されることはなかった。

1）中国からの独立をも視野に入れる新興政党。
2）『朝日新聞』2016 年 7 月 15 日。『日本経済新聞』2017 年 7 月 15 日。
3）宣誓定型文の表現は「中華人民共和国香港特別行政区基本法を擁護し、中華人民共和国香港特別行政区に忠誠を尽くす（I will uphold the Basic Law of the Hong Kong Special Administrative Region of the People's Republic of China, bear allegiance to the Hong Kong Special Administrative Region of the People's Republic of China and serve the Hong Kong Special Administrative Region.)」。
4）『朝日新聞』2016 年 11 月 8 日。『朝日新聞』2016 年 11 月 16 日。
5）『日本経済新聞』2016 年 12 月 3 日。『朝日新聞』2016 年 12 月 3 日。
6）全國人民代表大會常務委員會關於《中華人民共和國香港特別行政區基本法》第一百零四條的解釋（2016 年 11 月 7 日第十二屆全國人民代表大會常務委員會第二十四次會議通過）（http://www.basiclaw.gov.hk/gb/basiclawtext/images/basiclawtext_doc25.pdf）
7）*The Chief Executive of the HKSAR and another v. Yau Wai Ching and others*［2016］HKCFI 1903, *Secretary for Justice v. Leung Kwok Hung*［2017］HKCFI 1241, *Secretary for Justice v. Lau Siu Lai*［2017］HKCFI 1240, *Secretary for Justice v. Nathan Law Kwun Chung*［2017］HKCFI 1239, *Secretary for Justice v. Yiu Chung Yim*［2017］HKCFI 1238.
8）'Ousted Hong Kong lawmakers Baggio Leung and Yau Wai-ching lose final bid to regain seats', *South China Morning Post*, 25 August, 2017. (http://www.scmp.com/news/hong-kong/politics/article/2108243/ousted-hong-kong-lawmakers-baggio-leung-and-yau-wai-ching?utm_source=Direct)
9）Ip, Eric C., *Law and Justice in Hong Kong* (2nd ed.) (Hong Kong: Thomson Reuters Hong Kong, 2016), p.133. 2014 年「831 決定」によると、2017 年の行政長官選挙以降、香港の各界代表で構成する「指名委員会」の過半数の推薦を得た人物以外、行政長官に立候補できない。そして立候補者の数は 2 人または 3 人に絞られるとしている。新たに発足する指名委員会のメンバーは親中派が多数を占めることが確実視されており、民

第 10 章　立法会宣誓事件をめぐる全人代常務委の解釈

主派の候補は事実上、選挙から排除される効果を持った。「産経ニュース」(2014 年 9 月 1 日) (http://www.sankei.com/world/news/140901/wor1409010001-n1.html)

10)『日本経済新聞』2014 年 10 月 1 日。Ip, Eric C., op.cit., p.134.
11)『日本経済新聞』2014 年 12 月 11 日。
12)『日本経済新聞』2016 年 3 月 10 日。
13)『日本経済新聞』2016 年 4 月 11 日。
14) 立候補資格が取り消された 6 名は以下の通りである。陳浩天 (香港民族党)、楊継昌 (香港民主進歩党)、中出羊子 (国民香港)、頼綺雯 (保守党、香港のイギリス返還を主張)、陳国強 (無所属)、梁天琦 (本土民主前線)。(朱含、陳弘毅「2016 年香港立法会選挙及宣誓風波法律評析－歴史和比較法的視覚」『法学評論』2017 年第 4 期 (総第 204 期)、25 頁。)
15)『日本経済新聞』2016 年 9 月 5 日。『日本経済新聞』2016 年 9 月 6 日。
16)『日本経済新聞』2016 年 10 月 7 日。
17) *The Chief Executive of the HKSAR and another v. Yau Wai Ching and others* [2016] HKCFI 1903 at para.4.
18)『朝日新聞』2016 年 10 月 13 日。
19)『朝日新聞』2016 年 10 月 20 日。
20) *The Chief Executive of the HKSAR and another v. Yau Wai Ching and others* [2016] HKCFI 1903 at para.5.
21) Id. at para.7.
22) Id. at para.7-10.
23) Id. at para.11
24) Id. at para.12.
25) 香港基本法 77 条　香港特別行政区立法会の議員が立法会の会議で行った発言は、法律による追及を受けない。
26) 立法会 (権限と特権) 条例 3 条　発言と討論の自由
    立法会あるいは委員会における手続においては、発言と討論の自由があり、この発言と討論の自由は立法会以外のいかなる法院や場において法律による追及を受けない。
27) 立法会 (権限と特権) 条例 4 条　法的追及からの免除
    立法会あるいは委員会における発言あるいは書面での文言、あるいは請願、条例草案、決議、動議などその他によって、いかなる議員も民事あるいは刑事訴訟の対象とならない。
28) *The Chief Executive of the HKSAR and another v. Yau Wai Ching and others* [2016] HKCFI 1903 at para.14.
29) Id. at para.15.
30) Id. at para.18.
31) 原文は以下の通り。"THE LEGISLATIVE COUNCIL OATH
    I swear that, being a member of the Legislative Council of the Hong Kong Special

Administrative Region of the People's Republic of China, I will uphold the Basic Law of the Hong Kong Special Administrative Region of the People's Republic of China, bear allegiance to the Hong Kong Special Administrative Region of the People's Republic of China and serve the Hong Kong Special Administrative Region conscientiously, dutifully, in full accordance with the law, honestly and with integrity.

（name of person making the oath）"

32）『朝日新聞』2016年11月5日。

33）*South China Morning Post*, 1 November, 2016（http://www.scmp.com/news/hong-kong/politics/article/2042096/beijing-pre-empting-court-ruling-oath-taking-case-will-be）

34）全國人民代表大會常務委員會關於《中華人民共和國香港特別行政區基本法》第一百零四條的解釋（2016年11月7日第十二屆全國人民代表大會常務委員會第二十四次會議通過）（http://www.basiclaw.gov.hk/gb/basiclawtext/images/basiclawtext_doc25.pdf）

35）『朝日新聞』2016年11月7日。

36）『日本経済新聞』2016年11月8日。

37）『日本経済新聞』2016年11月16日。

38）*The Chief Executive of the HKSAR and another v. Yau Wai Ching and others*［2017］HKCA 573.

39）*The Chief Executive of the HKSAR and another v. Yau Wai Ching and others*［2017］HKCFA 54 at para.3.

40）*The Chief Executive of the HKSAR and another v. Yau Wai Ching and others*［2017］HKCFA 54. 同9月1日に終審法院の上訴棄却理由が公表された。香港終審法院条例（Hong Kong Court of Final Appeal Ordinance, Cap. 484）22条1項（b）は、終審法院が上訴を許可する場合について規定している。

41）*The Chief Executive of the HKSAR and another v. Yau Wai Ching and others*［2016］HKCFI 1903 at para.20.

42）Id. at para.21.

43）そうした終審法院判決は以下の通りである。*Ng Ka Ling & Others v. Director of Immigration*（1999）2 HKCFAR 4. *Ng Ka Ling & Others v. Director of Immigration*（*No.2*）（1999）2 HKCFAR 141. *Lau Kong Yung & Others v. Director of Immigration*（1999）2 HKCFAR 300. *Director of Immigration v. Chong Fung Yuen*（2001）4 HKCFAR 211. *Vallejos v. Commissioner of Registration*（2013）16 HKCFAR 45.

44）*The Chief Executive of the HKSAR and another v. Yau Wai Ching and others*［2017］HKCFA 54 at para.34.

45）*Ng Ka Ling & Others v. Director of Immigration*（1999）2 HKCFAR 4. *Ng Ka Ling & Others v. Director of Immigration*（*No.2*）（1999）2 HKCFAR 141. *Lau Kong Yung & Others v. Director of Immigration*（*1999*）2 HKCFAR 300.*Director of Immigration v. Chong Fung Yuen*（2001）4 HKCFAR 211. *Vallejos v. Commissioner of Registration*（2013）16 HKCFAR 45.

46) *The Chief Executive of the HKSAR and another v. Yau Wai Ching and others* [2017] HKCFA 54 at para.35.
47) Ibid.
48) Ibid.
49) *The Chief Executive of the HKSAR and another v. Yau Wai Ching and others* [2016] HKCFI 1903 at para.124.
50) Id. at para.125.
51) Id. at para.125.
52) Id. at para.28, 29, 30, 31, 34.
53) Id. at para.36.
54) Id. at para.130.
55) Id. at para.37-48.
56) Id. at para.22.
57) Id. at para.49-81.
58) Id. at para.82-88.
59) *South China Morning Post*, 8 Nov 2016. (http://www.scmp.com/news/hong-kong/politics/article/2042319/hong-kongs-top-legal-body-deeply-concerned-over-mainland)
60) *South China Morning Post*, 8 Nov 2016. (http://www.scmp.com/news/hong-kong/politics/article/2042319/hong-kongs-top-legal-body-deeply-concerned-over-mainland)
61) *South China Morning Post*, 8 Nov 2016. (http://www.scmp.com/news/hong-kong/politics/article/2042319/hong-kongs-top-legal-body-deeply-concerned-over-mainland)
62) *South China Morning Post*, 8 Dec 2017. (http://www.scmp.com/news/hong-kong/politics/article/2123422/european-parliament-delegation-raises-concerns-over-basic)
63) *South China Morning Post*, 8 Nov 2016. (http://www.scmp.com/news/hong-kong/politics/article/2042319/hong-kongs-top-legal-body-deeply-concerned-over-mainland)
64) *South China Morning Post*, 30 Nov 2016. (http://www.scmp.com/news/hong-kong/politics/article/2042319/hong-kongs-top-legal-body-deeply-concerned-over-mainland)
65) *South China Morning Post*, 5 Nov 2016. (http://www.scmp.com/news/hong-kong/politics/article/2043148/oath-row-intervention-reflects-beijings-distrust-hong-kong)
66) *South China Morning Post*, 8 Nov 2016. (http://www.scmp.com/news/hong-kong/politics/article/2044122/hundreds-hong-kong-lawyers-silent-march-against-beijing-oath)
67) Davis, Michael C., "Interpreting Constitutionalism and Democratization in Hong Kong" in Hualing Fu, Lison Harris, and Simon N.M. Young (eds), *Interpreting Hong Kong's Basic Law* (Hong Kong: Palgrave Macmillan, 2007), p.85.
68) *The Chief Executive of the HKSAR and another v. Yau Wai Ching and others* [2016] HKCFI 1903 at para.125.
69) *South China Morning Post*, 8 Nov 2016. (http://www.scmp.com/news/hong-kong/politics/article/2044122/hundreds-hong-kong-lawyers-silent-march-against-beijing-oath)

終　章

香港基本法解釈権の発展

　「一国二制度」において香港法と中国法を繋ぐ役割を果たすのが香港基本法解釈権（香港基本法158条）である。返還後20年間を通じて全人代常務委による香港基本法解釈は5回なされ、香港基本法解釈権について言及する終審法院判例も一定の蓄積を見た。本書は、これらを素材として、香港基本法解釈権の全容を理論的体系的に明らかにすることを、第一の目的とした。第二部「香港基本法解釈権の展開」における検討を通して、筆者は以下の結論に到達した。

　まず、終審法院の側を見ると、終審法院は判例の蓄積を通して香港基本法解釈権の細則を詳細に描き出している。これまでに、以下の論点が、数多くの判例を通じて、理論的体系的に明らかになった。それらは、(1) 香港基本法158条が終審法院に付与する解釈権の範囲、(2) 終審法院が香港基本法を解釈する際の解釈原則、(3) 外部文書の立法意図の確定における位置づけ、(4) 終審法院が全人代常務委へ香港基本法解釈要請をすべき場合、(5) 全人代常務委の香港基本法解釈の権限、(6) 全人代常務委への香港基本法解釈要請の方法、(7) 全人代常務委の香港基本法解釈の効果、の各点である。

　次に、全人代常務委の側に目を転じると、合計5回の香港基本法解釈権行使によって、全人代常務委の香港基本法解釈権の全容も次第に明らかになりつつある。詳細については、各解釈を検討した各章に譲るとして、代表的な特徴を提示するならば、それらは、以下の特徴を有する。

　第一に、全人代常務委への香港基本法解釈の要請主体として、香港政府もまたその主体であることが慣行として確立しつつある。香港基本法158条に規定される解釈要請主体は終審法院のみであるが、必ずしも終審法院に限定されないこと

が明らかになった。

　香港基本法158条は、香港法院が「中央人民政府の管理する事務」または「中央と香港特別行政区の関係」に関する条項に解釈を行う必要があるとき、「終審法院は全人代常務委に関連する条文について解釈を求めなければならない（3項）」と規定するにとどまっている。そのため、当初、全人代常務委への香港基本法解釈要請主体は終審法院のみであると考えられていた。

　しかし、これまでの全人代常務委の香港基本法解釈に顕著であるのが香港政府の主導性である。実に、5回中3回の全人代常務委の香港基本法解釈がこの方法で行われている。香港政府による香港基本法解釈要請は、それが初めて用いられた居留権事件においても様々な議論をかもし出したが、以降はこの方法が制度的に定着した。

　このため具体的な手続としては、以下が確定している。まず行政長官が問題となっている状況について報告書を作成する。次に行政長官は自らの中央人民政府と香港に対する責任（香港基本法43条）、香港に適用される法律を執行する職権（48条2項）に依拠して、国務院に報告書を提出し、全人代常務委に香港基本法解釈権を行使するように要請する。

　第二に、全人代常務委は、終審法院や香港政府からの要請がなくとも、自ら適宜香港基本法解釈を行うことができることが、実践の上でも、確定した。それが立法会宣誓事件である。この事件における全人代常務委の香港基本法解釈においては、事件が第一審裁判所で審理中に、終審法院や香港政府の要請なしに、全人代常務委が独自に解釈を行った。

　第三に、全人代常務委は香港基本法全条文に関して解釈権を持つ。香港の「自治範囲内」ではないかとされる香港基本法条文にも、実践において解釈を行ってきた（たとえば、居留権事件における香港基本法24条）。

　そして、これは終審法院の判例上も確立している。終審法院は、居留権事件に対する「澄清」において、終審法院は全人代とその常務委の解釈権を疑う余地もないと述べ[1]、直後の劉港榕事件において、再び明確に全人代常務委の解釈は香港法院に対して拘束力を持つとし[2]、以降の終審法院判例はくりかえし劉港榕事件終審法院判決を確認することで、一貫して、全人代常務委の香港基本法全体に及ぶ解釈権を肯定している。終審法院があげる条文上の根拠としては、まず、中国憲法67条4項がある。これを根拠として、法律の解釈権は全人代常務委に属

終　章

する。次に、香港基本法158条1項によると全人代常務委は香港基本法にも解釈権を持つ。この解釈権はいかなる制限も受けない。このため、全人代常務委が解釈権を行使するとき、香港基本法のあらゆる条文に主導的に解釈を行うことができると理解されている。

　第四に、これまでの全人代常務委の香港基本法解釈において、民主化に関する解釈が最多であり、かつ民主化に関しては、迅速に解釈が下される傾向にある。5回の全人代常務委の香港基本法解釈のうち、3回（立法会・行政長官の普通選挙に関する解釈、行政長官の任期に関する解釈、立法会宣誓に関する解釈）が民主化問題に関連している。「中国にとって、香港での民主主義の発展は、香港に対する中国の統治における最大の脅威と映っているように見える3)。」と指摘されるように「香港の民主化」に対する香港基本法解釈権の行使を通じた中国の対応は素早く、民主化に対する妥協を排するものとなっている。迅速性においても、民主化問題に関する解釈は、他の2回（居留権事件、コンゴ事件）と比較して、香港法院の審理あるいは審理結果を待たずに、香港政府の要請を通じて、あるいは全人代常務委独自に、スピーディーに香港基本法解釈を行っているという特徴がある。

　第五に、終審法院が自発的に全人代常務委に香港基本法解釈を要請する場合には以下の特徴がある。再三の説明となるが、この要請方法が香港基本法158条が規定する本来の方法である。この場合、終審法院は、全人代常務委に対して、単純に肯定・否定の形式で解答することができる質問形式で香港基本法の解釈について問いを発し、この結果、回答としての全人代常務委の解釈は、ごく限定された法律問題にとどまっている。この場合は明らかに、終審法院は全人代常務委から期待通りの回答をも引き出すことができている。いわば「全人代常務委の香港基本法解釈」への戦略的介入と称される所存で、終審法院は香港法の一体性へのダメージを最小限に抑えている。

　以上の各点が、5回の香港基本法解釈権行使によって、次第に詳細が確立されつつある全人代常務委の香港基本法解釈権の行使の代表的な特徴と言えよう。ただし、全人代常務委による香港基本法解釈権の行使の態様には以下の批判が根強い。以下、批判の数々を紹介する。

　第一に、全人代常委会による香港基本法解釈は実質的には香港基本法改正に匹敵するのではないかとの根強い批判がある。香港基本法全般に及ぶ全人代常委会の潜在的解釈権を容認するのであれば、香港基本法159条に規定される厳格な改

295

正手続に拘束されることなく、解釈権発動という方法で自由に香港基本法の実質的改正を行うことができる。改正と異なって解釈においては、その手続は中国側主導であり香港立法会が全く関与しない。香港基本法解釈という形できわめて改正に近い形で手を加えられた現行の香港基本法を維持することを容認していくのか、あるいは改正に準じた手続を構築していくのかは、香港基本法の将来的なあり方を構築するうえで、重要な分岐点となろう。

　第二に、香港政府による香港基本法解釈要請の是非についてである。特に、居留権事件で見られたような、終審法院判決が確定した後に、敗訴した側の香港政府が、実質的な上訴を求めるための解釈の要請を容認するなら、これは利益の競合する当事者からの公平な聴聞を排除しつつ、香港政府が終審法院判決を変更する手段を持つことを意味する。

　第三に、全人代常務委における香港基本法解釈に至る審理手続についてである。全人代常務委は政治機関であり、裁判所ではない。したがって、事件の関連文書、証拠を検証し、当事者双方の主張への聴聞を行うことなしに解釈を下す。これに対して公平性、不偏性の点から疑問視されている。

　第四に、全人代常務委の香港基本法解釈にあたって、どのような解釈方法を用いたのかが示されていない点に批判がある。さらに言うと、全人代常務委の香港基本法解釈においてはその解釈をとるにいたった理由も示されていない。すべての解釈において、関連条文の紹介の後に、直接解釈の結果が述べられる形になっている。

　第五に、「自治範囲内の条文」に対する解釈には、香港が享有する「高度の自治」を侵食しているとの批判が強い。

　第六に、「立法意図」が常に中国側に独占されている。解釈において必ず言及されるのが、「立法意図の決定」である。たとえば居留権事件においては、終審法院の香港居留権享有主体の範囲に関する判断が香港基本法関連条文の「立法意図」と異なることで、全人代常務委による香港基本法解釈がなされた。また2005年の行政長官の任期に関する全人代常務委の解釈に対する法制工作委員会の説明では、後任の行政長官の任期を残りの任期とすることは「立法意図」に合致することが述べられた[4]。しかし、「立法意図」を用いることができるのは常に中国の起草者である。言いかえると、「立法意図」は中国側に独占されている。

　第七に、全人代常務委は裁判所ではないために、解釈を行う人員の法的資質が

終　章

疑問視されている。実際の運用上、全人代常務委の代表すべてが高度な法律知識に熟達しているわけではなく、そのために、全人代常務委代表は、法制工作委員会のアドバイスに従っている。このため、法制工作委員会の質を保障することが重要となる。しかし、中国においては、法制工作委員会委員の資格および採用の基準は明らかにされていない。

　このように、全人代常務委による香港基本法解釈権の行使は「一国二制度」ひいては香港の法治への脅威として香港社会からの反発を招いてきた。では、なぜ全人代常務委による香港基本法解釈は対立と香港世論からの反発を招いてきたのか。なぜ返還後20年間を経過しても、香港基本法解釈権を起点とする香港法と中国法の対立と反発は解消しないのか。

香港における人権保障の国際化

　本書の第二の目的が、香港基本法解釈権を起点とする香港法と中国法の対立と反発の存続に対する一つの要因として、香港法、特に国際人権法の積極的受容を通じた人権保障の国際化の観点を示すことであった。第一部「香港における人権保障の国際化」における検討を通して筆者は、以下のような結論に到達した。

　第一に、返還直前から香港の人権保障水準を一気に高めることとなった香港人権条例採択のきっかけは明らかに中国の天安門事件であり、香港人権条例が採択されたことはまた中英の政治的対立を生じさせた。ただし、返還後には香港人権条例を焦点とした中英間の法的・政治的議論は沈静化している。

　第二に、香港人権条例が香港法に与えた影響として、まず、香港人権条例訴訟によって既存の香港法の大幅な改廃をみたのは、香港人権条例成立後2年以内だった。その後、香港人権条例関連訴訟は鎮静化している。次に、香港法院が香港人権条例の解釈にあたって、国連の両国際人権規約やヨーロッパ人権裁判所の判例といった国際人権法判例を取り入れる姿勢を示し、実際に、カナダ憲章で発展してきた要件を採用したことが特筆される。香港法院は、香港人権条例の解釈に国際人権法判例を取り込む積極的な姿勢を示している。

　第三に、香港返還後も香港人権条例は自由権規約を香港法に効果的に編入するものであると捉えられている。かつ、香港人権条例の解釈において、国際人権法を考慮に入れなければならないと理解されている。

第四に、香港法院が受容してきた国際人権法・比較法として特に、ヨーロッパ大陸法ひいてはヨーロッパ人権裁判所判例からイギリスのコモン・ローに導入され、その後香港法においても主流となっていった法概念である「評価の余地」理論および比例テストが挙げられる。

　第五に、返還後香港法院が国際人権法を積極的に受容している要因として、終審法院外国籍裁判官の存在が大きい。まず、香港の法院制度は極めてイギリスと似通った構造をとどめる背景があるうえに、香港裁判官選任制度に特徴的なものに国籍に関する要件がある。裁判官の国籍について、香港基本法は、終審法院首席裁判官および高等法院首席裁判官以外の裁判官および法院職員には、中国国籍という要件を課していない。すなわち外国国籍保持者の就任を許容している。立法・行政との比較からも司法機関は極めて外国国籍保持者に門戸を開いている。また香港の法曹教育も極めてイギリスに類似する特徴を有している。このように、香港のイギリス法の遺産はなお根強く、かつ香港基本法が司法機関に外国国籍保持者の就任を許容していることは、人的・制度的にイギリス法の影響を残すことになっている。

　次に、香港返還にともない設立された終審法院は香港の最終審級裁判所であり、終審法院裁判官は、首席裁判官、常任裁判官、非常任裁判官から構成され、非常任裁判官はまた香港非常任裁判官とコモン・ロー適用地区非常任裁判官からなる。終審法院裁判官の経歴を見ると、香港のみで経歴を積んだ者は、19名の裁判官のうち1名に過ぎないことが分かる。他は香港（あるいは中国）からイギリスへ移動し経歴を積んだ者、旧イギリス植民地（コモン・ロー適用諸国）間で移動しながら経歴を積んだ者、イギリスのみで経歴を積んだ者、にほぼ均等に大別される。総じて、終審法院裁判官の大部分がイギリスにおいて法学教育を受け、ほぼ全員がその後イギリスやコモン・ロー諸国にて法曹経験を積んでいると言えよう。また、非常任裁判官にはイギリスの高名な裁判官を招聘し、数名はイギリス最高裁判所長官、裁判官を兼任している。

　このように、終審法院裁判官は、いわば「香港の中のイギリス」的な色彩を今でも色濃く残している。したがって、このような裁判官が、香港基本法の解釈にあたり、ヨーロッパ人権裁判所判例に代表される国際人権法、イギリス人権法制定に伴う豊富なイギリス判例に必然的に影響を受けてきたことは想像に難くない。むしろ、香港に色濃く残るイギリス法の遺産と相まって、必然的に受けざるを得

終　章

ない環境にある。

　最後に、本書が冒頭に発した問いに対して、筆者なりの答えを出して本書を終えたい。香港を研究する視角における一つの示唆となれば幸いである。

　返還後、一方で、香港基本法解釈権を通して、中国法原理が香港法に流入していることは疑いがない。「一国二制度」の接点は、返還後の実践において、香港基本法解釈権であることが次第に確立し、これを通して中国法的価値観が影響を及ぼしている。

　他方で、香港法もまた、人権保障に関していえば、人権保障の国際化を通じて、返還後もとどまることなく国際基準に沿った基本的人権の保障が進化している。この法的基盤は香港人権条例と香港基本法39条であり、人的基盤の顕著たるものが外国籍裁判官を多数擁する終審法院裁判官であり、いまだなおイギリス式法曹教育に依拠する法曹界であろう。返還後、中国から見た香港の経済的プレゼンスは落ちた。しかし、国際社会との相互交流のなかで、人権保障はますます成熟化・先進化している。このため、香港基本法解釈権を通じた中国法的価値観とのますますの乖離が生じている。

1) *Ng Ka-ling (an infant) v. Director of Immigration* [1999] 1 HKC 425.
2) *Law Kong Yung (an infant) v. Director of Immigration* [1999] 4 HKC 731.
3) Davis, Michael C., "Interpreting Constitutionalism and Democratization in Hong Kong" in Hualing Fu, Lison Harris, and Simon N.M. Young (eds), *Interpreting Hong Kong's Basic Law* (Hong Kong: Palgrave Macmillan, 2007), p.85.
4) 「关于『全国人民代表大会常務委員会关于「中華人民共和国香港特別行政区基本法」第53条第二項的解釈（草案）』的説明」『中華人民共和国全国人民代表大会公報』2005年第4号、305頁。

あとがき

　本書は、「一国二制度」が実施される香港において、香港特別行政区基本法（以下、香港基本法）解釈権の実践を理論的体系的に整理した上で、香港基本法解釈権を起点とする香港法と中国法の対立の原因の一つとして、国際人権法を積極的に受容している香港法、すなわち返還後においてもなおコモン・ロー法域に位置する香港法の特色を示すことを目指している。

　香港法判例の分析を通じて、香港基本法解釈権の展開および国際人権法の積極的な受容を通した人権保障の国際化に重点をおいて香港法を分析する成果は、日本の現代中国研究において極めて少数である。本書は、コモン・ロー法域に属する香港法の特性を踏まえ、大量の香港法院判例および香港法院において受容されたイギリスおよびヨーロッパ人権裁判所の判例をもとに、返還後の香港基本法解釈権の展開および国際人権法の積極的な受容について香港法の角度からの分析を試みている。

　本研究にあたっては、数え切れないほどの多くの方々からの温かいご指導とご支援を賜った。限られた紙面では、すべての方々への謝辞を述べることはできないが、最後に、本書の刊行に導いてくださった方々へのお礼を申し上げることをお許しいただきたい。

　筆者の指導教官である一橋大学名誉教授・山梨学院大学名誉教授の西村幸次郎先生は、出版の旨をお伝えして以来、前作同様、本書の完成を見守っていただき、折に触れて温かい励ましの言葉をいただいた。本書が信山社出版株式会社から出版の運びとなったのは、一橋大学法学研究科教授の森村進先生のお取次ぎのお陰である。森村進先生は、教え子の柴田尚到氏への紹介の労をとってくださった。大東文化大学副学長の浅野善治先生は、本書の刊行を力強く見守ってくださり、多大なご尽力を賜った。先生方のご支援に篤くお礼を申し上げる。

　本書がこうした学恩に報いることができ、香港研究の発展にいささかなりとも寄与することになれば幸いである。

　最後に、本書の編集において大変お世話になった信山社出版株式会社の柴田尚

到氏に厚くお礼を申し上げる。
　なお、本刊行物は、JSPS科研費18HP5135の助成を受けた。

2018年11月17日

廣江倫子

索　引

〔あ　行〕

雨傘運動　14, 16, 153, 271, 273, 274, 287
一国二制度　1, 6, 115, 158, 159, 170, 175, 181, 186, 196, 265, 293, 297, 299
生きている文書（living instrument）158, 170, 181
イギリス最高裁判所（Supreme Court）11, 28, 29, 65, 66, 68, 76, 298
イギリス人権法（Human Rights Act 1998）7, 12, 25, 76, 112, 113, 128, 298
英皇制誥（Letters Patent）　7, 11, 28, 86, 91, 104, 114, 116
越境出産　238, 239, 243
FG社　→FG Hemisphere社
FG Hemisphere社（FG Hemisphere Associates LLC）　15, 249, 251, 252, 265
袁國強（Rimsky Yuen）　238
王室訓令（Royal Instructions）　28, 86

〔か　行〕

外国人メイド事件　15, 155, 156, 164, 168, 223, 231, 242, 243
外国政治団体との連携　203
外国仲裁判断の承認及び執行に関するニューヨーク条約　251
外部文書　13, 160, 161, 162, 170, 233, 237, 239, 243
学民思潮　273
貴族院（House of Lords）　28
行政長官　14, 37, 38, 40, 151, 193, 194, 201, 202, 205, 206, 207, 208, 209, 212, 294
共通司法試験（Common Professional Examination of England and Wales）　42, 47, 75
許崇徳　187

居留権事件　4, 111, 150, 157, 159, 162, 165, 167, 168, 169, 175, 180, 201, 215, 249, 258, 294, 295, 296
決　定　207, 215
控訴院（Court of Appeal）　32, 33, 34
高等法院（High Court）　32, 33, 34
国際商業会議所（ICC）　251
国際人権法　6, 7, 10, 12, 25, 96, 97, 113, 122, 124, 128, 297, 298
国務院　14, 189, 190, 193, 210, 213, 220, 294
国連裁判権免除条約　→国家及び国家財産の裁判権免除に関する条約
呉建璠　187
国家安全条例　111, 203, 204, 205
国家及び国家財産の裁判権免除に関する条約　250, 253
国家機密窃取　203
国旗破損（Ng Kung Siu）事件　120, 136
コモン・ロー適用地区裁判官（Hong Kong Non-Permanent Judges, CLNPJs）　50, 51, 52, 53, 55, 58, 61, 65, 75, 76, 80, 81, 298
コンゴ　→コンゴ民主共和国
コンゴ事件　4, 152, 166, 249, 295
コンゴ民主共和国　15, 249, 250, 251, 252, 254, 257, 265

〔さ　行〕

最高人民法院　49
自治範囲内の条項（文）　2, 3, 5, 157, 181, 183, 184, 196, 241, 259, 294, 296
社会権規約　7, 11, 26, 85, 87
自由権規約　7, 8, 11, 26, 85, 87, 88, 89, 95, 97, 103, 114, 116, 119, 120, 128, 160
終審法院（Court of Final Appeal）　10, 33, 34

iii

終審法院首席裁判官　37
主権免除　15, 16, 152, 166, 250, 252, 254, 255, 256, 260, 262, 265, 266
主権免除法　250, 253, 255
首席裁判官（Chief Justice, CJ）　40, 41, 50, 51, 52, 53, 54, 58, 60, 65, 75, 76, 80, 81, 298
主要条項テスト（predominant provision test）　164, 166, 170, 182, 184, 185, 188, 193, 258, 259
肖蔚雲　187
上級弁護士（Senior Counsel，資探大律師）　43
邵天任　187
常任裁判官（Permanent Judges, PJs）　50, 51, 52, 53, 54, 58, 60, 65, 75, 76, 80, 81, 298
常任上訴貴族（Lord of Appeal in Ordinary）　28
職能別選挙区　103
『人民日報』　187
枢密院司法委員会　10, 29, 32, 47, 49, 75, 97, 98, 115, 119
頭脳流出　14
制限免除主義　152, 250, 252, 253, 254, 255, 256, 257, 259, 264, 266
青年新政（Youngspiration）　271
世界人権宣言　26
絶対免除主義　152, 250, 252, 253, 254, 255, 256, 257, 259, 260, 264, 266
1996年準備委意見　161, 162, 236, 237, 239, 240, 242
宣誓及び宣言条例（Oath and Declarations Ordinance）　274
曾蔭権　205, 209, 210, 219, 220
双程証　123, 127, 136, 137, 154, 180
総　督　88
荘豊源（Chong Fung Yuen）事件　124, 154, 161, 239, 240, 260, 280, 282
ソリシタ（Solicitor）　41, 43, 80, 81
ソリシタ協会（Law Society）　43, 286

〔た　行〕

第一審裁判所（Court of First Instance）　33, 34, 35, 153, 271, 272, 274, 280
談雅然事件　154
単程証（one-way exit permit）　127, 137, 179, 180, 185, 186, 191
地区法院（District Court）　34, 35
中英共同声明　87, 92, 106, 159, 202
中央人民政府が管理する事務（中央が管理する事務）　2, 3, 5, 157, 158, 163, 169, 170, 182, 183, 184, 193, 212, 241, 259, 294
中央と香港特別行政区の関係（中央と地方の関係）　2, 3, 5, 157, 158, 163, 169, 170, 182, 183, 184, 191, 193, 196, 212, 241, 259, 294
中国外交部　92
中国外交部駐香港特派員公署　252, 253, 254, 255, 256, 264, 266
中国憲法67条　2, 5, 167, 211, 213, 219, 240, 278, 281, 294
勅撰弁護士（Queen's Counsel）　43
陳弘毅　7, 20, 125, 140
陳文敏　17, 25, 45, 134, 140, 195, 278
通常居住　232, 233, 236, 238, 239, 240, 243, 246
天安門事件　88, 93, 94, 102, 205, 297
転　覆　203
董建華　14, 205, 209, 219
「澄清」　188, 189, 294
特別保障（entrenchment）　91

〔な　行〕

二元論　7
入境事務所　177, 178, 235
ニューヨーク条約　→外国仲裁判断の承認及び執行に関するニューヨーク条約

〔は　行〕

831決定　273, 288
パッテン総督　93, 94, 104

iv

索引

バリスタ（Barrister） 41, 42, 43, 80, 81
反逆 203
反乱扇動 203
比較法 6, 7, 113, 128
必要要件 162, 163, 164, 165, 166, 170, 182, 183, 193, 241, 242, 258, 259
「評価の余地」理論（margin of appreciation） 12, 128, 129, 130, 131, 132, 134, 141, 298
比例テスト（doctrine of proportionality, proportionality） 12, 128, 134, 135, 136, 137, 138, 140, 141, 144, 298
普通選挙 201, 202, 205, 207, 208, 272
分類要件 163, 164, 165, 166, 170, 182, 183, 193, 241, 242, 258, 259
分裂 203
法学学位（LLB） 42
法務専門課程（Postgraduate Certificate in Laws（PCLL）） 42, 47, 75
法輪功事件 138
ボカリー 1, 55, 58, 59, 60, 64, 65, 70, 71, 72, 166, 259
香港永住性居民 133, 177, 186, 229, 230
香港基本法委員会 3, 19, 191
香港基本法解釈権 1, 2, 3, 5, 10, 18, 19, 149, 150, 153, 156, 157, 169, 170, 171, 175, 180, 181, 187, 189, 191, 192, 193, 196, 201, 206, 207, 210, 212, 213, 216, 217, 223, 240, 241, 242, 243, 249, 250, 258, 261, 263, 265, 272, 278, 281, 285
香港基本法2条 34
　──8条 20, 25, 125, 142, 262
　──11条 21, 125, 157
　──13条 165, 166, 167, 256, 257, 259, 260, 261, 262, 265, 266
　──17条 19
　──18条 19
　──19条 21, 125, 165, 166, 167, 257, 259, 260, 261, 262, 265, 266
　──22条 150, 180, 186, 191, 268
　──23条 14, 15, 18, 151, 203, 204, 209, 218, 272
　──24条 123, 150, 154, 155, 168, 176, 177, 178, 181, 191, 192, 197, 223, 225, 231, 232, 233, 237, 239, 240, 242, 243, 245, 258
　──25条 131, 133, 136, 137
　──39条 91, 95, 121, 124, 160, 299
　──43条 190, 191, 193, 212, 221, 294
　──45条 202, 207, 208, 212
　──46条 14, 152, 210, 212
　──48条 37, 190, 191, 193, 212, 221, 294
　──53条 14, 151, 152, 209, 210, 211, 212
　──68条 202, 207, 208
　──73条 38
　──77条 276, 284, 289
　──82条 34, 39
　──88条 37
　──90条 37, 39, 40
　──92条 39, 40
　──93条 40
　──104条 152, 153, 271, 274, 276, 277, 278, 279, 282, 283, 287
　──158条 →香港基本法解釈権
　──159条 19, 193, 194, 213, 295
　──160条 109, 262
（香港基本法）付属文書1 150, 197, 202, 206, 208, 210, 212, 217
（香港基本法）付属文書2 151, 202, 206, 208, 217, 277
（香港基本法）付属文書3 18, 254
香港居留権（居留権） 13, 14, 15, 123, 150, 155, 169, 176, 186, 189, 223, 224, 229, 231
香港権利章典条例（Hong Kong Bill of Rights Ordinance） 7, 8, 11, 12, 85, 86, 88, 89, 90, 91, 92, 94, 95, 96, 102, 114, 116, 117, 119, 120, 129, 297, 299
香港衆志（Demosisto） 273
香香港人権条例 →香港権利章典条例
香港政庁 86, 95

v

香港政府　　150, 189, 190, 193, 195, 209, 210, 212, 230, 271, 272, 274, 294, 295
(香港)バリスタ協会(Hong Kong Bar Association)　　43, 283, 286
香港非永住性居民　　177
香港非常任裁判官(Hong Kong Non-Permanent Judges, HKNPJs)　　50, 51, 52, 53, 54, 58, 60, 75, 76, 80, 81, 298
香港立法評議会(Legislative Council)　　28
本土派　　16, 153, 271, 272, 273, 274, 287

〔ま　行〕

マーティン・リー(Martin Lee Chu-ming)　　43, 284, 285, 287
馬首席裁判官　　54, 59, 60, 64, 65, 70, 71, 72, 76, 156, 162, 163, 164, 168
民主派　　14, 16, 192, 205, 209, 271, 272
メーソン　　1, 6, 20, 25, 26, 58, 59, 70, 71, 72, 77, 113, 125, 127, 133, 144, 165
目的的解釈(purposive approach)　　123, 159, 181, 187

〔や　行〕

ヤシュ・ガイ　　195
游蕙禎(Yau Wai-ching)　　271, 274, 275, 276, 280, 282, 283, 284, 287

ヨーロッパ人権裁判所　　6, 7, 12, 25, 76, 87, 97, 103, 113, 128, 129, 134, 297, 298
ヨーロッパ人権条約(European Convention on Human Rights)　　6, 12, 87, 113, 128, 129, 130

〔ら　行〕

李首席裁判官　　58, 60, 132, 156, 159, 160, 161, 163, 167, 180, 183, 184, 185, 188, 189
立法意図　　5, 160, 161, 170, 215, 233, 239, 242, 243, 296
立法会(議員)選挙　　16, 153, 271
立法会(議員)宣誓事件　　4, 152, 271, 272, 287
立法会選挙　　151, 271, 273, 274
立法解釈　　5
立法手続　　204
李　飛　　279
劉港榕事件　　153, 166, 167, 169, 281, 282, 294
梁愛詩　　205
梁國雄　　135, 141, 142, 272
梁頌恆(Sixtus Leung)　　271, 274, 275, 276, 280, 282, 283, 284, 287
廉政公署　　93, 108

〈著者紹介〉

廣 江 倫 子（ひろえ・のりこ）

2000年　大阪大学大学院法学研究科修士課程修了
2003年　一橋大学大学院法学研究科博士課程修了　博士（法学）
2003年　一橋大学大学院法学研究科助手
2004年　一橋大学国際共同研究センター非常勤共同研究員
2005年　一橋大学大学院法学研究科講師
（2006年2月－3月　中国社会科学院法学研究所訪問学者）
2006年　大東文化大学国際関係学部専任講師
（2012年4月－2013年3月　オックスフォード大学セント・アントニーズ・カレッジ　シニア・アソシエイト・メンバー）
現　在　大東文化大学国際関係学部准教授

学術選書
184
中国法

香港基本法解釈権の研究

2018（平成30）年12月12日　第1版第1刷発行
6784-6：P316　¥6200E-012-050-015

著　者　廣江倫子
発行者　今井貴　今井守
発行所　株式会社 信山社
〒113-0033　東京都文京区本郷6-2-9-102
Tel 03-3818-1019　Fax 03-3818-0344
henshu@shinzansha.co.jp
笠間才木支店　〒309-1600　茨城県笠間市才木515-3
笠間来栖支店　〒309-1625　茨城県笠間市来栖2345-1
Tel 0296-71-0215　Fax 0296-72-5410
出版契約2015-6741-9-01011　Printed in Japan

© 廣江倫子, 2018　印刷・製本／亜細亜印刷・牧製本
ISBN978-4-7972-6784-6 C3332

JCOPY 〈(社)出版者著作権管理機構 委託出版物〉
本書の無断複写は著作権法上での例外を除き禁じられています。複写される場合は、その都度事前に、(社)出版者著作権管理機構（電話 03-5244-5088, FAX 03-5244-5089, e-mail:info@jcopy.or.jp）の許諾を得てください。

戒能通厚 著
イギリス憲法〔第2版〕　　　　　　8,000 円

芹田健太郎 著
国際人権法　　　　　　　　　　　　6,800 円

申　惠丰 著
国際人権法〔第2版〕　　　　　　　5,600 円

谷口洋幸・齊藤笑美子・大島梨沙 編著
性的マイノリティ判例解説　　　　　3,800 円

（本体価格）

———————— 信 山 社 ————————